船山学社史实述论

朱迪光 等◎著

湘潭大学出版社

图书在版编目（CIP）数据

船山学社史实述论 / 朱迪光等著. -- 湘潭 : 湘潭大学出版社, 2022.11
ISBN 978-7-5687-0917-0

Ⅰ. ①船… Ⅱ. ①朱… Ⅲ. ①王夫之（1619-1692）—学术团体—研究 Ⅳ. ①B249.25-262

中国版本图书馆 CIP 数据核字（2022）第 208864 号

船山学社史实述论

CHUANSHAN XUESHE SHISHI SHULUN

朱迪光 等著

责任编辑：李志红
封面设计：李　平
出版发行：湘潭大学出版社
社　　址：湖南省湘潭大学工程训练大楼
电　　话：0731-58298960 0731-58298966（传真）
邮　　编：411105
网　　址：http://press.xtu.edu.cn/
印　　刷：长沙鸿和印务有限公司
经　　销：湖南省新华书店
开　　本：710 mm×1000 mm 1/16
印　　张：21
字　　数：345 千字
版　　次：2022 年 11 月第 1 版
印　　次：2022 年 11 月第 1 次印刷
书　　号：ISBN 978-7-5687-0917-0
定　　价：98.00 元

ISBN 978-7-5687-0917-0

序　言

船山学社成立已有百余年，历经不同历史时期，其间发生了许多值得记录的事情。20 世纪 30 年代，船山学社曾撰有《大事记》刊登在《船山学报》，80 年代刘志盛续撰《大事记》，21 世纪初叶王兴国先生又续撰《大事记》，船山学社有了比较完整的编年纪事。但是，船山学社既无“志”亦无“史”，毕竟是憾事。王兴国老社长曾倡撰《船山学社史》，船山学社众理事商讨，编史非易事，不如先编大事纪实以存史实。

《船山学社大事纪实》的基本内容：研究船山学社的创建、刘人熙为总理的船山学社、何键改组的船山学社、作为文物单位的船山学社以及新时期船山学社的重建、运行有关的史实考辨与还原；研究船山学社在各个时期的作用及其贡献；研究船山学社近年的发展，探讨船山学社未来的发展方向。

《船山学社大事纪实》的编写原则：

（一）编写以事为中心，不写成编年纪事体，但强调时间、地点清楚、准确。

（二）不强调按论文格式撰写，但所叙之事，须注明出处。欢迎对有关问题进行考辨。

（三）所叙之事中有比较突出的人物尤其是对船山学社发展贡献比较大的人物，应进行比较详细的介绍。

经一年左右的时间，部分船山学社同仁按照要求撰写了文章。作者有老有少，文章质量有高有低，有些内容还有一些重复之处，但不管怎么说，此书一方面表示船山学社继承者对船山学社的热爱，对前辈的崇敬之情，另一方面又记叙并考证了一些史实。第一，揭示了郭嵩焘创办船山学社的前身思贤讲舍的种种历史真相，如为何创办、如何创办，并重点考证了思贤讲舍房屋有独立产权，为船山学社开办及开展活动提供了重要的物质基础。第二，探讨了船山学社创始者刘人熙以及周逸、吴立民、王兴国等对船山学社、船山学研究的贡献。第三，对船山学社开展的一些活动如举办演讲、办《船山学报》、办船山学校等进行了探讨。第四，对新时期船山学社的重建、《船山全书》的编辑出版等重要史实进行叙述与探讨。第五，首次整理并公开周逸先生的手稿。第六，附录了《大事记》，这是王兴国在民国船山学社和刘志盛之后编写。对此邓胤龙有所补充。第七，收集了一些船山学社活动与相关资料的照片，其中有些非常珍贵且是第一次公开。以上内容或许已有其他文章记述、探讨过，但由于本书文稿的一些作者都是船山学社的重要成员，或直接参与其事，或者研究多年，他们撰写的文章价值无疑是很高的。

本书原拟定名为《船山学社大事纪实》，后因本书内容除记船山学社史实外，还有对某些史实进行考证、讨论，所以定名为《船山学社史实述论》。

在此，首先感谢船山学社老前辈王兴国先生、夏剑钦先生、徐孙铭先生以及船山学社多位同仁抽出时间撰写有关文章，其次还要感谢衡阳师范学院和盛彪先生的支持。正是大家的同心协力，本书才得以如期出版。

朱迪光

目　录

附录：

郭嵩焘与思贤讲舍

王兴国*

郭嵩焘（1818—1891），湖南湘阴人，我国近代著名的思想家、政治家、外交家。他一生十分推崇王船山，最早对船山在中国思想史上的地位作出全面的评价，并且于1881年创立思贤讲舍，宣传船山思想，成为民国初年成立的船山学社的前身。

一、创立讲舍的因缘

王船山（1619—1692），本名夫之，湖南省衡阳县人。因他晚年居住在今衡阳县曲兰镇的石船山下，所以人们尊称他为船山先生。他是一个著述丰富、著作内容博大精深的思想家，现在保存下来的还有74种，373卷。由于他具有极强的民族主义思想，生前一直不与清政府合作，隐居著述；逝世后，又由于其民族主义情结不为清政府所容，所以在一个很长的时期内，其著作刊行不多，其人也很少为学术界所知。道光二十二年（1842），即鸦片战争爆发后的第三年，在邓显鹤主持下，湘潭王氏（世佺）守遗经书屋所刻之《船山遗书》问世，收船山经部著作18种，150卷（后来在欧阳兆熊推动下，又刊刻了30卷的《读通鉴论》）。此书由邹汉勋编校，是为船山著作系统整理出版之始。守遗经书屋本《船山遗书》之刊印，缺点颇多（如任意删改原著），印数不多，太平军到湘潭后又将其雕板烧毁，所以影响不大。曾国藩、曾国

* 王兴国，湖南省株洲人，船山学社原社长，《船山学刊》原主编，现为船山学社名誉社长。

荃兄弟于1862—1865年以金陵刻书局名义所刊之《船山遗书》则最为著名。该书收船山著作56种，288卷，不仅内容比守遗经书屋本全，且校勘也较前者精审。参与其事者除湘潭人欧阳兆熊外，还有刘毓崧等任校雠。刘于1865年编撰了《王船山先生年谱》（1886年由江南书局刊出），为人们了解和研究船山生平及其著作提供了较系统的资料。

金陵本《船山遗书》出版之后，王船山的主要著作都已先后问世，这时要进一步引起人们对船山的重视，就必须加强对船山的宣传。当时，最好的宣传方式之一，就是为他建祠立庙。同治九年（1870）郭嵩焘掌教城南书院，他利用这个机会，征得巡抚刘崐的支持，在书院内的南轩（张栻）祠旁，修建了一座船山祠。但这一举动遭到了一些人的非议。在这年十月初十的日记中，郭氏写道："吾以山长倡建船山先生祠，一二无识之议论，屈挠之有余。不知周（敦颐）、程（颢、颐）、朱（熹）、张（载）之祭，皆由其门弟子奉祀于学以为之基，朱子文集亦屡及之。楚人好议论，而学识猥陋大率如此，可笑可叹。"① 这里说的"祭"指公祭，即由政府或公共团体为向逝者英灵表示致敬、缅怀、哀悼所举行的祭奠。公祭有不同的等级，包括学祀、乡祀和文庙祀。学祀即书院祭祀，往往书院的山长即可决定，而乡祀则要府以上政府机关批准，文庙祀则要由朝廷批准。但要做到乡祀和文庙祀，首先要做到"奉祀于学"，所以郭氏说"周、程、朱、张之祭，皆由其门弟子奉祀于学以为之基"。这里的"祭"是指乡祭和文庙祭，而"基"则是指以学祀为将来的乡祀和文庙祀打基础。

郭嵩焘在船山祠修好后，围绕此祠先后写过几篇文章，实际上是为船山在中国思想史上的地位做出综合的评价。在《船山先生祠安位告文》中，郭氏写道，船山"悟关、闽之微言，寻坠绪之渺茫"。关是指以张载为代表的关学，闽是指以朱熹为代表的闽学。这句话是说船山深入领悟了宋明理学的精深微妙的理论，在渺茫的学术海洋中寻找其湮没了的源头。"校诸子之得失，补群经之散亡。"是说船山在学术上所从事的主要工作，是比较、研判诸子百家在理论上的得失，对儒家的经典散失了的义理进行增补和发掘。"其立身大节，皭然不滓，与河汾、叠山以颉颃。"这是说，船山的志节高尚，纯净洁白

① 《郭嵩焘日记》第2册，湖南人民出版社1981年版，第622页。

不受任何污染，与王通和谢枋得不相上下。“斟酌道要，讨论典礼，兼有汉、宋诸儒之长。”是说船山在思考哲理或研究典章制度时，吸收了汉学和宋学两家之长，既善于说理，又善于考证。“至于析理之渊微，论事之广大，千载一室，抵掌谈论，惟吾朱子庶几仿佛，而固不逮其精详。”朱子指朱熹。这句话是说，船山分析理论的渊博和精微，论述史事和时事的广阔和博大，犹如隐居一室，眼观千载，击掌而谈，这种水平只有朱熹差不多相似，但朱氏不及船山之精确和详尽。“盖濂溪周子与吾夫子，相去七百载，屹立相望。揽道学之始终，亘湖湘而有光。”周子，指周敦颐。周氏生于 1017 年，船山生于 1619 年，二者相去七百个年头。揽，指包揽。亘，空间和时间上延续不断。这句话是说，周敦颐和王船山在历史上相距七百个年头，魏然屹立，遥遥相望。他们包揽了宋明道学的始终，一个是其开山祖，一个是其总结和终结者，他们在湖湘文化的历史上也是光辉万丈。这句话是这篇告示文中最关键、最重要的一句话，它明确地指出了周敦颐和王船山在中国思想史上的重要地位。这一观点得到当代学术界的公认。“其遗书五百卷，历二百余年而始出，嗟既远而弥芳。”王氏守遗经书屋《船山遗书》刊刻于 1842 年，金陵本《船山遗书》刊刻于 1866 年，它们距船山诞辰的 1619 年是二百余年，而距其逝世的 1692 年则只有一百余年，也可以说是越陈越香了。“咸以谓两庑之祀，当在宋五子之列，而至今不获祀于其乡。”[①] 这句话是说，人们都认为，在文庙的祭祀中，王船山可以跻身于北宋五子之列，可是至今连乡祀都没有享受到。

正因为如此，所以当光绪二年（1876）郭嵩焘在朝廷署礼部左侍郎之后，便向皇帝上了一道《请以王夫之从祀文庙疏》。这道奏疏是按照咸丰十年（1860）大学士军机大臣遵旨定议：“从祀文庙，以阐明圣学、传授道统为断。”所以郭氏的奏疏就是以这个调子叙述船山的学术成就：“所著经说，言必征实，义必切理，持论明通，确有据依。亦可想见其学之深邃。而其他经史论说数十种，未经采取甚多。其尤精者《周易内传》、《读四书大全》，实能窥见圣贤之用心而发明其精蕴，足补朱子之义所未备。生平践履笃实，造

① 《郭嵩焘诗文集》，岳麓书社 1984 年版，第 538 页。

次必依礼法，发强刚毅，大节懔然。”[①] 奏疏中还突出地强调船山的“大节”，既不应张献忠之召，又不为吴三桂写劝进表。而其神契张载《正蒙》之说，于陆王学术之辨，析之至精，防之至严，则是说明他扶世翼教之诚，传授道统之忠。郭嵩焘这个奏疏上于光绪二年（1876）八月二十日，这年底他奉命出使英国。此时王夫之从祀案还在礼部讨论。次年，远在伦敦的郭嵩焘风闻礼部议驳，在不满之余，更担心此次驳斥将会给以后的请祀造成障碍，因为根据各部的惯例，“凡奉旨议驳之件，部臣辄援引原案，以为格于成例，不复查议”[②]，所以又于当年十二月九日从伦敦发出一封奏折，重申王夫之应予从祀的各种理由，并请将王夫之从祀一案“饬部存案”，暂时搁置，以待嗣后论定。郭嵩焘上折请饬部存案以后，又“分咨礼部及湖督及南抚（湖南巡抚）”[③]，动用一切资源来挽回。但是无济于事，上谕认为“从祀典礼关系綦重，部臣议准议驳，自有公论。郭嵩焘因廷臣议驳明儒王夫之从祀文庙，辄以私意揣测，疑为故意驳斥，并请饬部存案，语多失当，殊属非是。原折着掷还”[④]。这次被驳，背后主其事者是署礼部左侍郎徐桐。掷还的日期，《德宗实录》系于“光绪四年二月壬寅”，但是《翁同龢日记》在同年八月初五有如下记载：“是日巳刻，内阁会议张伯行、王夫之从祀庙廷，张清恪准，王船山驳，皆礼部主稿。”日记中还有小字注解：“驳稿略摭《四库提要存目》中语，断为不足羽翼圣经，继承运统。”同日的《王文韶日记》也证明了这一点。[⑤] 这说明，郭嵩焘第二次上疏的确是“以私意揣测，疑为故意驳斥”，所以“语多失当”。尽管如此，但却反映郭嵩焘对船山充满了感情。所以光绪六年（1880）四月十三日当他听友人说宋儒辅广已经在一年前经浙江巡抚梅小岩之奏，入祀文庙时，他说，辅广之言“皆浮浅无甚精意。一经浙抚奏请，部臣无肯议驳者。因忆及光绪二年署礼部左侍郎，奏请王船山先生从祀两庑，而请饬南抚查开其事迹并其遗书。寓书乡人，属具呈另行题奏。而为李辅堂（桓）所持，事寝不行。徐桐〔荫〕轩方任礼部尚书，立意议驳。船山之学，

① 《郭嵩焘全集》第4册，岳麓书社2013年版，第798—799页。
② 《郭嵩焘全集》第4册，岳麓书社2013年版，第837页。
③ 《郭嵩焘日记》卷三，湖南人民出版社1982年版，第385页。
④ 《郭嵩焘全集》第4册，岳麓书社2013年版，第838页。
⑤ 段志强：《顾炎武、黄宗羲、王夫之从祀孔庙始末新考》，《史学月刊》2011年第3期。

胜于庆源（辅广）奚止百倍，即王夔石（文韶，时任湖南巡抚）之声光，亦百倍胜于梅小岩。吾楚人不务表章先达，竟无一能主其事者。闻浙抚此奏，为之垂涕竟日。”①

二、思贤讲舍的创立

早在同治十二年（1873）九月初一，郭嵩焘在其日记中写道，这天他从长沙乘木船回老家湘阴县：“张力臣属于舟次拟校经堂章程。因思此举为修曾文公祠倡为之说，不得空名校经堂，拟名曰思贤讲舍。为议章程八则，专课生章程八则，董事经理章程八则。自谓语皆征实，较胜先儒学约也。”② 这是思贤讲舍之名第一次出现在郭嵩焘著作中。光绪二年（1876），郭嵩焘奏请船山从祀文庙被驳之后，更加坚定了他创办思贤讲舍的决心。但是由于他出使英法，暂时无法进行。

光绪五年（1879）五月，郭嵩焘从英国回到长沙，立即着手创建思贤讲舍的筹备工作。这种筹备工作主要是从两个方面着手：

一方面，是创立禁烟公社，实际是搭建思贤讲舍的筹备班子。因为按照郭氏的说法，思贤讲舍与禁烟公社是“相附丽”的，所谓“附丽”，就是两者的领导班子和工作班子是一个，当讲舍建成之后，其活动场地也是一个。郭氏之所以要创建禁烟公社，是因为在他出使英国期间，受英国一些主张禁止鸦片烟的有正义感人士启发，先后两次向朝廷上奏了《请禁止鸦片烟折》，但都得不到支持，所以他回国后便倡议在民间自动禁烟。光绪五年（1879）八月十三日，郭氏日记记载：“与宇恬（朱昌琳）诸人议设禁烟公约，每年会集四次，当稍储公费。……于是定吾与宇恬、力臣（张自牧）、子寿各醵钱三十缗为之基，交由宇恬经理。”③ 这里所说的每年集会四次，也就是在屈原、周敦颐、王夫之、曾国藩的生日集会。这年十月十一日，是曾国藩生日，公社举行小会，参加者有郭嵩焘、朱昌琳、张自牧、郭崑焘等八人。集会收到罗汝怀所写的《禁烟说》七条，意在严禁烟馆，一切假官法行之。对此郭氏

① 《郭嵩焘日记》卷四，湖南人民出版社 1988 年版，第 43 页。

② 《郭嵩焘日记》卷二，湖南人民出版社 1981 年版，第 786—787 页。

③ 《郭嵩焘日记》卷三，湖南人民出版社 1982 年版，第 925 页。

很不以为然。他说："盖原知官法之无可恃，姑求一二同志者躬自董率，行之乡党宗族，以希幸闻风者之兴起。士大夫退居林下，所能行者止此，非能借资官势，严法峻刑，以侥幸所志之一申者也，研生（罗汝怀字）所谓儒生不达时务者。言之徒烦，于事何裨？"① 在此后至思贤讲舍开讲的一年多的时间里，讲舍的许多筹备工作都是靠禁烟公社的这些"同志"进行的。而这些人在从事这些工作时，是具有一种文化自觉的。郭嵩焘所写《朱禹田（昌琳）六十岁序》中，在表彰朱氏修建曾文正公祠和思贤讲舍方面的功绩时，所揭示的正是这种文化自觉："文正公起一旅之师，戡定东南，朝廷念其功，诏所在立祠。而湖南为文正公生长地，禹田一意营度，极园林祠宇之胜，而于其旁为讲舍，延诸生俊秀者弦诵其中。此其意非徒饰美观、耀勋名而已，盖欲远近游者仰瞻栋宇，想见文正公为人，而俾师儒讲习优游，扬公之风，以明先生之道，薰陶乡里，转移士习民风。其立志之宏、为谋之远，岂寻常乡闾善士所能企哉！"② 这段话也是郭嵩焘的夫子自道。

另一方面，则是为讲舍招募生徒，安排工作人员。光绪六年（1880）四月二十二日郭嵩焘日记："弥之（邓辅纶）荐思贤讲舍肄业生二人，曰陈杰，为尧农先生冢孙；曰潘学海，湘乡人。"③ 五月二十三日记，李"仲云荐其戚郭见安（丙绶）入思贤讲舍，郭春元之侄也"④。五月二十九日记："接邓弥之书，举思贤讲舍生数人，陈杰、潘学海则前已言及者。兹复得数人，曰邹代过，字改之，邹伯韩之子也。曰翟需义，字孚侯，武冈州人，其年已逾三十，甚贫好学。又举学长数人：彭笛仙、朱香荪、曹镜初、彭棣生、阎敬容、王怀钦、萧希鲁、彭笙陔。惟彭棣生、彭笙陔故不相识，余皆所熟习也。笙陔亦武冈州人。"⑤ 此处提到的邹代过，后来虽然没有进入讲舍，但却是一个老实做学问的人。他为人温柔敦厚，优处高平山中，键户读书数十年，校阅经史，不求人知，人亦鲜知之者。魏源撰《元史新编》一百卷，未成而卒。光绪之季，两江总督魏光焘聘代过编校付刊。他还以新化三味堂名义刊刻

① 《郭嵩焘日记》卷三，湖南人民出版社 1982 年版，第 949 页。
② 《郭嵩焘诗文集》，岳麓书社 1984 年版，第 300 页。
③ 《郭嵩焘日记》卷四，湖南人民出版社 1988 年版，第 46 页。
④ 《郭嵩焘日记》卷四，湖南人民出版社 1988 年版，第 57 页。
⑤ 《郭嵩焘日记》卷四，湖南人民出版社 1988 年版，第 59 页。

《校正读史方舆纪要》一百三十卷、《形势纪要》九卷、《札记》四卷。

十一月二十三日记："张力臣（自牧）送到思贤讲舍关聘，脩金过于岳麓，恐反以导争，为不宜也。"① 关聘，即出任山长的聘书，郭氏认为其薪金高过岳麓书院，是不适宜的。既然已经接受关聘，所以郭嵩焘就正式履行其山长职务。光绪七年（1881）正月初七记：朱"香荪言讲舍章程，必不能外宋贤遗规。今日之大患在人心风俗，非一二能词章考据之求而人才之求。求人才必自整顿人心风俗始。"初八又记："议定思贤讲舍学规十条。"② 二月初六记："思贤讲舍肄业生凡得二十一人，开交朱宇恬（昌琳）、张力臣（自牧）两君。"初七记："张力臣过谈，议定思贤讲舍设监院一人，为左长卿；设算学制造一人，为殷竹坞。"③ 三月十一日记："赴饶春晓招饮张笠臣（自牧）宅，便过思贤讲舍一视工程（指讲舍房屋基建工程）。"三月十四日记："张笠臣见示朱禹田信，请定二十日为王船山先生安座思贤讲舍。笠臣欲并于廿六日举行。蒙以禹田之言为允，以廿六日开讲，并禁烟公社会讲，安座一节，先期举行为宜也。"④ "安座"，即安置王船山神主之位。

三月二十六日，思贤讲舍正式开馆。据郭嵩焘这天的日记，首先，郭嵩焘与朱昌琳、李元度、张自牧、郭崑焘及监院陆恒斋等人赴船山祠行礼。讲舍生徒至者15人，他们是潘碧泉（学海）、李杜生（子荣）、左绍明（肇南）、陈子濬（瀚）、江竺仙（瑞清）、殷翰卿（炳坤）、吴子荫（勋彦）、邓觐秋（宣谟）、黄荃生（庆祺）、何梅阁（希逊）、罗巨生（宣济）、陈子长（杰）、罗枏卿（焘璜）及从侄经生（立荃）、荇农（立敷），随班行礼，各以齿序。郭嵩焘在开馆仪式讲话中指出，思贤讲舍的"为学大指，曰自重以为立身之本，讲求礼法以为接人应务之方，亲师取友以求共学之益，读书务实以立为学之程"。接着，一行人诣曾文正公祠行礼，召开禁烟公社会。郭氏"因以思贤讲舍与公社交相维持，发明其说，以为君子在位则忧朝廷，退归则忧学校。朝廷者天下之本，朝廷正则天下自正。学校者人心风俗之本，学校

① 《郭嵩焘日记》卷四，湖南人民出版社1988年版，第123页。

② 《郭嵩焘日记》卷四，湖南人民出版社1988年版，第134页。

③ 《郭嵩焘日记》卷四，湖南人民出版社1988年版，第142—143页。

④ 《郭嵩焘日记》卷四，湖南人民出版社1988年版，第152—153页。

修明，人心风俗亦将有感发振兴，转移于不自知者”①。

光绪七年（1881）九月初一船山生日这一天，讲舍举行祭祀，中午又举行禁烟公社会讲。郭嵩焘在这一天的讲会上说：“禁烟公社与思贤讲舍相附丽。初定章程岁凡四集，以屈子（原）、周子（敦颐）及船山先生及曾文正公生日，略志景仰先贤之意。今岁开立思贤讲舍，专祀船山先生，即日开馆，及九月朔日祭期，为春秋两次会讲，以后当遂为定例。”② 郭氏还将从衡阳船山祠摹拓而来的船山像悬挂在思贤讲舍，并写了《船山先生像赞》：

张文心（宪和）大令从先生祠堂摹拓得之，因祀之思贤讲舍。

濂溪浑然，其道莫窥，幸于先生，望见端倪。

约礼明性，达变持危，阐扬正学，是曰先知。

二百余年，星日昭垂，私心之契，旷世之师。③

三、思贤讲舍的运作

郭嵩焘作为思贤讲舍第一任山长，对于教学工作是十分认真的。讲舍开馆的第二天，郭氏即“诣各斋视诸生功课，则所习经一无预备。李杜生外出，江竺仙则与二三友人聚谈，监院陆恒斋亦竟日不见人，气象殊萧索。亦由张力臣总司其事，希用各物事多未置备，一切都无端缘故也”，次日还“调取诸生诗文著述”④。六月十一日日记：“披览在馆诸生三月工课，遂尽一日之力。”⑤ 七月初八日记：“连日检校诸生功课，目力益觉不支。”⑥ 八月三十日日记：“回讲舍料理祀事。……监视诸生演礼，亦自斐然成章。”⑦ 这次演礼是为次日纪念船山生日作准备。十一月廿七日日记：“闻讲舍诸生以余两日宴

① 《郭嵩焘日记》卷四，湖南人民出版社 1988 年版，第 157 页。
② 《郭嵩焘日记》卷四，湖南人民出版社 1988 年版，第 216 页。
③ 《郭嵩焘诗文集》，岳麓书社 1984 年版，第 544 页。
④ 《郭嵩焘日记》卷四，湖南人民出版社 1988 年版，第 157—158 页。
⑤ 《郭嵩焘日记》卷四，湖南人民出版社 1988 年版，第 178 页。
⑥ 《郭嵩焘日记》卷四，湖南人民出版社 1988 年版，第 188 页。
⑦ 《郭嵩焘日记》卷四，湖南人民出版社 1988 年版，第 215 页。

叙，未及回馆，急求告归，乃往为之解馆。”① 至此，郭嵩焘在思贤讲舍的第一届山长任期结束。

值得注意的是，郭氏在思贤讲舍主教过程中，于学规中规定了“会讲”一条。“会讲”是中国古老的学术研讨方式。中国的私学传统从老子，一直到墨子，都沿袭“会讲”的传统。学术同仁们聚在一间大的房子，谁的学问好，大家就来向他学习，这就是“会讲”。这说明如果山长没有真本事，是不敢开展会讲的。八月初一，郭嵩焘集诸生“至大厅会讲。发端言：诸生聚处已近半年，间一相见问所疑，并随事为言，未及论学之旨，所立章程会讲一节，亦讫今未及举行，是以今日邀集一讲。读书必自经始，读经书必自训诂始，学问本原，必由于此。要之，训诂考订，著书名家，学中之一艺耳。其本原在立身制行。圣人立为学校之制，示以立身制行，其义安在？盖以天地生人，当使之各尽其道。得其道则治，不得其道则乱。圣人不能遍治也，聚天下之贤且能者，使涵咏诗书之中，有以通其变而达其微，庶几缮性以修其身，推而行之以治天下，而后生人之道立，即天地之为道亦相与维持于不敝。……吾辈处今时，眼见人心风俗敝坏日甚，亦岂能不怀惧！所以挽回人心风俗，从何处入手？直须自从身心上检理一番，今且勿深论。只此日读经史，即是立身制行之准则。”“近日人心风俗之坏，其本源又在何等？在不安分而已。只如今读书者，舍读书本业而求局务；百工技艺，亦各舍其本艺而求营务。富者日求益富，在官者日求高官美仕而无有已时。直将一世之人心，鼓荡得如潮之涌，如火之腾，如何平伏得下。吾辈且先自平伏其心，今日读书，便安分做今日的事；明日就馆，便安分做明日的事。但使自己的心平伏得下，随所在而皆有自尽的分。天地间生计，皆是天地间人营求。越驰骛向外，越求丰饶，越无自足之望。人人存怀此心，世界何由得静？吾且愿诸人先从此打透一关，乃可向上求进。”思贤讲舍监院左长卿亦举“舜其大孝”一章以证《西铭》，举“君子食无求饱”章以证安分二字之义。②

郭嵩焘在思贤讲舍山长的第一届任期结束之后，本来想请王闿运接替其讲席。因为郭氏认为，王的“学问文章，高出一世，又善开发人，使知向学

① 《郭嵩焘日记》卷四，湖南人民出版社 1988 年版，第 241 页。
② 《郭嵩焘日记》卷四，湖南人民出版社 1988 年版，第 203—206 页。

之方”。但郭氏认为，王氏的缺点是“讥贬宋学、放溢礼法之外，亦恐足以贻误人心风俗”。郭氏正拟“谋与之约法，使从艰辛敛退用功，以冀其成就之广大”。这时恰巧王氏所撰之《湘军志》刊出，曾国荃为代表的曾氏家族认为有贬低曾氏功绩的嫌疑，所以请王氏出任思贤讲舍山长一事，不能定议。[①] 于是郭氏在1882年继续担任了一届山长。这年九月初十，乡试放榜，“思贤讲舍得二人，曰夏时升（即瓶仙）；曰左肇南（即绍明）；曰潘学海（碧海），实得优贡，亦思贤讲舍肄业生也。”[②]

1883年改聘彭朝议（字丽生）为山长。据李肖聃《星庐笔记》所记：“长沙彭丽生朝议持家最严，教其子读书，皆中乡试，一门中父子兄弟有五举人。子弟有过，长跪受杖，俟朝议息怒，命乃起也。先生晚号华鬘，有集数卷，卒时年近九十。子有狂疾，不能养亲，故先生晚景至苦。”[③] 郭嵩焘在光绪七年（1881）闰七月初三日记中记载：“彭丽生寄示《楚辞注辨正》，颇多出新意，而于屈子本旨不必尽合。略一展阅，于鄙见已多参差，或亦各有所得也。”[④] 这反映了郭嵩焘在学术上的一种宽广胸怀。大概是因为看中了彭氏会教子，又有一定的学问，所以才决定由他主讲思贤讲舍。光绪九年（1883）二月十一日日记：“彭丽生定巳刻思贤讲舍开馆。”[⑤] 郭嵩焘曾前往送馆。四月十五日一友人告诉郭嵩焘：“彭丽生扃门课试讲舍生。”郭氏听了之后，很不以为然。他对该友人说：“讲舍缘始，谋一洗三书院陋习，专以读书立身为义，设立章程，以资循守，力荐彭丽生主讲。不意彭丽生一入讲舍，毁弃章程，肆意妄为，稍加戒谕，遂成仇雠，今之扃门课试，亦其一端也。天方生此一辈人坏乱天下，无大小皆然，于何补救之？使犹能听人补救，彭丽生亦何至怪诞如此？”[⑥] 光绪十一年（1885）二月初五，思贤讲舍门房周顺向郭嵩焘报告：学舍新出示的条规粘贴出来不到一日，就被彭朝议之子彭俊五揭去。因为此条规示谕：学生一人占住两房者不给膏火。平江李子韶（元音）、长沙张子善（万达）、善化萧叔衡（文昭）、湘阴吴国麟（楷）各携带子弟三四辈

---

① 《郭嵩焘日记》卷四，湖南人民出版社1988年版，第256页。

② 《郭嵩焘日记》卷四，湖南人民出版社1988年版，第325页。

③ 《李肖聃集》，岳麓书社2008年版，第538页。

④ 《郭嵩焘日记》卷四，湖南人民出版社1988年版，第196—197页。

⑤ 《郭嵩焘日记》卷四，湖南人民出版社1988年版，第364页。

⑥ 《郭嵩焘日记》卷四，湖南人民出版社1988年版，第471页。

占住两房，且当门树芦栅，为一房以处生徒，谋借彭朝议之力以相抗也。郭嵩焘听后十分气愤，他说："士风之猥劣如此，天下之乱，殊不可终日矣！"①不过此时已是彭朝议离开思贤讲舍的前夕。

光绪十一年（1885）二月二十日，思贤讲舍新山长邓辅纶上任，并起学。邓辅纶（1829—1893），字弥之，湖南武冈州（今武冈市）人。以诗文名世，与其弟邓绎同为"湖湘诗派"中坚人物，其文追汉魏，诗学选体，而以拟陶效杜诗成就最高，能写实，工苦吟，每吟一句，必绕室百转，人称其诗"守杜法，语多忧愤沉郁"，而其拟陶诗，颇得渊明神韵。著有《白香亭诗集》《白香亭文集》等。郭嵩焘对邓的主持也不满意，他曾说："弥之昏惑不明事理，讲舍彭丽生毁坏章程之后，又得邓弥之之昏懦以为之继，遂不可复振。"但郭氏从邓辅纶的介绍中得知，这一届学生中有黄煦、谢玉芝二人比较突出，"谢玉芝诗文杂著，其气概见解迥异寻常，亦新化晚出之人才也。"② 谢玉芝（1860—?），字锡林，新化人。曾在新化县立中学当了三十七年校长，后来还在他的家乡利用谢氏祠堂创办了谢铎山龙潭学校。其小女儿谢鸣岗，又名谢冰莹（1906—2000），是一位著名的女兵作家，其代表著作有《女兵自传》等。由于郭嵩焘认为邓辅纶"一意为乡愿，徒贻学校之害，万不足资师法"③，所以邓氏只充任一年山长。

光绪十二年（1886），郭嵩焘再次出任思贤讲舍山长。二月十三日午刻，思贤讲舍开馆。监院李佐周，董事傅青余、俞鹤皋、杨鹏海、陈程初、朱菊生及郭庆藩等人出席。先后赴船山祠和曾文正公祠行礼。讲舍学生呈递履历者八人：张子善、黄伯屏、俞斑黼、黄芷陔、吴国霖、唐继武、朱稚泉、嵇辨酬。新补二人：左佩勋、凌拔枬。自备资斧二人：周次农、易怀清。随同住斋二人：危笙陔及杏农。共十四人。④ 二十日，以讲舍有应补者八缺，而求补至五六十人之多，乃召试之，至者二十七人。这一事实说明，郭嵩焘出任讲舍山长具有相当的号召力。廿二日，录取讲舍补课生九人。⑤五月初一，讲

① 《郭嵩焘日记》卷四，湖南人民出版社 1988 年版，第 537—538 页。
② 《郭嵩焘日记》卷四，湖南人民出版社 1988 年版，第 570 页。
③ 《郭嵩焘日记》卷四，湖南人民出版社 1988 年版，第 572 页。
④ 《郭嵩焘日记》卷四，湖南人民出版社 1988 年版，第 612—613 页。
⑤ 《郭嵩焘日记》卷四，湖南人民出版社 1988 年版，第 614 页。

舍放假几天。原因是学生黄瑞生与监院抵牾，被李佐周所训斥，并且怪罪到郭嵩焘。郭氏窃喜自己语言皆有节奏，尚不至于被他们挟持。郭氏说，黄瑞生（醴陵人）文笔稍佳，便自戛戛独造，又语言戆直，于世情涉历尤浅，其器宇远不能及刘汉岑（亦醴陵人），文笔亦稍逊之。讲舍人才，竟以醴陵为独胜也。① 讲舍这一期于十一月初五解馆。

光绪十三年（1887）二月十九日，思贤讲舍开馆。这一年仍是郭氏主讲。是日上学者十四人，商籍二人，待补五人。五月初十晚，郭氏邀请傅青余、俞鹤皋、杨蓬海、李佐周、周荔樵等人陪同王闿运小酌，实际上开会研究托王氏主讲思贤讲舍。② 七月初七，湖南巡抚卞宝第访问郭嵩焘之家，深以为将讲舍托付给王闿运主持为非宜。郭氏颇为其力辨之。③ 九月十五日日记："居讲舍半月，自朝至夕，以酬应人客为事，传诸生至，竟都不及一见。今日乃得遍阅诸生功课。"郭氏检阅了二十四人功课，他认为杨熙春无课而最肯用功。④ 这年十月二十日，讲舍解馆。

光绪十四年（1888），王闿运主讲思贤讲舍。王闿运（1833—1916），字壬秋，号湘绮，世称湘绮先生。湖南湘潭人。晚清经学家、文学家。曾主讲成都尊经书院，后来又长期主持衡阳船山书院。二月十七日，思贤讲舍与湘水校经堂同日开馆。六月初八，王闿运所居营盘街房屋失火，郭嵩焘亲赴讲舍谋为王氏公助其修造之费。⑤ 王闿运只主讲思贤讲舍讲席一年。

光绪十五年（1889），郭氏请王廷植主思贤讲舍讲席。王廷植，号实丞，江西庐陵县（今吉安市）人。道光甲辰（1844）进士，以主事供职刑部，简放四川川东兵备道，调署成绵道。在任尝劝侨蜀绅商捐款巨万，将本邑学额永远加三名。罢归后，主讲白鹭、阳明两书院，又倡修白鹭洲书院。后侨寓长沙，卒年逾六十。著有《四书疑言》行世。郭嵩焘曾为此书作序："王君实丞为《四书疑言》十卷，专求之义理，以所疑于朱子之说，积数十年之精力，穷思博览，章求其旨，句探其义，以蕲合于圣贤之言。假令生朱子之世，质

① 《郭嵩焘日记》卷四，湖南人民出版社 1988 年版，第 630 页。
② 《郭嵩焘日记》卷四，湖南人民出版社 1988 年版，第 714 页。
③ 《郭嵩焘日记》卷四，湖南人民出版社 1988 年版，第 725 页。
④ 《郭嵩焘日记》卷四，湖南人民出版社 1988 年版，第 738—739 页。
⑤ 《郭嵩焘日记》卷四，湖南人民出版社 1988 年版，第 790—791 页。

疑请益，其未有合者，朱子必更发明之，以畅其义，其有合者，亦必欣然受而纳之。此理之在人心，析之而愈精，研之而愈出。”① 二月十三日，思贤讲舍开馆，郭嵩焘与熊鹤村、俞鹤皋、陶少云、黄植斋等人送学，因陪院长（即山长）王实丞、监院周荔樵小酌。②

光绪十六年（1890），王先谦主讲思贤讲舍。王先谦（1842—1917），字益吾，湖南长沙人。因宅名葵园，学人称为葵园先生。曾任国子监祭酒、江苏学政，湖南岳麓、城南书院院长。是清末著名史学家、经学家、训诂学家、实业家。闰二月初一，思贤讲舍开馆，王先谦主讲。会饮者有郭嵩焘、熊鹤村、俞鹤皋、陶少云、黄植斋、郑茀庵等人③。王先谦主持思贤讲舍的最大成就，就是创办思贤书局。他就任讲舍主讲之后，在讲舍内增设了刻书处，摩版刊行古书，并与有关当局商定，每年从湖南盐务公所拨六百金作为刻书基金。光绪十七年（1891）思贤讲舍刻书处与湖南传忠书局合并，正式组建湖南思贤书局。延至宣统三年（1911）辛亥革命时，思贤书局一直是湖南官家刻书中心，刻印了不少质量很高的好书。

光绪十七年（1891）三月，王先谦主讲城南书院，荐杨书霖代主思贤讲舍讲席。④ 杨书霖，字商农，长沙人。举人。光绪元年（1875）任新化县教谕。编有《左文襄公全集》；著《覆瓿斋试帖》二卷，稿本。

光绪十七年（1891）六月十三日，郭嵩焘在长沙逝世。此后关于思贤讲舍的活动情况缺乏资料记载，详情不得而知。

四、讲舍房屋有独立产权

现在一些介绍思贤讲舍的文章，在谈到讲舍创立时，往往都说它是借曾文正公祠的房屋。例如《曾国藩祠、思贤讲舍和船山学社》一文在谈到郭嵩焘出使英法回国后，为了“‘谋一洗三书院陋习’，‘讲求征实致用之学’，于是借曾祠西隅，辟为讲舍，额曰‘思贤’”。这种说法，是完全违背历史事

① 《郭嵩焘诗文集》，岳麓书社1984年版，第27页。
② 《郭嵩焘日记》卷四，湖南人民出版社1988年版，第839页。
③ 《郭嵩焘日记》卷四，湖南人民出版社1988年版，第918页。
④ 《郭嵩焘日记》卷四，湖南人民出版社1988年版，第997页。

实的。

其实，思贤讲舍是有自己独立的产权的。对此，我们可以从以下三个方面来证明这一点：

其一，是郭嵩焘的说明。

郭嵩焘在光绪五年（1879）七月二十八日日记记载："朱肯甫学使咨提盐务余款修复校经堂，为李仲经所持，数月不能定议。李仲经因谋使思贤讲舍一款应付朱肯甫，力臣枉商。吾以思贤讲舍发之自我，无中废之理。力臣具稿，会同文正祠董事咨复李仲经。朱肯甫所提，仲经无词以自辨也。予谋别立书院，讲求征实致用之学，愧绵力不足及之，赖有朱肯甫倡其议，竭力谋成所志，以求有益乡里，为陶成人才之资。不独朱肯甫为可感，即张力臣始终经营，赞成此议，为功固非浅也。"[①] 这段日记说明以下几个问题：其一，恢复校经堂和创办思贤讲舍，此时被同时提上议事日程。恢复校经堂是朱肯甫学使的主意。朱肯甫即朱逌然（1836—1882），浙江余姚人，字肯甫。同治元年（1862）进士。光绪二年（1876）至五年（1879）任湖南学政。朱氏恢复校经堂的主意又出自张自牧。对此郭嵩焘光绪五年（1879）六月十五日的日记中有记，郭氏在这段日记中还说"力臣为肯甫代拟咨院一稿，而予颇为之酌定章程，以此议本发自鄙人，尤乐及见其成也"[②]。所谓"此议本发自鄙人"是指同治十二年（1873）九月初一的日记中所说的恢复校经堂。其二，郭氏七月二十八日的日记还表明，在朱逌然的支持下，已经为思贤讲舍的创建筹得一批款项。可是李氏子弟却想将其挪抵校经堂用款。这里讲的"李氏"指李星沅（1797—1851），他也是郭嵩焘的同乡，曾官至两江总督。可能是同乡的"窝里斗"的原因，李氏子弟与郭氏的行为往往互相抵牾。例如，光绪二年（1876）郭嵩焘奏请王船山从祀文庙时，李星沅的第三子李桓就反对[③]。郭氏七月二十八日日记所说的李仲经虽然不知与李星沅的关系如何，但郭氏在光绪六年（1880）四月十四日日记中提到的李仲云却是李星沅的次子，本名李概（1824—1881）："李玉阶于思贤讲舍一款，持意见甚深……于鄙人时

① 《郭嵩焘日记》卷三，湖南人民出版社1982年版，第918—919页。

② 《郭嵩焘日记》卷三，湖南人民出版社1982年版，第898页。

③ 《郭嵩焘日记》卷三，湖南人民出版社1982年版，第905页记：当郭氏向朝廷奏请王船山从祀文庙时，"李辅堂（即李桓）一人实倡其议，谓船山不足入两庑，诸人（指湖南士人）噤不敢声。"

有微言。盖玉阶于李仲云交甚深，一意倾陷张力臣。”① 其三，思贤讲舍筹款事，还牵扯到曾文正公祠保管董事会。这可能是因为张自牧又是曾祠董事会中人，所以他在为思贤讲舍筹款时有时利用过该董事会。据郭嵩焘日记所记，当时盐商对张自牧很有意见，“而谋泄怒曾文正祠……以曾祠假思贤讲舍为名，网利滥费也。”② 这个故事说明，当时人们并无思贤讲舍借用曾祠房屋的说法，相反倒是认为曾祠假思贤讲舍之名网利滥费。

尽管有这些干扰，湘水校经堂和思贤讲舍最终都于1881年恢复或建成。据郭嵩焘所撰《重建湘水校经堂记》，此堂之再次恢复“距南海中丞（吴荣光）始名堂时五十年矣”③。吴氏始名湘水校经堂是1831年，50年之后即为1881年。思贤讲舍则于光绪七年（1881）三月二十六日正式开馆。值得注意的是，郭嵩焘光绪十一年（1885）三月初一的日记曾记：友人熊兆松（字鹤村）“前在思贤讲舍诵一出边联求对，见示试帖诗八章，皆开春所为；庞省三（际云，时任湖南布政使、署巡抚）亦云封印后得时文十篇。联云：‘熊署正为试帖八首，庞中丞作时文十篇，一样用心无用地。’今来言，已勉强属对矣：‘郭侍郎创讲舍廿间，朱学使校圣经千卷，两人为首有为时。’以朱肯甫修复校经堂，而余创立思贤讲舍，课额凡二十名也。”④ 这副对联将郭嵩焘自筹经费修建思贤讲舍的事迹用形象的语言表述了出来。

其二，张敬尧强令将学社舍址划归艺芳而未果。

进入民国后，刘人熙于1914年在思贤讲舍的基础上创立船山学社；而曾宝荪、曾约农姐弟在1918年利用曾文公正公祠创办艺芳女校。这两个单位成立后，因基本建设而颇有边界纠纷。民国八年（1919）年夏天，统治湖南的北洋军阀、督军张敬尧曾以船山学社舍址为艺芳女校校址，下令学社他迁。令下，举社骇汗，舆论咸为不平。其时船山学社具折，详陈设社意旨，及继承前思贤讲舍缘由，与曾祠界址各殊，商请张督撤销前限本社迁徙之原令，社校各自办学。经督署秘书长张某斡旋，张氏收回成命，暂准划墙为界，派

① 《郭嵩焘日记》卷四，湖南人民出版社1988年版，第43页。

② 《郭嵩焘日记》卷四，湖南人民出版社1988年版，第36页。

③ 《郭嵩焘诗文集》，岳麓书社1984年版，第526页。

④ 《郭嵩焘日记》卷四，湖南人民出版社1988年版，542—543页。

警察厅长佟某莅勘执行，学社社址得以保全。①

其三，船山学社曾与曾文正公祠及艺芳女校曾签订划定社校界址的条约。

民国二十一年（1932）九月十二日，船山学社与艺芳女校双方达成协议，并拟文报请湖南省政府转民政两厅备案。文称：“窃船山学社与艺芳女校，因界址纠辐一案，事经多年迄未解决，兹于本年八月四日，由双方推举代表石广权、周逸、曾约农等，均以采互让主义，谋双方便利为原则，已于九月三日由三面代表协同划定界址，妥定条约七条，均无异言，各自盖章，并请湘省政学绅耆曹典球、曹伯闻、黄士衡、史镒、陈润霖、言汝昌等从场盖章证明。”这个边界协议的签定应该有一个前提，即不管边界分歧有多大，但是曾祠保管董事会和艺芳女校都是承认船山学社的房屋和基址都是自己独立所有的，而不是借用曾祠的。如果是借用的，就谈不上划定边界的问题，而是收回土地和房产所有权的问题。关于这一点，我们从条约的具体内容，可以更加看清楚：

“（一）船山学社依据原案，继承长沙小吴门正衔思贤讲舍旧管前后左右所有基业为社址。”这句话说得十分清楚：船山学社是继承思贤讲舍旧管前后左右所有基业，这说明这些基业是思贤讲舍独立所有的，而不涉及任何其他单位的所有权。

“（二）艺芳女校得曾祠保管董事会之同意，以曾祠前后原有基地及附于该祠之园池楼阁后抵局关祠一带为校址。”这一条将艺芳女校校址范围也规定得十分清楚，与船山学社没有任何交叉。

“（四）船山学社愿将原管社后余坪自洋楼北墙东行至曾祠正殿西墙北面止，划一矩线，线外让与艺芳女校作为操坪之用。曾祠保管董事会协同艺芳女校代表，愿将曾祠所管之前坪坪地让与船山学社使用。”这一条是双方“互让主义”的结果。从这个结果可以使我们了解，为什么曾祠和船山学社在朝现今的中山路上原来都是有大门的，而此条约签订之后，曾祠和艺芳女校的大门便移到局关祠一边去了。

“（五）船山学社被拆毁之斋舍，依调解人原议，由艺芳女校商得曾祠当

① 《船山学报》复制合订本，第二卷第三期，湖南师范大学出版社 2009 年版，第 2182—2183 页。

事人之同意，以曾祠正殿右方三开间三进半房屋抵还，并曾祠正殿借与船山集会之用。但以不防碍祭祀纪念为限。其现存残破洋楼及被拆毁斋舍基地，亦由船山借与艺芳使用。”这段话表明，船山学社并未侵占曾祠一寸土地，相反，倒是艺芳女校侵占了船山的土地。条约签定后，明确船山可借用曾祠正殿作为集会之用，而船山则还有一块基地为艺芳借用。

这个条约于一九三二年九月十二日呈报湖南省政府，当时的省政府主席何键于九月二十六日批准同意并转发民（政）教（育）两厅备案。[①]

以上三种证据充分表明，思贤讲舍和船山学社的房屋，完全是其固有的产业，根本就没有跟曾文正公祠借过房屋。

① 《船山学报》复制合订本，第二卷第一期，湖南师范大学出版社 2009 年版，第 1653—1658 页。

刘人熙与船山学社的创办

朱迪光*

一、刘人熙的研究现状

以刘人熙为关键词在知网上查询，结果有27条。其中题名中有“刘人熙”关键词的有4篇：梁绍辉《刘人熙与船山学社》（《船山学报》1986第2期）、朱迪光《刘人熙与“船山学社”》（《船山学刊》2014年第3期）、刘金爱《刘人熙与民国初年船山学说的传播》（《华章》2011年第18期）、喻春梅《刘人熙与湖南〈大公报〉》（《周末文汇学术导刊》2006年第1期）。其中研究船山学社也研究了刘人熙的论文有3篇：刘志盛《湖南船山学社略考》（《船山学报》1984年第1期）、张晶萍《民国初年船山学社的讲演活动研究》（《湖南师范大学社会科学学报》2018年第5期）、杨锡贵《民国初年船山学社同人道德救世思想初探》（《船山学刊》2011年第1期）。

还有论文与刘人熙有所牵涉或点到，如傅志明、成晓军《论焦、陈罹难后湖南军政府的性质》（《求索》1984年第6期）、邓潭洲《关于谭嗣同生平事迹的几个问题》（《求索》1988年第4期）、潘信之《船山遗墨小记》（《船山学刊》1988年第2期）、刘鄂培《肩负历史新命 复兴中国文化》（《船山学刊》2005年第4期）、朱汉民《湘学的传统形态与近代转型——以谭嗣同及

* 朱迪光，湖南衡东县人，船山学社社长，衡阳师范学院教授，湖南省船山学社研究基地首席专家。

其浏阳之学为视角》(《天津社会科学》2013 年第 4 期)、彭晓玲《世变终须重六经》(《书屋》2021 年第 4 期) 等。其中杨锡贵在《民国初年船山学社同人道德救世思想初探》一文中指出刘人熙为首的船山学社同人是传统的道德决定论者，在如何解决民国初年的社会问题上，他们主张提倡道德来挽回世道人心。提倡道德须养气、知言，通过教育造就具备时代优良道德之人，遵守固有的人伦道德，并认为这符合西方启蒙思想家的天赋人权思想；反对帝国主义的侵略、要求民族解放与独立，则是他们道德救世思想的最重要的追求。[①] 彭晓玲在《世变终须重六经》一文中指出，民国时期，湖南学者李肖聃在其所著《湘学略》一书中，专门辟有"浏阳学略"一章。从朱文炑开始，随后有欧阳中鹄、刘人熙，至谭嗣同结束。虽不完备，但勾勒出一幅晚清浏阳之学的简明谱系，浏阳之学到晚清而达于鼎盛。至咸、同之后，浏阳之学日趋兴盛，谭嗣同躬逢其盛，对此有着更为切身的感受。晚清浏阳士人群体的主体，实际上是由两代人组成的，即出生于道光年间，作为老师的刘人熙、欧阳中鹄、涂启先等人；及出生于同治年间，作为学生的谭嗣同、唐才常、贝元征、刘善涵等人。[②] 潘信之在《船山遗墨小记》一文中介绍说，这是一副长 120cm、宽 30cm 的楹联拓片。观其书法艺术"古朴遒劲、流水行云"，足可称为上乘之作；查其款署而农、王夫之、姜斋，不难得知是世所公认的大哲学家、文学家王船山的遗墨。再从被人尊为"刘浏阳"的蔚庐人熙氏在联旁写的字"船山先生之在湘南，犹水有洞庭，山有衡岳。吉光片羽，偶落人间，皆足宝贵……"来看，又可见刘人熙极力倡创船山学社，推介船山学说，崇仰船山的殷切之情。且人熙之于书法，也是湖湘巨擘通家，几行行楷，落笔联旁，不仅相映成趣，而且也是今日难得的墨宝。此楹联历今将三百载，留得此名人名笔，亦属稀有文物。[③]

硕士学位论文有 4 篇：刘金爱《民国初年"船山学社"研究》(湖南师范大学 2012 年)、杨微《二十世纪三十年代船山学社研究》(湖南师范大学 2013 年)、屈誉璆《湘籍琴家刘人熙研究》(湖南师范大学 2016 年)、刘雨欣《传统与现实的交汇——〈船山学刊〉研究》(湖南师范大学 2020 年)。

---

① 杨锡贵：《民国初年船山学社同人道德救世思想初探》，《船山学刊》2011 年第 1 期。
② 彭晓玲：《世变终须重六经》，《书屋》2021 年第 4 期。
③ 潘信之：《船山遗墨小记》，《船山学刊》1988 年第 2 期。

对刘人熙研究比较深的学者是湖南师范大学周寅宾。他在2009年整理出版了《刘人熙集》，在《前言》中他介绍了刘人熙的生平、学术贡献、散文成就、诗歌成就及其著作。

总的来说，关于刘人熙的研究论文数量不多，深度也不够，更缺乏专著。

二、刘人熙的生平事迹

周寅宾整理《刘人熙集》时撰《前言》介绍刘人熙生平事迹说：

> 刘人熙（1844—1919），字艮生，号蔚庐，湖南浏阳人。元末明初，始迁祖刘和斋，自江西宦游金陵，徙居浏阳，以后世居浏阳六百年。祖父刘我窿，字见山，先为县书吏，后经商。父亲刘虞，字廉夫，也因病弃儒为商。故刘人熙出身商人家庭。
>
> 刘人熙生于清代道光二十四年（1844）。12岁父亲病逝，由母亲教养成人。先读私塾，后入长沙城南书院求学。同治三年（1864），21岁，考取秀才。同治六年（1867），24岁，乡试考取解元。光绪三年（1877），34岁，会试中进士，任工部主事，分管水利。光绪八年（1882）至光绪十年（1844），居母丧。免丧后再任职工部。光绪十五年（1889），应河南总督许振祥聘，为综理文牍的幕僚，历时7年。光绪二十一年（1895）至光绪二十二年（1896），任许州知州一年。光绪二十二年（1896）至光绪二十六年（1900），寄居河北通州妻弟王芝祥家5年。其中光绪二十五年（1899）曾短暂署理光州知州。庚子事变时，八国联军进犯通州，他在自己所穿白夏布衫书写“中原男子刘蔚庐，有志无时”等字，当面抗斥侵略军，表现了临危不惧、大义凛然的爱国精神。
>
> 光绪二十七年（1901），刘人熙任江西大学堂总教习。光绪二十八年（1902）至光绪三十二年（1906），刘人熙往返于上海、香港、广东、广西、北京之间，在广西桂林任职5年，前四年任广西课吏馆副馆长，第五年任广西法政学堂会办。光绪三十三年（1907）春，返湘，任湖南中路学堂监督，同年冬，任湖南教育总会会长。光绪三十四年（1908），一度入京，又转广西桂林，任法政学堂监督。辛亥革命前数月，返湘家居。

宣统三年九月初一（1911 年 10 月 22 日），长沙光复，湖南都督府成立，刘人熙出任民政司第一任司长。民国元年（1912）九月，国民党湖南支部成立，任支部评议员，同时辞去民政司职务，筹办船山学社，被推为首任社长。民国四年（1915），任湖南高等师范学校历史科主任。同年九月，与女婿贝允昕创办湖南《大公报》。

民国五年（1916）六月，袁世凯死。七月四日，湖南都督汤芗铭仓皇出逃。七月六日，湖南议会与军政界召开联合会议，公推刘人熙为湖南临时都督兼省长。八月三日，黎元洪又特任谭延闿为湖南督军兼省长，调刘人熙赴京，任总统府政治咨议。

民国六年（1917），刘人熙去上海，访问孙中山、黄兴，后回故乡浏阳枨冲。民国七年（1918）九月，又去上海。孙中山得知，前往会见，并送银元 1000 元作生活费。民国八年（1919）二月，刘人熙在上海病逝，享年 76 岁。①

网络上有刘忠焕《大总统顾问湖南督军兼省长船山学社创始人刘人熙传》，文云：

公讳人熙，字艮生，四十五岁后别号蔚庐，学者称蔚庐先生，汉楚元王之后，其先江西瑞州府新昌县天宝乡人也，始迁祖讳郭公，字和斋，于明初宦游金陵，扈潭王朱梓来潭州（长沙），官职都给事中，居浏阳东城，至十五世佑荣公分居洋岭，称洋岭刘氏。家族以文学武功显者，十余世踵相接，尤以十一世祖直臣公最显，官至北京后载门（即玄武门，原名厚载门，为避嘉靖皇帝讳改为后载门）总兵，谱书大总戎，至公祖父我隆公家道始衰，以贫故为县书吏，公父中宪府君弃儒经商，由县南举家迁县西枨冲。

道光二十四年（1844）甲辰夏历正月初九辰时，十九世人熙生于湖南长沙浏阳县枨冲镇小桃源里（浏阳河曲尺湾畔今属杨家垅村）。公自幼家贫，十二岁丧父，与母亲相依为命。父中宪府君弃养后，其哀毁守礼如成人，不食荤腥不听乐，尝奉母黄太夫人之命前往祠庙祷告，时庙中

① 周寅宾：《前言》，《刘人熙集》，岳麓书社 2009 年版。

方演地方戏，乡人或曰：亦观戏来乎？公遂闭目而出，乡人异之。

公六岁始学，年甫成童，语出惊其长老，里人无敢为师，遂负笈出游，年十八入县学，其绩为官弟子员第一，归乡为童子师，借此养母并授业诸弟及乡里诸生，每自为文付之诵习。弱冠入长沙城南书院（湖南一师前身）求学，后又就读于长沙求忠书院。

同治六年（1867），公二十三岁，中丁卯科湖南乡试第一名举人解元，一时文名藉甚。时以家累出游，主书院讲习。

同治七年（1868），始主讲于江西万载东洲书院。

同治九年（1870），应邀主讲于道州书院（湖南永州道县），均号其多材，经其指授皆发业成名而去。

同治十年（1871）冬，应先辈李元度之招，纂修平江县志。

光绪三年（1877），公得中丁丑科二甲第十八名进士，时礼部尚书兼顺天府尹万青藜读其策叹曰：三百年来无此作也，以为贾（谊）董（仲舒）之俦，拟进御朝考，读卷大臣八员其三人执意不可，遂失一甲，以四品工部主事用，分工部屯田司行走。是年，迎母黄太夫人养于京师。同年冬，公联络湘籍京官，呈请祀王船山（王夫之）于两庑。公始凡三娶，黄夫人生一女嫁浏阳贝戏昕，罗夫人生一女嫁欧阳中鹄之子欧阳自耘，邱夫人无生养。

光绪五年（1879），公自此岁起始写日记，其后五十年未曾少辍。

光绪六年（1880），工部学习三年期满，派充工部则例馆纂修官改总校官。

光绪七年（1881）春，王夫人（王芝祥姐姐，今北京通州人）始来傧，生三子三女，长子瑞沖，娶闽浙总督李兴锐之子河北同知李熙元之女，次子瑞灿，娶闽浙总督李兴锐之子候补同知李光第之女，季子瑞潞，娶陕西巡抚易润坛孙女，两女幼殇，小女嫁衡阳萧骧。其时，通州王芝祥授业门下，其姊遂得相识，慕公为人，特存钟爱，王父光禄公屡谢媒妁，贤公而婿之，不以公清贫多病为虑也。同年冬，母黄太恭人弃养，丁母忧回籍守制。公自幼事母纯孝，母弃养，哀毁骨泣，终丧不食酒肉，不作诗，不入内，其间著丧礼传一书。

光绪十年（1884），丁忧期满，复任会典馆总纂官。

光绪十一年（1885），中法之战黑旗军刘永福与法军大小数十战屡捷，法将惮之，于是调集大军进攻三宣，刘永福孤军相距十五日，军火几尽，突围暂退。未几，骁将苏元春、冯子才领兵出镇南关（今广西友谊关）战于观音桥，大破法军，克复谅山，获器械无算，捷报未至而天津和议成矣。公目击国艰，痛斥李鸿章辈之丧权辱国，著有海国七律八首，以志悲愤。欧阳中鹄、沈少潜、张百熙诸先生均谓八章乃杜陵诸将之匹，自是不磨之作，推崇备至。

公自幼体多病，喜阅道藏，久之厌弃。取王阳明集读之，见其本源之地多与佛乘暗合，而又时时借重程朱理学，不失儒者规模，于是又取程朱之书读之，初入其中未免龃龉，及光绪五年（1879）得船山周易外传读之，以为博大精微，直契邹鲁莲溪、横渠以来一人而已。

光绪十二年（1886）春，公于坊间购得衡阳王船山先生遗书，派门生王芝祥筹资刊印以飨读者。自是终生服膺倡导，以此启示后学。

公供职京曹，衙参之外，闭门读书讲学，不骛声华，受刑部尚书潘文勤（祖荫）赏识，尤为相国翁同龢称道，一时，朝中士人争集其门倚以取声名者无数。在京与公相砥砺者，有宗室都护盛伯羲（肃开亲王豪格七世孙）、驻西宁办事大臣豫锡之、按察使同邑欧阳中鹄、尚书张百熙（冶秋）、刑部侍郎龙湛霖（芝生、翰林陈理泰（韫原）、内阁中书龚镇湘（省吾）编修蔡枚功（与循）、侍郎陈启泰（伯翰）、监察御史徐道焜（仲文）、直隶布政使毛庆蕃（实君）诸人等。

光绪十五年（1889），同邑谭嗣同求学门下，公授其船山之学。从游公求学而有成就者则首推浏阳谭嗣同、通州王芝祥二人。嗣同以变法流血而闻于天下，名天壤间，所著《仁学》，虽多杂糅，而为新学辈所推重。芝祥孝友任侠，有功民国，不负所学。其余授业门下，授知礼成性之学，有扬州薛家骏、天津李光灿、固始李昭源、萧山何家澍、光州张部仲、郭生泉，其他生徒众多，不备叙也。

公任会典馆纂修总校官，铅子库监督，计日程功，克尽阙职。曾读山东巡抚奏报，议塞夺沛（今河南浚县）之道，惊曰："汴其有河患乎。"其时尚书潘文勤（祖荫）主工部，遂上书潘公论其利害，然朝议已可其奏。未几河决郑州，为近古未有之奇灾。潘尚书遂谓翁相国曰："刘君之前知如神乎?”翁公曰:“此公名宿，君何知之晚也。”翁相国素重公，其主工部时，当京察，相国坐堂上，由吏唱名，郎官从堂下过，谓之过堂。次及公，相国肃然起立，同署大惊。时公年小翁公十四岁，其见礼重如此。潘公欲置其门下卒不可得，然公于潘翁二人终生皆有知遇之感。时开会典馆，每部例举纂修官二人，尚缺其一汲引踵接，潘公无所可，熟思曰:“吾得其人也。”左文襄（左宗棠）在枢府兼管部曹郎白事坐而署诺，公以故事遗书规劝之，文襄立命公子登门来谢，遂改私第署诺。左公功高天下，气盖一世，生平不为人屈，而好贤从善如此，京师士大夫两贤之。

光绪十五年（1889），公以襄办清德宗大婚典礼劳改官河南授候补直隶州知州，计其资历稍待数年可简放道府，士友皆嘱其行而尤以潘公（文勤，时官工部尚书）之言为切。潘尚书谓公曰:“今外吏待缺者，非得枢府贵人书无以自进，君知之否?吾不轻与疆吏书，君所知也。若往必以余书先焉。”公以当安义命辞之。潘公大叹恨曰:“十年资格付之流水。”其后，公困于河南，潘公与翁公常左右之而不敢使公知，故公于两相国终身有知己之感也。公在河南，大吏皆待以隆礼，而莫能用。

光绪十六年（1890）春，黄河泛滥，应河道总督许振炜之聘，任河南七厅公所总办河督署文案达数年之久。公入振炜幕，与之相得甚欢，每交谈论道常通宵达旦，尝谓公曰:“君有清名而无厚实，可惜也。”公答曰:“此吾志也。”振炜官河道总督，治河之绩为清近百年之冠，实乃公悉心调度规划之力也。

光绪二十一年（1895），公以治河之绩授许州直隶州知州（清朝时河南被划分为九府四直隶州，四直隶州分别为汝州、许州、光州、陕州）。许州辖四邑，为豫大州。公下车伊始，励精政事，革门丁之弊，使门弟子分科治事，听讼折狱如神明。鸡鸣而起，宵分不休，三月大治。公在许，热衷教育，慎刑恤狱，惩治恶霸豪绅，为人称快。城南榆林等村，紧邻颍河，常有水患，村民深受其害。欲修河堤，然未开，民怨抵触。公心生怜悯，查验虚实后，捐出俸禄，委派督工并多次亲临现场督办建设，河堤得以永固。为防贼犯，公亲自下乡召集乡绅，指示做好冬防工作，并于城内捐俸禄以兴筑栅栏，拨公款以备修补之用。他还开挖旧运河，振兴水利，多次现场勘验。尤值一提，当公知继任者将至，停止征粮，并将手中案件全部办结。公离任时，百姓深感其恩，为其立去思碑于八龙桥（俗名水磨桥），公离许三年，其碑遍布全境，公离许十年，有湘人过许，招工人剃发，工知其湘人，问识公否？湘人答曰识之。剃工曰：刘青天乡人也，坚不受钱而去。

光绪二十三年（1897），公授河南候补知府光州直隶州知州，其治绩一如许时。光州仕宦文学甲于河南，号为难治。公之去光州也，父老诸生于途备酒食相送数十里外，请公上座，跪拜上食，事若神明。民皆曰：两百年来无此好官，吾等实不忍以寻常礼相待也。

光绪二十六年（1900）春，公以修会典劳入觐，晋三品盐运使衔记名放道广西。未几，义和团反帝运动遍及畿辅，不能南行，公遂寄居通州门人王芝祥家。是年秋，八国联军入侵大沽口，天津失守，日本军长驱直入通州，文武官吏悉遁，公全家陷入虎狼之吻，转徙乱兵中达三月余。公闻西太后携光绪帝西幸长安，联军烧杀抢掠，惨不堪言。又闻京津缙绅多充苦役，身居危城，虽无守城之责，然出身清华，义不受辱。若兵无礼即拟以身殉国，乃于夏布衫边书：中原男子刘蔚庐有志无时。长子瑞沖见之亦自书之：湖南浏阳县男子刘瑞沖躬豪杰之志，遘九六之运。于是公恒坐室中以待洋兵。已而，洋兵奇门而入，大肆抢掠，咆哮无状，但未杀人。公立门外御侮，洋兵以枪拟指公胸，公叱之拍胸受枪，日兵乃改容为礼，伸大拇指以为敬。未几，又一洋兵搜求时裱、金银，又以枪指向公，公叱之曰："吾惜不为军机大臣，若为军机大臣几年，鼠辈焉能至此。"日本兵颇通华语，闻公言，亦笑而为礼，遂未加害。随后，日军炮兵队驻扎王宅上院，公移居偏院，自此以后免于劫掠，惟公所藏书画悉遭索取而去。驻军大佐藤原梅一郎通中文，能诗歌，知公之名，遂邀公赋诗畅饮，曾作诗曰"庙堂无伟人，白屋仁人在"赠予公，其推崇备至如此。及秋末，公携眷属南归，日人相送，有泣下者。岁末，抵浏，得庆生还。燕居之暇，公将转徙兵祸间流离琐尾之事迹追忆记述，撰写生还日记一卷。一时，戚友云集，敬致慰问，多以公性情高傲，道与时危，不宜仕宦。公则以身历国难，目击外兵之横暴，民生之痛苦，知非改革不能图存，有一日之生即当求一日之进步，尽力于社会。尝有句云："时危未敢论高隐，世变终须重六经。"书之座右，以此策励，忧国之念自此益深矣。

光绪二十七年（1901），和议成后，清廷议行新政，各省设大学堂、课吏馆。浏阳李兴锐巡抚江西，电邀公担任江西大学堂总教习，兼任课吏馆馆长。公考课之余，作教习宣言，令诸僚吏习经世致用之学，破专己迂拘之习，吸收欧美之科学，发扬国有之文化，以求强国。讲授之暇，令诸生执卷问难，析疑解惑各如所问而去。学堂初设士习，嚣张遍于行省。诸生有以饮食细故喧哗者群起和之，管事止之不得。公徐出戒喻，皆悔恨自投，学风大变，高材之士受其熏陶皆有卑视流俗之志。

光绪二十八（1902）秋，柯逢时巡抚广西，时广西匪乱方炽，吏治腐败严重，自巡抚以下皆被弹劾而去。柯公求助，奏调公赴桂，襄赞政务，任广西营务处坐办、法政学堂会办、法政讲习所监督兼课吏馆馆长。时巡抚方勤军务，委公以择吏之任。公课吏之余，细心观察，暗中考核，所识拔皆为循良，有所举荐从不令其人知。清制重文轻武，提镇以下各员皆营务处节制。陆荣廷时已升总兵，对公仍执礼甚恭，相处四年，双方感甚为融合。营务处文案萧凤岐有办事才，公破格提拔委用，一时广西吏治一新。时悍匪陆亚发攻陷柳州，柯公恐惧，不知所为。公为其陈克复之策，以兵机料知匪兵窜退之期不差丝毫。省城有哗变者锢其统领于营，紧闭垒门，全城汹惧。有人建议巡抚用炮击，公力持不可，只身前往，谕使从者传呼：刘公来。公晓以大义，匪即开门受约束，擒其统领而出，遂解柳州之围。

光绪三十年（1904），奔弟人蓉公之丧，归桃源里，作伤弟诗近百首，皆苍凉哀怨之音，不忍卒读。

光绪三十一年（1905），应门人王芝祥之请，举家入桂林，数十年师弟骨肉，患难同旋，一旦重逢，欣喜之情自不待言，公一生所谓清闲生涯，仅此时也。

光绪三十三年（1907）冬，各省创设教育会，湖南举公为会长。乡人来电敦促，以湘中教育非公莫能主持。公应湘人士之约，由桂返湘，就任湖南教育总会会长兼湖南中路优级师范学堂监督。当时世变日亟，学术日新，公思丙午之乱，民治难缓，乃手订章程，规定学堂讲授日语、英语、化学、数学、物理，外增设雅乐一科，聘请皮鹿门、邹介人、廖笏堂、贝元征诸名流为专任教习，增聘中西音乐教习二人，并请皮先生撰雅歌谱之，曲调未成，而皮先生不幸猝逝，湘中儒师痛失其人，悲悼之余，自撰立志、合群、广师、虚心、戒欺歌五章鼓励学生学习勤学、成业、爱国，一时湖湘学子闻风兴起，以争列门墙为幸。公将雅歌付之俦人，咨请湖南提学使吴子修颁发试行，极受学生欢迎，一时宿弊尽革，自治基础赖以确立。

公所撰雅歌，在当时富有爱国教育意义，特摘录如下：

励志歌：泉以源清，木以根荣，学以志成。莫言藐焉中处，舜何人？余何人？欧风美两逼文明，以兵争，以商争，以学争，争，争，争，权在我，勿逡巡。

合群歌：积土成山，风雨兴焉，积水成渊，蛟龙生焉。二人同心尚断金，何况中华古国，恒河沙数人。兴、兴、兴，捐私利，布公心，忍看神州逐陆沉。

广师歌：中失失船，一壶千金，因祸得福，转败为成，但得导师成学业，机缘时时在眉睫，一飞冲天天下悦，君不见日本区区三岛国，崇拜文天祥、楠正成、通人侠士服阳明。我国师孔背孔心，口头禅，可怜生。

虚心歌：一叶闭目，不见泰山，一丸塞耳不闻窗，闭门坐井吾独尊，木朽生蠹，德衰台侮，再败三败城下盟。君勿怖，要虚心，他山攻错如新硎，誓令琉球俯首，莫不尊亲。

戒欺歌：九转还丹不易成，不愧屋漏通神明，呼吸寒暑鞭风霆，春和煦物百草生，圣人秉钧天下平。放弥六合卷藏密，此非枯叶实是根，尧封禹甸老复丁。

中路师范学堂（湖南一师）原为宋代张南轩先生书院，是年新洋楼一所，作为礼堂与办公室之用，公命之为南楼，作南楼记。

光绪三十四年（1908）冬，公被征如入都，时会清德宗崩，摄政王载沣监国，于养心殿召见，公力陈立政体要，民生疾苦，及革除弊政对策，王不省，遂知清运将终，复返广西就任课吏馆馆长兼法政学堂监督，亲主法政学堂讲习，以人伦道德为讲义，以船山之学造士，课堂讲论多述明清兴废之事，激发学子爱国思想，以为不变更政体则革命为空谈，当局虽警戒其言，以其名重未敢问也。清末志士多习兵事，一时英伟之士聚于桂林者有蔡锷、蒋尊簋、尹昌衡、柏蔚曾、赵恒惕、钮永建、刘建藩等诸生，都从公问道求学，尹昌衡、柏蔚曾则受业门下，其后诸生都建树于民国。公门人王芝祥时开藩桂林，公实为诸贤宗主，一时师友之乐，颇足忘归。未几，黄花岗事起，清政益乱，公端居默记，宗室用事，人民胥怨，因不能久，乃于辛亥（1911）四月携眷回湘，士友学子送者千余人，于舟中作诗寄酬桂林僚友及法政学堂诸生，诗中对清末黑暗大胆揭露抨击，忧国忧民之心溢于言表，传诵一时，和者甚众。

辛亥（1911）八月，武昌起义，众推黎元洪为鄂督，继而推黄克强为人民军总司令，扼守汉阳，抗拒清兵，九月一日，湖南反正，清巡抚余成格逃遁，革命党人推举焦达峰、陈作新为正副都督。未及十日，梅馨纵岳叛变，焦达峰陈作新二都督同遭杀害，原湖南咨议局议长谭延闿继任都督，授受周振鳞先生遣使迎公回长沙出任湖南民政司长。武昌兵起，清廷应广西巡抚沈秉堃之请，划湘南二十四县归广西暂辖，以兵进规而赴援武汉之师，企图牵制湘局，湖南岌岌可危，谭督延闿震沛。时广西巡抚沈秉堃为长沙沈幼岚之姻长，与公有旧，布政使王芝祥掌全省军权乃公门生，提法使为公亲家好友浏阳欧阳中鹄，提督陆荣廷也是公故旧，谭延闿都督谋请公致电桂林，促其举义。公致电广西，乞速响应革命。不日，王芝祥复电曰：千里一堂，并致组庵（谭延闿），谭得电大喜，不数日，芝祥取得陆荣廷同意，宣布广西独立，旋即亲率桂军援鄂，遂定武汉之局，湖湘晏然。

民国元年（1912），湖南举办国会议员选举，当局贿买选票，丑态百出，政府机关依附权门钻营之旧染仍未涤除。公默察民心，静观时局，窃恐革命党人以义以利终，不乐为官，遂自勉去职省长，谭都督祖庵遗书曰：丈人去小子无依也。不久，应内阁总理唐绍仪之请，北上就任大总统政治咨议。以公之资历政望，颇得当局袁公世凯大总统之器重。公则寄袁氏以救国厚望，盼袁氏能体解公仆之义，怀救国之心，开诚布公，新我旧国。公屡上书，陈述救时政见，其扼要者为九策，足见公政治主张与爱国忧民之意。公以共和既建，思欲涤旧染之污，非提倡道德无以警觉人心。

民国二年（1913），公思弟子谭生嗣同为变法牺牲之惨烈，遂呈请北洋政府褒扬谭嗣同，兴建纪念祠。大总统俯允，内阁总理唐绍仪颁布褒扬令，令当地政府划拨500平方尺地，由谭氏族人自费兴建了纪念祠。

公笃信船山学说为救时之良方，决意组织成立船山学社，乃于民国三年（1914）六月，具文呈报湖南省咨议会，议决岁拨四千元以崇正学，公出任第一任社长，亲为讲学，搜集船山手迹，出版未刊船山遗稿，创办船山学报，筹办船山大学，船山图书馆及船山中小学，为传播王夫之学术思想，开启民智，振兴中华，奔走呼吁，不遗余力。

民国四年（1915）二月，日本要挟袁氏政府承认《二十一条》，袁心怀鬼胎，态度暧昧，不敢断然拒绝。公愤然上书促袁氏悬崖勒马，下最后决心，挽千载一时之厄运，以符民望。五月七日，袁氏甘心丧权辱国，公然承认日本《二十一条》。公义愤填膺，奋笔作诗曰："凤德辉四极，乃与群鸦翔。一朝逢罗网，羽毛同摧伤。吁嗟狂楚国，万里悲迷阳。羿弓落九日，弯弧射天狼。猛虎长百兽，自昔畏卞庄。不畏猛虎众，但忧虎多伥。"痛斥袁氏承认《二十一条》之失公，对日本觊觎中华领土之心早有所察。公最早提出对日持久抗战之理论，曰："以我土地之广，人民之众，人人救国，即人人自救，倭人虽强，相持半年则必困，转战一年则彼民苦于负担，民党必有起而危其政府者，则朝露之势也。"公对当时形势分析之精辟，已为后来打败日本而予以证明，足见公之远见卓识。八月，袁氏复辟紧锣密鼓，由孙毓筠等六人组成筹安会劝进。公闻之叱曰："若此六人，可谓六凶，凶于尔国，害于尔家，民国之败类，亦袁氏之蟊贼也。"乃决然以七十字佯病，坚辞政治咨议："人熙忝承知遇，授政治咨议。亦思竭忠尽虑，报答涓埃。奈入秋以来，感受时疫，体羸善病，年老健忘，百方调治，毫无寸进，长此尸素，负疚日深，谨此辞职，伏希俯准，以安愚份，感且不朽。"公辞职后，奋笔写原盗上中下三篇，以揭露袁氏窃国行径，唤起民众讨伐袁氏为宗旨。是年冬，应湖南高等师范校长吴雁舟之请，上岳麓山讲学。

民国五年（1916），袁氏改元为洪宪元年，正式称帝。公思烈士手造共和之艰难，痛袁氏复辟之可恨，乃前往瞻仰焦达峰墓，并为之立"浏水堕泪之碑”。公记日记办事仍采用中华民国年号，决不与袁氏同流合污。时袁氏走狗汤芗铭督湘，实行高压统治。公忧愤中写道：“目营四海情难已，石转悬岩势可知。五族英雄齐下泪，鹃喑月落定何时。”公邀女婿贝允昕等诸人创办湖南大公报，揭露袁氏复辟丑剧，号召国民倒袁。不久，蔡锷起义云南，誓师讨袁，公力主湘桂联军合力北伐，并密派次子瑞瀜向桂军陆荣廷致意，劝其出兵，与湘军会师武汉，全国响应。六月六日，袁氏病死，公欣然写道：“国是定矣。”公于袁氏初有知遇之恩，希冀袁氏能卓励奋发，开启中兴，及察袁氏为一独夫民贼，即旗帜鲜明予以揭露，维护国民利益，其品德与正气足为后人景仰。袁氏既死，桂军挺进长沙，七月四日深夜，汤芗铭在四面楚歌中仓皇出逃，长沙大乱，警察尽散，全城沸腾。湘人齐推公为湖南都督，公固辞，诸将守其门，公避之他所。诸将求得之，省议会及驻军正要夜奔公宅，军长曾继梧涕泣以请，公不得以出任都督，军民欢呼。公即着手调度人事，秩序井然，省会局势立即安定。驻军截获汤芗铭现款七十余万，公尽拨作省银行基金，经济秩序亦随之稳定。公以治湘政绩获继任总统黎元洪之嘉奖，并予七月十九日正式任命，七月二十五日又兼署省长。公主湘政，黎明即起，事必躬亲，丙夜不辍，曾五日不更衣而不自觉。公见湘事既已大定，以年老不堪吏事，在职不足三月，致电北京引退电文凡十余次。段祺瑞执政遂改由谭延闿接任。八月二十日，谭到任，公遂作西湖之行，会黄兴于西子湖畔。黄克强先生迎曰：“微公，湘事几殆矣。”对公治湘之绩赞誉十分。大总统黎元洪屡以书召公入京师，遂去京任总统府顾问官。公谓黎大总统曰：“公以一身临亿兆之上，深居新华门之内，亦知所恃者何也?”黎公曰：“何谓也。”公对曰：“行政首长所恃者出令而已，一旦命令失效，则乱且随之。”黎公曰：“我曾杀张振武也。”公遂不复言，留数月即南归。

民国六年（1917），黎公询众督军之请解散国会，六月十四日，张勋利用黎元洪总统与段祺瑞执政的矛盾，率五千“辫子兵”，借“调停”为名，进北京。入京后，张勋急电各地清朝遗老进京，“襄赞复辟大业”，未几，七月一日，黎公竟失总统位。公忧虑时局，屡电陆荣廷论大计，俄而湘南独立，公归隐故里。

民国七年（1918）春，张敬尧督湘，湘祸益烈。湘鄂边防游击司令金华衮与湘东民军焦达人、谭蒙、彭思贻等在湖南平江县组成两湘民军联合会，推公为会长，共同反对张敬尧督湘。时有北军李奎元部骚扰长沙，兵祸延及公家乡枨冲，公居室亦被掠，九月底乃赴上海避难。

孙先生得悉公脱险抵沪，即派秘书陈家鼎代表殷切慰问，并馈送银元千元作添置家具之用。十月初，公在秘书萧骧陪侍下敬谒中山先生寓邸。相互寒暄后，公问中山先生著“知难行易”学说之内涵意义如何？中山先生答谓：我创斯说之意义从来无人询及，今承垂问，不啻空谷跫音之感。继言：吾党同志素不问学，只知根据反满共同目标及我之旨意实行革命。辛亥以后，我党不少同志误认为推翻清朝之任务已经完成，革命已经成功，实际上同盟会改组为国民党后已失去革命党之性质，变为争夺权位之政党。今后中国励行政党政治，我党为一大党，不仅要有适合国情之政纲，特别需要激励党人精诚团结，研究革命学说，才能成为实行民主政治之有力政党。我鉴于党员忽视革命理论之缺点，特创“知难行易”之说，期望党员认真研究中国历史和欧西革命学说用以指导革命之行动。公曰：先生之举措诚为千篇之要图，惟陶铸政党人才，号召党员认真读书、探讨革命学说确实重要，而挽救党人靡靡不振之弊病仍应继续提倡崇尚革命实践之品德，以其能知能行，故知难行易之说与行之维艰之说仍可并重，区区愚见，唯尔察之。中山先生答曰：谨谢厚意，吾当谨记。

是年秋，公电告南北政府：去私欲，开诚心，以谋求和平，各方响应。同年12月，公与上海爱国人士组织成立中华国民策进和平会，被推为会长。番禺徐绍祯与在粤诸贤遥相应和，成立广东策进永久和平会，举冯自由为会长，谭民三、张秋白为副会长，并派代表来沪。

徐绍祯以世界和平共进会代表来沪，和议遂开。公因议和心切，调度卒劳，心力交瘁，终于病倒。病中所言皆关乎时局，无一语及家事。及闻陕督抗令，迄未停战，和议梗阻，忧愤益深，病复加重。

民国八年（1919）夏历正二十三夜，公自草拟致南北代表书，翌日，三会代表共相讨论。是日，公犹独步访徐公绍祯寓所，待开会，公出言宣读，吐音凝重，神意凛然。合座悚听，谈论极欢而罢。次日，公始觉体倦不支，犹取报纸阅读，见宾客如平时。陈家鼎、石厂权皆以谢客勿阅报纸为请，苦劝其当修养，勿以国事为念。病中屡言，无苦饮药食，但日珍品备矣。长子瑞沖在侧，以医言不要紧为慰。公忽然正色曰，无所谓要紧不要紧，但以力争上游为念，遂不复语。夏历二月初五下午酉时，自整衣冠，端坐而逝，终年七十五岁。

公一生历艰苦卓绝，皆从容处之，仕宦膏腴之地不以自润，不治府邸，薄俸所得尽以散之族党。公平生素仰范文正，仿其置义田抚赡族中孤老，对族友之爱尤深，常视孤侄如己出，凡人耳目之好公一无所近。清畏人知，俭不惜财。在河南时有同僚见公衣敝，曰公用省钱，公笑答吾非省钱盖省心耳，问者大惭。公处世，勇于自任，取人甚宽，平生最恨召党徒标榜之习，最喜劝后进为志。公于学无所不窥，初为姚江之学，继而问学于番禺东塾受朱子之学，稍长得船山王子之书，以为博大精深，集宋以来诸儒之大成，孟子以后一人也。公遂专以船山之学，召学者拳拳服膺盖终生焉。船山之学亦深得公数十载倡导之功光大于天下，海内之名之士言有船山之学尽在浏阳之论。公之学以克己复礼为功，以下学上达为用，知圣人之可学而至。

公一生著述甚丰，计有《蔚庐文稿》《蔚庐文集》《蔚庐诗集》《春秋公法内传》等十二种共三十九卷，大都刊印。公生平崇船山学说，校刊注释船山遗著有《四书训义浅疏》《四书稗疏》《愚鼓词笺》《船山古近体诗评选》等九种八十余卷，现均藏于湖南图书馆。公之诗歌风格属宋诗派，寓微言于声律之中为从来诗人所未及，其友人欧阳中鹄言其诗早岁意境似陈少白，晚岁似杜老夔州。其书法自成一家，为世所重，能日书万言不倦。初喜道州何猿叟书，后专以二王为宗，劲气直达而不失晋人风度。

公逝世后，朝野震动，海内同悲，北洋政府和南方军政府各颁令督办治丧事宜。各军政要员学者名流均前往致祭，其门人石广权将其汇总整理收纳为《刘浏阳先生衣荣录》，……①

① 刘忠焕：《大总统顾问湖南督军兼省长船山学社创始人刘人熙传》，“刘忠焕的博客”http：//blog. sina. com. cn/baizheshugod（2018 年月 26 日）。为引用此文特征求了刘人熙后人刘俊坤先生意见，得到许可才予以引用。

三、刘人熙与谭嗣同的关系

刘人熙是戊戌变法运动中重要人物谭嗣同的老师。这种关系，谭嗣同、刘人熙两人都是承认的。谭嗣同在《报刘淞芙书》中说：

> ……嗣同少禀惛惰，长益椎鲁，幸承家训，不即顽废。然而家更多难，弱涕坐零。身役四方，车轮无角。虽受读瓣彊大围之门，终暴弃于童蒙无知之日。……既而薄上京师，请业蔚庐，始识永嘉之浅中弱植，俶睹横渠之深思果力，闻衡阳王子精义之学，缅乡贤朱先生暗然之致，又有王信余、陈曼秋、贝元征以为友。……①

这里谭嗣同叙述了自己成长的过程，明言在京城拜刘人熙为老师，并从刘氏那里获知王船山的学术思想。谭嗣同从刘人熙问学，还见于谭嗣同的其他文章，如《论艺绝句六篇》云："旧曲新翻太古弦，《云门》高唱蔚庐同县刘师传。"② 又如《浏阳三先生弟子箸录》，欧阳、涂、刘也。③ 刘指刘人熙。

刘人熙著述中也有关于与谭嗣同交往的材料。刘人熙在《复谭生嗣同书》中说："得书，知为学日有新功，所言皆切己躬之实，甚慰期望。所言师友之盛，足见取益宏多，此即亭林先生广师之意。"④ 由刘氏所言，不难看出字里行间，流露出老师对学生的情意。刘人熙在《书〈兴算学议〉》一文中说："天下大器也，群生重畜也，莅中国抚四夷大权也。不破庸人之论，不足以有为。破庸人之论，而仍不免于庸，统归于妄而已矣。以舍人之学，谭生之才，蒿目时艰，盱衡四海，痛哭流泪，大声疾呼，惴惴焉，忧四百兆黄种之民，将为洋奴，于是得一术焉，曰变法。其心苦，其言辨，观其舌锋所至，喙长三尺，不能辟易。而吾以为仍不免于庸者，不揣其本，而齐其末，方寸之木，可使高于岑楼故也。……此船山王子所谓杀之不为不仁，给之不为不信者。

① 《谭嗣同全集》（增订本）之《报刘淞芙书》一，中华书局1981年版，第9页。
② 《谭嗣同全集》（增订本），中华书局1981年版，第77页。
③ 《谭嗣同全集》（增订本），中华书局1981年版，第55—56页。
④ 《刘人熙集》，湖南人民出版社2009年版，第284页。

正今日办洋务之枢纽，而其本则在于得人。”[①] 在此，刘人熙肯定了谭嗣同爱国精神，但不赞成谭嗣同的“变法”之举。这说明，刘氏的思想远比谭嗣同保守，但在论述时不时引用王船山的言论，间接地影响谭嗣同对王船山的崇拜。刘氏对谭嗣同变法之举的态度，也影响对戊戌变法失败后的谭嗣同的遭遇的评价。刘人熙在谭嗣同就义后写过一首诗，诗前小引云：“瓣翁寄我谭生狱中题壁诗云：‘望门投止思张俭，忍死须臾待杜根。我自横刀向天笑，去留肝胆两昆仑。’盖止二仆相随也。又云英教士李提摩太，故与生善，屡迎其至英使馆匿避。固不往，坐待引颈，临刑谈笑自若，可谓壮矣。惜乎未见其止也。余闻而悲之。因悼以诗，亦为子弟前车之鉴云。”对谭嗣同的悲壮的表现予以充分的肯定，但对其影响却说“亦为子弟前车之鉴”，甚有保留。其诗云：“谭生才气横天下，不忍逋逃累老亲。他日老韩漫同传，董狐良史要分明。”[②] 将谭嗣同就义的意义局限于不累老亲的“孝道”上。这与刘人熙对传统文化的价值的理解是相一致的。不可否认的是谭嗣同就义对刘人熙是有影响的，至于对刘氏后来倾向民国的态度的改变产生多大影响是不好说的。

四、刘人熙与辛亥革命的关系

刘人熙与辛亥革命关系怎样，在民国初年的政治态度又如何呢？这也是一个值得考察的问题。王闿运他在《邗江王氏族谱叙》中说：

> ……有王芝祥、刘人熙仇视故君，而借口云船山之学。故书其卷端，以质船山，因以告其族人。乙卯五月乙亥朔湘潭王闿运谨撰并书。[③]

这篇叙写于1915年。由此文来看，刘人熙似乎是一个辛亥革命党人。然而从刘人熙的生平事迹来看，在中华民国成立前，他从未参加过革命活动。在维新变法时期，刘人熙也不支持变法。但是在民国成立后，刘人熙进入了湖南新政权，担任了民政厅长。对辛亥革命是持肯定态度的。在民国初年，刘人熙还加入了国民党，担任了湖南地区的负责人。然而在南北之争亦即孙

① 《刘人熙集》，湖南人民出版社2009年版，第305—306页。
② 《刘人熙集》，湖南人民出版社2009年版，第85页。
③ 《船山全书》第16册，岳麓书社1996年版，第663页。

中山与袁世凯的争端中，他并不支持以孙中山为首的国民党，对国民党发动的“二次革命”多有批评。刘人熙说：“以义而开民国，武昌振臂一呼，天下响应，五族共和，渐积之势然也。以利而争总统，南昌首难，喋血长沙，未六旬而逋逃海外。义之必利而利非可以利者，非事理之显然乎？贪夫攫金于白昼，免者幸矣。”① 所谓“以利而争总统，南昌首难，喋血长沙，未六旬而逋逃海外”指的就是国民党所发动的“二次革命”，“以利争总统”指的是这次“革命”的非正义性，只是为了争权。刘人熙又说：“徐锡麟之忠魂，黄花岗之碧血，海内哀之，若丧亲戚。以诸烈士之死，为国民而死也。民国之代价，孰有重于此者乎？今武昌首事诸公，能知此意而不逾其初心，庶几夙夜以永终誉，岂不伟哉？惜乎以义始，以利终，卒为国民之公敌。盖激于一往之气而无不息之，诚也。诚者，物之终始，不诚无物，鉴于令名之不可倖成，则从事民国当掬诚与民相见。前车既覆，后轸方遒。不研精于正学，终亦苟道而已。因权取济，则威侮五行，怠弃三正之罪多矣。和气致祥，乖气致戾，岂有倖乎？”② 既肯定了辛亥革命首事诸公的功勋，但又指责首事诸公发动“二次革命”为“国民之公敌”。这种观点在当时比较普遍。例如他在具有国民党背景的《民立报》上发表文章反对“二次革命”，他在文中指出：“今日已为民国，苟对于民国而谋乱，即是自绝于国，罪在不赦。即政府为恶，法律与国会，终应有解决之能力，无俟谋乱，以扰苍生。故谋乱之事，为商民所疾视，亦明达所屏弃也。”

刘人熙不满于国民党的争权，倾向于袁世凯政权也就是当时的执政当局。所以，刘人熙担任了国民政府的官职。从另一方面来说，刘人熙对袁世凯的支持是有限度的。刘人熙没有支持袁世凯称帝，查《船山学报》无一篇文章谈及称帝，但在《船山学报》第八期《救败九策》一文中刘人熙多次申说了共和独立重民权之思想。刘氏说：“国以民成，因民为治。民愚则国不能独智，民弱则国不能独强。”③ 又说：“去君主之世及则知中国非一姓之私产，爱国之心自深。国民非一姓之家奴，独立之谋必固。”④ 刘氏还说民国是去专

① 湖南船山学社编：《船山学报》（二），湖南师范大学出版社 2009 年版，第 871 页。
② 湖南船山学社编：《船山学报》（二），湖南师范大学出版社 2009 年版，第 880 页。
③ 湖南船山学社编：《船山学报》（三），湖南师范大学出版社 2009 年版，第 1355 页。
④ 湖南船山学社编：《船山学报》（三），湖南师范大学出版社 2009 年版，第 1366 页。

制世及之私。这样的观点是不可能支持袁世凯称帝的。刘人熙还反对丧权辱国，主张卧薪尝胆，强国复仇，所以他说："以为自五年始宜准公私团体，开五九纪念会，下半旗以表卧薪尝胆之真心。"[①]

由此可知，刘人熙是有强烈的民族精神，主张以传统道德拯救社会，虽对民主自由等现代观念有微辞，但又在一定程度上接受了民主自由独立的思想，尤其赞成民主共和的建国思想。

五、创办船山学社前刘人熙对船山思想的研究

以上两个问题虽然值得考察，但对于刘人熙的王船山研究的探讨来说，还只能算是外围性的问题。从刘人熙所记的《日记》来看，在清光绪五年(1879)的日记中已见他开始学习船山著作的记载。但从刘人熙写给友人的书信中的自叙来看，他学习船山著作可能还要早一些。刘人熙在《再复向笃生书》中说："乡举以还，困心衡虑，意学之不止于是也。于是出入释老，及阳儒阴墨之书，久之未有得也。继读宋五子书，乃有悟焉。继读衡阳王先生遗书，嗜之颇笃，而后益知吾学之可为。"[②] 刘人熙中举是在清同治六年(1867)，中进士是在清光绪三年（1877)。中举与中进士之间有十年时间，因此，刘人熙应该是在这十年里开始学习船山著作的。

刘人熙到底读了船山哪些著作呢？从上所引文字看，刘人熙主要是为了思想修养方面的提高而进行阅读的，所以读宋五子就有所感悟，而读船山的书"嗜之颇笃"，所读船山书主要也是思想修养这一方面的。从刘人熙《日记》以及为船山著作所作的序、笺注来看，刘人熙研究过王船山的《四书章句》《礼记章句》《读四书大全说》《搔首问》《古诗评选》《明诗评选》《愚鼓辞》以及王船山诗集。

刘人熙对王船山的总的评价是什么？刘人熙给王船山学术思想的总体评价主要有两个方面：一是王船山学术思想是孔孟程朱思想的继承，因而他说："续微言者，子思子之后孟子，孟子之后程朱。自程朱以来，未有盛于衡阳王

① 湖南船山学社编：《船山学报》（三），湖南师范大学出版社2009年版，第1356页。

② 《刘人熙集》，湖南人民出版社2009年版，第281—282页。

子者也。(光绪九年四月十日)”。[①] 刘氏更有从儒学史或者说是从中华文明史给王船山以极高的地位。刘人熙说:“楚人士称之曰:‘周子以后一人而已。’天下学士宗之曰:‘孟子以后一人而已。’”[②] 二是王船山对孔孟程朱的思想有所发展。刘人熙说:

旨哉,衡阳王船山之善于自状也。“六经责我开生面”,诚哉其开生面也。船山之于诸经,若《书》,若《礼》,若《诗》,若《易》,若《春秋》,若《四子》,于荒山榯径之中,穷天人性命之旨,详哉其言之矣,而无一陈言,虽前后旨趣有相乖午者,要之大本大原之地,则千圣同心,万贤合魄,愚者莫能毁,爱者莫能助也。生面一开,而有志之士得门而入,岂非人心世道之大幸乎?[③]

于《六经》开了生面,于程朱在继承之外也多有发展。刘人熙说:“至于《训义》专以《集注》为宗,《稗疏》《读〈大全〉》诸说半不羼入,盖其慎也。若心所独契,确然质百世而无疑者,则亦不与《集注》苟同。惟其突知前贤,是以不阿所好,功臣诤友盖兼之矣。岂如妥庸巨子,变更故训,专抵前哲之罅,务成一家之言者乎。”[④] 以《集注》为宗就是宗朱熹,但“心所独契”“不阿所好”表明王船山的独创意识。对于王船山学术思想的精粹之处,刘人熙确有所见。刘人熙说:“性有三品,古今聚讼。知性日生而命日受,则推之往圣而无不合,以孔孟之精蕴者,船山也。”[⑤]

六、刘人熙创办船山学社

关于船山学社的创办,《船山学报》第二卷第二期《湖南船山学社大事记》记载比较翔实:

壬子岁,中华民国元年

① 《船山全书》第16册,岳麓书社1996年版,第875页。
② 《刘人熙集》,湖南人民出版社2009年版,第312页。
③ 《船山全书》第14册,岳麓书社1996年版,第880页。
④ 《刘人熙集》,湖南人民出版社2009年版,第312—313页。
⑤ 湖南船山学社编:《船山学报》(二),湖南师范大学出版社2009年版,第1089页。

浏阳刘蔚庐先生人熙，建议设船山学社。

时先生任湖南民政司司长。先是小吴门旧船山先生祠，设有思贤讲舍，国变辍讲。先生不忍船山先师之遗绪从此废坠，故有是议。

癸丑，民国二年

春，呈请湖南省督府，令准拨给东茅巷旧仕学馆改建船山先师专祠。

时思贤讲舍为醴陵文经纬，呈经督府令准，拨设富训商业学校。蔚庐先生，商请由府别拨校址。不可。乃建议改建船山先师祠。呈请拨给府学宫前文昌阁为祠址。嗣以地不适用，再请改拨东茅巷旧仕学馆为祠址。奉批来牍具悉。船山先生，皇明遗老，南国儒宗，耄学伏生，不受汉廷之避，离骚正则，嗣音楚泽之吟，学贯百家，智周万物，虽模范宜公之瀛海，而恭敬尤切于梓桑。亟应如呈建祠，并设学社，以资讲习。所请以旧仕学馆为祠址，查该馆地址现为红十字会医院，应俟该会迁移后，方能改建船山专祠及立学社，仰候行民政、教育司先行立案可也。

夏，设船山学校筹备处于广益学校，呈请指拨常年经费五千元。

时蔚庐先生因公赴京。湘局不安，北京政府派员来湘检察。本社同人等，以筹备处亟宜设立，并应请由督府指拨常年经费，以资应用。奉批，呈悉。船山先师，朱明遗老，湘楚儒宗，潜德暗修，视亭林黎洲诸老尤为高尚，执事遥承道脉纂懿流光，属在梓桑，共深佩仰。所请于广益学校暂设筹备事务所，及拨常年费五千元之处，应即照准。惟事关追加经费，应俟省议会通过后，再行支领可也。

秋，呈请北京前大总统，发交国务院，令行内务教育二部立案，并准行知湖南都督府，查照维护，准予继承小吴门旧思贤讲舍、思贤书局为船山学社社址。

时湖南都督谭延闿去职，汤芗铭接任，解散富训商校，以思贤讲舍为武学社。蔚庐先生在京闻之，因会同鄂绅夏寿康、直绅王芝祥、苏绅张謇、庄蕴宽等公呈大总统府，请准令行湘督，准予继承旧思贤讲舍及思贤书局为船山学社社址，并查照湖南省议会议决，岁拨本社经常费四千元原案，由国税项下拨发，分别令行内务、教育二部立案。奉国务院令开，奉大总统发交该绅等呈件均悉。衡阳王船山先生，高风亮节，海内咸钦，冠冕人论，著述斐然，允宜衣绍。所请各节应准分别行知，一体维护等语，其经常费四千元，亦准每岁就省于国税项下，具领给发。

甲寅，民国三年。

春，船山学社组成，公推刘蔚庐先生人熙为本社总理。

时蔚庐先生由京返湘，请汤督拨交社址，辗转数月。适巡按使刘心源莅湘，汤督迁武学社于曾文正公祠，以思贤讲舍为巡按使行台，暂准拨用思贤书局为本社开办处所。

确定社章。

先是，呈请湖南督署、北京大总统府订有简章，拟具应办之事六项。

甲、搜集船山先师未刊遗书。

乙、编辑学报。

丙、筹建船山专词。

丁、筹办船山大学。

戊、开讲演会。

己、筹建船山图书馆。

至时详定社章，公推总理一人，总持社务。设哲学政学二科，科设主讲一人，于社员中公举。社务分文牍会计庶务交际四股，由总理选任。

夏，就思贤书局会讲。

书局原为淮商公所，嗣隶讲舍，附设思贤书局。鼎革之交，版本移置官书局，湘督驻兵其中。至是乃就局整理房舍，权宜开讲，每周日曜日会讲一次。

公推桂阳彭政枢葒原、泸溪廖名缙笏堂为本社社长分任主讲。

蔚庐先生不欲专社长之名，议定哲政二科主讲，皆称社长。

秋接收旧思贤讲舍，永为社址。

巡按使署他迁。本社因得接收旧讲舍，整理堂室，设置图书器具，于冬十月迁入，正式开讲。

大总统府颁发邹鲁津梁匾额一方，悬诸正厅。①

梁绍辉《刘人熙与船山学社》对船山学社的创办进行了介绍，也可补充。

① 湖南船山学社编：《船山学报》（三），岳麓书社2009年版，第1881—1885页。

梁绍辉说：

辛亥革命爆发后不久，刘人熙担任了谭延闿都督府的民政司长，虽然没有什么建树，但却为他以后办船山学社创造了有利条件。因为他为谭延闿稳定湖南局势出过力，所以谭给了他以办社的方便：（一）拨四千元，作为船山学社的日常用度；（二）拨旧仕学馆（即今湖南省人民医院地址）为社址。刘人熙也以礼相报，谭任总理，而自己则从事具体的筹备工作。由于作为社址的仕学馆被红十字会及其附设医院占用，一时无法腾出，刘人熙便租用广益学校几间房屋为筹备处。这样，船山学社的组建正式拉开了序幕。但就在这个当儿，“二次革命”发生，未几失败，袁世凯任命亲信汤芗铭督湘，谭延闿出逃，形势发生了很大的变化，因而筹备船山学社的工作也受到影响。①

梁绍辉又说：

“二次革命”失败后，袁世凯任命他的爪牙汤芗铭为湖南督办使，企图扑灭湖南革命党人的活动。……三个月后，刘人熙的内弟王芝祥因与袁世凯参谋次长陈宧交谊很深，托陈说项，请汤对刘予以照顾。因之汤芗铭便把刘人熙从浏阳请到长沙，聘为都督府政治顾问，让他出省考察。于是刘人熙以赴东北考察农垦事务为名，率领船山学社筹备处几个人，于1913年11月离开长沙。刘人熙此行的真正目的在于创设船山学社，所以他到汉口便停了下来，当天就上书副总统黎元洪：“人熙念民国元气，系在人心；人心不正，皆由国学之不倡。故组织船山学社，阐其大义微言，以津逮邹鲁。”过了几天，黎元洪召见刘人熙，表示支持，并愿为船山学社募捐。接着，刘人熙便和随行人员继续北上。抵达北京后，刘人熙通过陈宧，给袁世凯递上“呈文”：“窃惟民国肇造，非昌明国学，无以发挥固有之文明，消弭潜伏之祸乱，人熙于民国元年承泛民政司长之任，即鸠合同人，发起船山学社。思集合俊才，讲求正学，由船山而以津邹鲁；发行杂志，以为海内学者之媒介。诚以王先夫之，在前明遗老中精深博大，独往独来，其魄力实在黄犁洲、顾亭林、李二曲之上，

① 梁绍辉：《刘人熙与船山学社》，《船山学报》1986年第2期。

非徒一省一乡之模范，实民国正学之先河。拟建船山祠堂，以隆俎豆，而资观感，为全国之津梁；并次第搜求遗稿，修正发刻遗书，为图书馆之预备；兼渐次设立船山学校，以冀转移学风，造救未来之人才，冀广船山于天下。顾一年以来，地点未定，虽经省议会拨岁费四千元，而开办之费，尚属缺如。拟请大总统提倡，以收风行草偃之效。查大同会已经解散，财政部没收之余款尚有数万金，拟请钧府指拨为船山学社开办经费。大总统日理万机，注重国本，人熙虽衰庸驽劣，亦当竭其一得之愚，助民国维新之化，是否有当，伏候钧裁！"

刘人熙的这一呈文很快就由袁世凯批交国务院，国务院当即作出如下指示："先儒王船山，当贞元绝续之交，植内外纲维之辨，播诸来祀，用造新邦，缅溯徽猷，允宜崇报。所称发起船山学社，并拟搜求遗著，建祠设祀各节，用意甚善，应即妥慎筹办，俾观厥成。至所请将没收大同会款拨充经费一节，是否可行，并仰径呈财政部核示可也。"

刘人熙见国务院这个"批示"对请求拨款给船山学社一事予以推诿，便立即写信给国务院总理兼财政总长熊希龄，请其玉成。但熊回信不同意。对此，刘人熙感到很愤慨，无法中只好去拜访参议院议长李经羲和副议长张国淦，又谒见袁世凯。但熊希龄反对，致事无成。在此情况下，刘人熙只得恳求陈宧写信请汤芗铭对船山学社予以扶植。陈宧的信果然起到了作用，汤芗铭表示愿意支持，因此刘人熙在 1914 年 5 月离京回湘前写信给陈宧，深致谢忱："船山学社事，前承致书湘督，昨社员来函云，可以发生效力。玉成高谊，非令人熙一人之私感也。"

刘人熙回到长沙后，汤芗铭给他解决了船山学社的场地问题。刘在日记中写道："拨思贤书局为讲舍，有园亭之胜，兼有专门出入，可为船山祠堂。"有了场地，刘人熙就延聘人员，开展了整修房舍、发展会员、搜寻遗书、收集雕板等活动。1914 年 6 月 14 日，船山学社正式成立，公推刘人熙为总理。①

由上述材料可以对刘人熙创办船山学社的情况有比较清楚的了解。

① 梁绍辉：《刘人熙与船山学社》，《船山学报》1986 年第 2 期。

《船山学报》的创刊与发行

张红明*

19 世纪末 20 世纪初的中国，被历史的车轮碾压出深深的印迹。那是一个落后的中国，被列强侵扰，被他国耻笑；同时，那也是一个强大的中国，无数仁人志士出现，探索改变中国的路径，肩负起复兴中国的重任。1911 年，孙中山领导的辛亥革命推翻了清朝的专制帝制，建立起了中华民国，同时，也极大地推动了中华民族思想的解放。但国内局势依旧动荡不安，袁世凯任临时大总统后，企图复辟帝制，局势更是糟糕。而中华民族能否走向富强和民主，成为人民迫切关注的问题。以刘人熙为代表的湖湘人，在王船山思想的启发下，将王船山学说视为“救时之良方”，由此呈请成立了船山学社，并发行了《船山学报》以保存国粹，弘扬国学，反对帝制，改良社会，在湖南乃至全国教育文化界产生了相当大的影响。

一、创刊始末，匡时救世

刘人熙（1844—1919），字艮生，号蔚庐，湖南浏阳人，是著名革命家谭嗣同的老师。在政治上，他于 1867 年中举；1877 年成为进士，以四品官衔任工部主事、纂修和总校官；1889 年担任直隶知州；1900 年春，担任广西道员；1901 年，在清政府“预约变法”的指令下，应江西巡抚李兴锐的邀请，聘任为江西大学堂总教习；1907 年春，被推选为湖南教育会长；1911 年秋至

* 张红明，湖南浏阳人，衡阳师范学院 2020 级教学硕士（语文）研究生。

1912 年夏，谭延闿担任都督期间，刘人熙被任命为民政司长；其后，先后充任袁世凯大总统府政治谘议及继任大总统黎元洪政治顾问；在 1916 年反袁斗争后，一度代理湖南省长兼督军；1918 年担任策进永久和平会会长；直至 1919 年 4 月，病逝上海。在学术上，走科举入仕的道路，儒家经典的学习不可或缺，在研读程朱理学，并进一步深入研究王船山的相关著作后，他愈来愈集中于船山思想的研究。[①] 他在《再复向笃生书》中提到“继读宋五子书，乃有悟焉。继读衡阳王先生遗书，嗜之颇笃，而后益知吾学之可为”[②]。在王船山学术思想的引导下，在社会形势的威逼下，在政治身份的帮助下，他怀揣着救世之心，在其潜心做学问的同时，不忘探寻救国救民之路。正因如此，他在袁世凯复辟帝制时不屈从，而是选择发扬船山精神，宣传船山思想，以此来匡时救世。1914 年 6 月 14 日，在刘人熙的多番奔波下，船山学社以思贤书局为讲舍，在湖南长沙正式宣告成立。为弘扬船山爱国主义精神，刘人熙积极组织社员开展学术活动，先后办成六件大事：一、筹建船山专祠，作为弘扬船山思想的基地；二、搜集船山专刊书稿，整理船山学术；三、编辑出版《船山学报》，传播船山精神；四、筹办船山大学，培养爱国青年；五、定期举办讲演会，扩大船山学社影响；六、筹建船山图书馆，继承传统国学。[③] 其社章将“编辑学报”拟定为应办大事之一，由此揭开了《船山学报》创刊的序幕。

《船山学报》作为湖南船山学社出版的群众性的学术研究刊物，它以发表王船山未刊著作和研究船山学术思想的文章为主，积极宣扬了船山的爱国、爱民族的思想。1915 年 8 月 20 日，在刘人熙、曹佐熙、徐明谔、彭政枢、廖名缙等人的倡议下，《船山学报》第一卷第一期出版问世。社长刘人熙在《船山学报叙意》中对《船山学报》名词的由来及办刊宗旨进行了详细的说明，其文说：

> 船山学报何为而作也？忧中华民国而作也。其忧中国奈何？中国者，地球之东，帝出乎震，三皇五帝以来，文明最先之古国也。东渐于海，

① 梁绍辉：《刘人熙与船山学社》，《船山学报》1986 年第 2 期。

② 周寅宾：《刘人熙集》，湖南人民出版社 2009 年版，第 281—282 页。

③ 刘志盛：《湖南船山学社略考》，《船山学报》1984 年第 1 期。

西被于流沙，朔南暨声教。近则汉满蒙回藏，五族一家，又地球之最大国也。国大易富易强，而统治难，则亦易乱。文明久则易治易安，而人亡政息则文而弱，文而巧则亦易危。闭关之时，一治一乱，辟人辟世，海滨待清，往往数十年一小乱，数百年一大乱。大乱既讫，与民休息。黄老之术，亦致小康。汉之文景，唐之贞观，刘宋之永嘉，史官美为刑措。而自智者观之，则知为架漏度日。固未易一二为俗人言也。……愤政府之昏暗，悲列强之侵陵。人人有亡国灭种之惧，惧则思，思则变，变则通。革命之义，大道之行。三代之英，选贤与能，以公天位治天职。……武昌一呼，南北响应，此岂一手一足之烈，亦岂适逢其会之数十人所敢贪天之功以为己力哉。……故曰，殷忧启圣，多难兴邦。居不幽，志不广，思不深，志不远。众人不忧而圣人忧之，有圣人之忧而火尽薪传，得多数之志士仁人以分其忧，而因以导众人之忧，令国家危而不亡。……其曰船山学报奈何？船山者，湘西之一片石耳，其形似船。自衡阳子王子隐居求志于此，船山遂名于世。王子名夫之，字而农，学者称船山先生。……①

刘人熙作这一文章为发刊词，列在第一卷第一期首页，鲜明地表达了强烈的爱国主义精神。“忧”之一字，从心尤声，许慎将其释为“不动也”，后段玉裁改之为“心动也”，忧之一字，须有感而发，从心生发。先有孔子语“忧”——“吾恐季孙之忧，不在颛臾，而在萧墙之内也”，以反对战争，主张仁政治国；后有范仲淹的“先天下之忧而忧，后天下之乐而乐”，将国家的前途命运、人民的幸福快乐作为自己的政治抱负。而如今，刘人熙在叙意中，旗帜鲜明地指出“船山学报”为“忧中华民国而作也”，明确地表达了《船山学报》的爱国主义宗旨。② 其后，将中国的历史和现实进行对比，强调濒临亡国灭种的悲愤境地，主张思变分忧，以“令国家危而不亡”。文中对“船山”一词的始末进行解释，也表明了学报将船山思想学说作为研究核心，在船山思想基础上探寻救国救民之道，这也正与他在宣统元年（1909）三月二十日的日记中所言“方今朝政昏暗，前途正未可知。亦莫非传播船山学说，

① 湖南船山学社编：《船山学报》，湖南师范大学出版社 2009 年版，第 17—19 页。

② 朱迪光：《民国时期〈船山学报〉办刊宗旨发覆》，《船山学刊》2016 年第 2 期。

为兴起中国之种子”[①] 的初衷相契合。而《船山学报》的爱国思想不仅蕴藏在其叙意和刊物内容中，还体现在其每期均会刊录的“请君勿忘五月九日国耻”十个大字中。而这十个大字的位置也由第一期居于中间到第二期开始位于封面后第一页的醒目位置。

二、发行艰辛，留存不易

《船山学报》作为我国现存办刊时间最久的思想文化学术期刊之一，从其1915 年创刊起至今已有 107 年。在这 107 年间，《船山学报》历经艰辛，与民族同命运，几度停刊，又几次复刊，断断续续，至目前改名为《船山学刊》，在学术理论界享有盛誉。

而其办刊历程，基本可分为以下几个阶段：《船山学报》由湖南船山学社创办并管理发行，于 1915 年 8 月 20 日首刊，至 1917 年 8 月 20 日因军阀混战、经费不支而停刊，共发行 8 期；1930 年 5 月复刊，改名为《湖南船山学社杂志》，至 1930 年 11 月共发行 7 期；1932 年 12 月再度续刊，恢复《船山学报》之名，至 1938 年 6 月，因抗日战争战火蔓延至湖南，日军飞机轰炸长沙而停刊，共发行 15 期；1984 年，正值改革开放春风，《船山学报》再次复刊，由湖南省社会科学院、湖南省社会科学界联合会、船山学社联合主办，至 1989 年因全国整顿报刊被出版管理部门以一个单位不许办两份刊物为由宣布停办，至此共发行 14 期；后经陆魁宏、刘正、夏赞忠等人以及学术理论界众多学者的努力下，省出版局暂定先在《湖南社会科学》上每年发一期船山研究专栏，直至 1991 年正式复刊。[②] 1991 年 12 月，《船山学报》改名为《船山学刊》沿用至今，由湖南省社会科学界联合会主管[③]，迄今为止共发行 120 期。

在那个战火纷飞的年代创刊，已是勇气可嘉，而在创刊后坚持办刊，更是不易。在如此特殊的年代，遑论传播，留存已是不易。也因此，民国时期的《船山学报》，不仅最能体现创刊者意图，而且直面传统与现代的交锋，给

① 朱迪光：《王夫之与湘学》，《湖南科技学院学报》2014 年第 9 期。

② 周发源：《湖南船山学与〈船山学刊〉百年》，《船山学刊》2015 年第 5 期。

③ 陆魁宏：《从船山学报到船山学刊》，《新湘评论》2015 年第 13 期。

今人留下了宝贵的历史材料。现留存影印的由湖南船山学社编辑、湖南师范大学出版社出版的《船山学报》，保存了 1915 年首刊以来发行的八期，并将其命名为第一卷；将 1932 年至 1938 年期间发行的 15 期《船山学报》命名为第二卷。两卷合为一套书，共七本，成为《湖湘文库》的重要组成部分。

据《湖湘文库》中《船山学报》上版权页上标明的时间和期刊号所示，第一卷《船山学报》发行时长两年。1915 年 8 月 20 日第一卷第一期发行，按月刊每月 20 日发行一直持续到 1916 年 1 月 20 日发行第一卷第六期，第一卷第七期直至 1917 年 4 月 20 日才发行，第八期于 1917 年 8 月 20 日发行。而第九期和第十期稿已编辑，但因无力付刊而终止。根据第七期和第八期中预约单和定价表仍以月刊预定判断，后两期虽时间间隔较久，似为季刊，但其发行时间乃是迫于经费短缺的无奈之举。1932 年 12 月《船山学报》第二卷第一期开始发行，1933 年 5 月发行第二期，1933 年 10 月 28 日发行第三期，自第四期始，出版日期均为干支纪年，1934 年 1 月发行第四期，1934 年 5 月至 6 月发行第五期，1934 年 10 月至 11 月发行第六期，1935 年 3 月发行第七期，1935 年 7 月发行第八期，1935 年 10 月发行第九期，1935 年 12 月发行第十期，1936 年 5 月 21 日发行第十一期，1936 年 12 月 13 日发行第十二期，1937 年 5 月 6 日发行第十三期，1937 年 12 月 3 日发行第十四期，1938 年 6 月 22 日发行第十五期。可见此次发行日期却不似第一卷那么稳定，且出版日期大部分为干支纪年，却并无具体日期。第十六、十七、十八期均已编辑定稿，却因抗日战火延及湖南，学社经费困难，无法付印成书，后因躲避日寇轰炸攻击，在频繁搬迁中遗失。① 根据《船山学报》定价表全年册数为四册判断，第二卷《船山学报》拟以季刊发行，但限于时局动荡和经费不足，除 1934 年和 1935 年的《船山学报》大致以季刊发行外，其他年份的《船山学报》实际是半年刊发行。而刘志盛在“船山学社大事记”中所记载“1936 年，《学报》自不能出版四期，应如何缩减案。议决，暂定每年出版两期”② 也证实了这一点。

---

① 刘志盛：《〈船山学报〉与〈船山杂志〉》，《船山学报》1986 年第 1 期。

② 刘志盛：《湖南船山学社大事记（下）》，《船山学刊》1991 年第 0 期。

三、编者用心，特色鲜明

《船山学报》作为一本以阐发船山学说、弘扬船山精神为宗旨的专业学术杂志，它独特的办刊风格、悠久的办刊历史构成了我国近代学术史上一道亮丽的风景线，而《学报》的编辑者们在推动船山思想的传播中，更是厥功至伟。

《船山学报》第一卷第一期编辑者为曹佐熙，其世名文济，字摅沧，号毅庵，1869 年生于益阳一个耕读之家。辛亥革命前，他走着传统读书人的路参加科考。1896 年进入求贤书院，后经湖南学政吴树梅选调，入校经书院。在这期间，他受到杜贵墀影响较大，被后人归入桐城派古文学人之列。1910 年，曹佐熙任广东知县，在武昌起义爆发后，弃官返乡，并先后在益阳县议会和湖南省议会任职，较多参与地方公共事务。回到湖南，他受刘人熙邀请，成为船山学社早期会员之一。在船山学社期间，他一方面整理和刊行船山遗著，一方面编辑出版《船山学报》。其间，他将王夫之八世孙廷赞所赠与船山学社的《箨史》家藏抄本整理成册，并为该书撰写了序和跋，连载刊印于《船山学报》上。在整理、刊行船山遗著之余，他还注重对船山著述流传、收藏情况的探讨。① 此外，曹佐熙著有作品《史学通论》《清史商例质疑》《湖南益阳三峰曹氏通谱》，其中，《史学通论》多次在《船山学报》中作为新著进行介绍推广。而在编辑《船山学报》方面，他主要是发凡起例，创立规模。他在《船山学报》创刊号中设立了师说、讲演、通论、专论、文苑、说苑等十余个栏目，也由此奠定了《船山学报》的体系和基本规模。

第二期和第三期编辑者皆为益阳人徐明谔，活跃在湖南政界的他当过省议员，协同起草了《湖南自治草案》，并主编了《湘声报》，② 因其对政事的敏感性及对国际形势的关注，《船山学报》中附编的“国语”和“邻戒”两栏均由其撰写。第四期至第八期编辑者均署名为湖南船山学社，故不作叙述。

此外，除了在《船山学报》上已署名的编辑者，还有几个未署名的编辑

---

① 马延炜：《曹佐熙的生平与史学思想》，《求索》2016 年第 8 期。

② 刘金爱：《民国初年“船山学社”研究》，湖南师范大学 2012 年硕士论文。

者，如桂阳人彭政枢，担任过湖南第一师范学院校长的他是位成功的教育家，而在《船山学报》的编辑出版方面同样也贡献颇多。[①] 廖名缙，泸溪县人，有日本留学背景，在归国之后在民国政府担任国会议员和教谕等职务。因其善诗文，著有《百槲溪堂诗集》《五台山游记》《西山枕石集》《香山游览吟》《秋湖集》等。[②] 此二人，皆发表文章或讲演于《船山学报》中刊行。而在《船山学报》中，除了已逝的船山先生的作品，大部分都是当时船山学社社员的作品，其中社长刘人熙的作品更是引人注目。因为船山先生的著作较为深奥难懂，刘人熙先生便在刊印的船山先生著作后附上其对船山著作所作的笺注和解释，使之通俗易懂。而为使船山思想更加容易宣传普及，并令《船山学报》特意留出“图画”栏刊登船山遗像、船山故居和船山手迹等照片，使之更为形象生动。

民国时期，船山学社的学术阵地，除了刘人熙任社长时主办的《船山学报》外，还有由周逸主办的《船山学报》（续刊）。在《湖湘文库》中留存的《船山学报》（续刊）除第十四期原件缺失暂无法证实编辑者为何人外，第一期至第十五期编辑者均为湘潭周逸。能在他国侵扰、国内内战的环境下坚持将《船山学报》发行达六年之久，周逸的贡献由此可见一斑。

周逸（1877—1969），字仲元，号木崖，湖南湘潭县人，居昭山，后迁县城板石巷。幼称圣童，早负才名。光绪三十二年（1906），在长沙加入同盟会；宣统三年（1911），参加保路运动，力保粤汉铁路筑路权；辛亥首义，建立中华民国，周逸维持乡帮，振救贫乏，厥功甚伟，人多重之。后辅佐王闿运设立孔教支部于长沙，1914 年到北京，为王闿运佐史馆事，得益交海内贤士大夫。周逸离史馆秘书之职后，留北京任《北京民报》副主编并馆于皮锡瑞、龙璋两家。周逸作为船山学社的老社员，在刘人熙主持船山学社时期就已经是学社中流砥柱。在船山学社的改组中，几乎所有活动都有他的影子。如他参加了给湖南省政府及省党务指委会呈文，作为发起人之一一同协商改组事宜，并参与了社章的起草、学社经费和社址等问题的解决。二十世纪三十年代周逸担任船山学社的编辑主任兼秘书，1934 年船山学社开展季课活动

---

① 刘雨欣：《传统与现实的交汇——〈船山学刊〉研究》，湖南师范大学 2020 年硕士论文。

② 刘雨欣：《传统与现实的交汇——〈船山学刊〉研究》，湖南师范大学 2020 年硕士论文。

后周逸又担任了季课委员及阅课卷委员。周逸担任《船山学报》编辑时，很多人对其评价很高，称其“闻整理社务，不辟劳怨，讲学课文，规模大备，与三湘之文学，辟斯道之榛芜，国粹之光，士林之幸也”。民国二十九年（1940）起，周逸任湖南船山学社社长，独力支撑，学社终未被外界所占。抗战胜利后，竭蹶经营，以私蓄及妻子妆奁 1000 银元，于废墟中重建船山学社。著作尚有《木崖轩诗文集》十卷本、《汉书艺文补注》一卷、《湘绮楼诗经评点》十卷、《中国地理险要诗》一卷、《历代田家诗》和《四书大义》等。①

除了编辑者在创办编辑《船山学报》时贡献颇多外，《船山学报》本身特色鲜明更是其历久弥新且吸引读者的原因所在。

《船山学报》第一卷设置了九个栏目，古今中外，文史哲政均有涉及。“船山学社征文条例”对《船山学报》的内容设置了要求：

> 一、本社为研究学术集思广益起见，按期征文，其目如左：一、船山师友述，二、船山语类叙例，三、论现在教育之缺点及改良之法，四、提倡国货条议，五、续修各省通志议，六、史学丛书叙目，七、绎史拾遗，八、经籍籑诂拾遗。
>
> 二、海内通正有以右开各题文稿见惠者，除择尤登入学报外，并赠以学报一分及四元以上十元以下之酬劳金。
>
> 三、酬劳金及赠报于惠稿登报后送达之，但惠稿者须开明住所。
>
> 四、本社编辑事忙，惠稿无论已登未登，概不送还。以省手续，惟数期之后必将篇目及撰人姓名列单报告一次，以答海内通正殷勤见惠之心。②

其中，“图画”栏，顾名思义，有照片、画像组成，分期刊录船山先生手迹和船山故居遗址照片，包括船山先生遗像、船山墓图、菊花园、船山书院、观生湾、石鼓书院、石船山图、船山子王子墓庐、船山祠、回雁峰寺图、浏阳孔庙丁祭图等，基本是与船山有关的重要历史文物图像。

---

① 杨微：《二十世纪三十年代船山学社研究》，湖南师范大学 2013 年硕士论文。

② 湖南船山学社编：《船山学报》（一），湖南师范大学出版社 2009 年版，第 3 页。

“师说”栏，分期刊登船山著作，“校补阙文”，并加以阐释引申，“冀与海内通人发挥光大”船山思想。本栏目曾连续刊载王船山的《尚书引义》《四书授义》两书，并由刘人熙进行笺注。

“广师”栏，论述“孔子集群圣之大成，门弟子学焉，各得其性之所近，千支万派，皆归于海”①。本栏先后刊登《鬻子释义》《人伦道德讲义》《文中子补注》等。

“通论”栏，凡“哲学政学合一者，成己之仁，成物之智，合内外之道，故时措之宜，归之通论”②。本栏发表了徐明谔的《原师》、刘人熙的《原盗篇》、曾佐熙的《包羲氏周易大义述》《讨论祀天配孔征集意见案》、曾庆榜的《黄书宣义》等著作。

“讲演”栏，刊登船山学社的讲演文章，第一卷第一期至第八期共出船山学社第一期到第三十七期共 36 篇讲演稿，其中，第八期未刊登，包括刘人熙、彭政枢、王瀚声等人的讲演稿。

“专论”栏，凡涉及“天文地理，诸子百家，博学多闻，启人神智，以及国病民瘼，为一时一事而发者，归之专论”③。本栏先后刊登刘人熙的《琴旨申邱》《春秋公法内传达旨》、曹佐熙的《原史》、邱之稑的《律音汇考》等湘人专著。

“文苑”栏，主要是刊登湘人纪实、抒情的诗文和纪念船山先生的诗文。计刊登益阳王德基的《玉屏集》、曹苑熙的《毅庵类稿》、浏阳欧阳中鹄的《瓣姜诗》，以及刘人熙、袁钦绪、曹佐熙、刘善泽、彭政枢、傅绍岩等二十九人的《船山先生生日释菜诗》。还刊登陈澧、严复、杜贵墀、刘人蓉、谢光绮、颜楷、梁鼎芬、阎镇珩、谭嗣同等人的部分诗文。

“说苑”栏，凡“朝野轶闻、丛残杂说，可以供史料，可以资考订”④者，皆归于本栏。先后刊登船山的《箨史》、文廷式的《补晋书艺文志》、夏寿华的《琼游笔记》、曹佐熙的《曾文正公语录》、何卓英的《读汉书地理志札记》、彭政枢的《楚南经师记》等著作。

① 湖南船山学社编：《船山学报》（一），湖南师范大学出版社 2009 年版，第 19 页。
② 湖南船山学社编：《船山学报》（一），湖南师范大学出版社 2009 年版，第 20 页。
③ 湖南船山学社编：《船山学报》（一），湖南师范大学出版社 2009 年版，第 20 页。
④ 湖南船山学社编：《船山学报》（一），湖南师范大学出版社 2009 年版，第 20 页。

"附编"栏，"曰国语者纪本国也，曰邻戒者纪外国也"[①]。"国语"一栏主要记载国内大事纪要，例如第一期"国语"记载了1915年5月1日至7月31日的国内大事，1915年5月1日颁布的《中华民国约法》就位列其中；第八期附编内容未刊登，因此缺失。"邻戒"主要记载国际大事，例如第一期"邻戒"记载了1915年6月28日至8月14日的国际大事；第八期因附编内容未刊登而缺失。

《船山学报》的发文体例为文言文，开设了"师说""通论""文苑""说苑"等登载诗词文赋，无疑，这是与传统文化接轨的方式之一。但不同于《新青年》的狂飙突进，也不同于《大公报》的因循守旧，《船山学报》是由一群自小接受着中华传统文化熏陶长大又受到西学影响的知识分子所创办的，它不由地将中西结合，希冀在传统文化中寻找救国救民之路，却也不忘放眼世界，在"附编"栏中专门开辟"邻戒"，其"征文条例"更是希望找出现行教育的缺点并行改良之法。正是如此，《船山学报》在传统与现实之间试图寻找平衡点的尝试，能较好地保存传统国学，给刚从废除科举中未缓解的旧式知识分子以精神疏解，一定程度上缓和了激烈的社会转型所带来的心理阵痛。

《船山学报》（续刊）的栏目和内容安排，继承第一卷的同时又不同于第一卷。第二卷《船山学报》在一开始就刊登了《湖南船山学社学报章程》，《湖南船山学社学报章程》云：

一、本学报继续本社民国六年以前学报办理，仍名曰船山学报。

二、本学报暂定每季出版一次，按年编号，如本年出版之报标名曰壬申第某册，以后顺推。

三、学报内容分类如左：

1. 图画 2. 师说 3. 讲演 4. 通论 5. 专论 6. 专著 7. 文苑 8. 劄记 9. 丛录 10. 本社纪事

四、本社征文酬例另定之，遗稿专著斟酌酬赠，诗词杂文等不给酬，但酌赠书报。

---

① 湖南船山学社编：《船山学报》（一），湖南师范大学出版社2009年版，第21页。

五、给酬以登出学报者为限。

六、凡来稿，本社得斟酌修改之，无论已否登出，概不退还。惟遗稿专著及诗词文集成册者不在此限。

七、本报费及广告费另定之。[①]

从“学报章程”和续刊内容中可以看出，《船山学报》的栏目设置将“广师”和“附编”栏剔除，而多纳入了“转载”“专著”“公牍”“劄记”“丛录”和“本社纪事”栏目。第二期另附了“湖南船山学社购书记”。其中“本社纪事”作为新增设的专题栏目，主要记载当时船山学社社员的发展情况，如新社员名单、社务活动等，虽然与第一卷相比在船山学研究方面稍有逊色，但也以此方式保存了大量的船山学社的史料，为后人研究船山学社发展史留下来宝贵的参考资料。《船山学报》还刊登了有关船山学社的函电、文告、档案和公牍等，使得《船山学报》刊行后的反响情况有了些许记录。

四、销售传播，影响深远

任何一本杂志要发展，要留存，仅靠编辑者的一腔热血是不行的。更遑论《船山学报》现已走过了一百多个年头，已经算得上是中国近现代学术期刊史上的奇迹了。而其历经磨难，仍能留存，不得不说说它的影响力。

1989 年下半年，在全国正在大力整顿报刊时，《船山学报》被出版管理部门宣布停办，理由是一个单位不许办两份刊物。而听到此消息，许多学者纷纷反对，时任湖南省社科院副院长的陆魁宏老先生当即跑到省委副书记刘正先生家，将《船山学报》的历史背景、现实情况和学界反对的情况进行汇报，当即获得了保留《船山学报》的支持意见。[②] 从这一事件中，已经能窥见《船山学报》对当时学者们的影响。而这一影响，更是得益于民国时期《船山学报》将船山学术思想和爱国思想广泛传播。

《船山学报》没有专门的发行机构，但通过其他书商和出版商已有的代办

① 湖南船山学社编：《船山学报》（三），湖南师范大学出版社 2009 年版，第 1436 页。

② 陆魁宏：《记刘正同志一件功德无量的事》，《船山学刊》2011 年第 3 期。

机构，形成了自己的发行网络。[1]《船山学报》第一卷发行者皆为湖南船山学社。第一期由中华书局印刷；以楚益图书局和翰墨山房为发行所；代售处有上海、汉口、武昌、奉天、广东五处会文堂书局，上海、汉口、北京、长沙、广东五处广益书局，上海、汉口、苏州、松江四处扫叶山房，还有上海四马路的群学社书局和各省的中华书局和大书局。第二期至第六期由上海商务印书馆印刷，代售处有上海商务印书馆和各省商务印书馆分馆。第七期和第八期由长沙育婴街宏文印刷社印刷，代售处为各省各大书坊。由此可见，《船山学报》初期发行借助于中华书局和上海商务印书馆这类大出版商，发行范围曾延伸至全国，但后期介于经费、战乱及其他未知原因，发行范围在缩小，代办机构也减少，《船山学报》第一卷的发行日渐式微。[2]

《船山学报》第二卷也差不多遭受了同样的命运，且发行代售机构并没有第一卷分布范围广，但第二卷发行持续时间却较第一卷长。发行者也与第一卷一样为湖南船山学社。第一期由长沙万福街的大同印务馆进行印刷，第二期至第七期由长沙万福街的藻华纸业印刷局进行印刷，第八期由长沙中山东路的吟章纸业印刷局进行印刷，第九期至第十三期恢复由藻华纸业印刷局印刷，第十四期由于原件缺失，无法确定印刷者，第十五期改由长春街十八号松华铅印工厂印刷。由此可见，船山学社与藻华纸业印刷局是建立了比较稳定的合作关系的，就算出现暂无法合作的情况，也能及时找到替代印刷局，进而保证发行。在代售方面，除船山学社自身外，第一期至第十一期均有在商务印书馆出售，可见《船山学报》在传播渠道上依旧将商务印书馆作为重点合作对象，以借助各地的商务印书馆代售期刊。[3] 但后期受限于战火和经费，代售处基本位于湖南长沙，如第十三期代售处为府正街魏博文书局、长沙南阳街开明书局和湖南船山学社，第十五期代售处为府正街魏博文书局和湖南船山学社。

根据两卷《船山学报》的发行情况，尽管 1915 年至 1917 年间的《船山学报》发行期数不多，持续时间不长，但其特色和影响力仍不容忽视。

《船山学报》作为船山学社的社刊，一开始，其作者主体大多是船山学社

---

① 张晶萍：《民国时期〈船山学报〉的传播和影响》，《船山学刊》2015 年第 3 期。
② 张晶萍：《民国时期〈船山学报〉的传播和影响》，《船山学刊》2015 年第 3 期。
③ 张晶萍：《民国时期〈船山学报〉的传播和影响》，《船山学刊》2015 年第 3 期。

的社员，但通过向社会征文，也使得其影响力越来越大。对于刊登在学报上的文章作者，不仅赠送《船山学报》一份，其酬劳金更是丰厚，一篇文章能给付四元以上十元以下的酬劳金。这一做法吸引了大量的非社员作者投稿，在吸纳优质稿源的同时，一定程度上也促进了《船山学报》受众的增加，使得其传播范围更广。但《船山学报》作为传播船山思想的重要载体，同时也是船山学社持续办刊的重要经济来源。因此，《船山学报》不可避免地面临销售的问题。从刊印的《船山学报》内容分析，《船山学报》为了促销，将定价表刊印在《船山学报》封底，其中规定购买一期定价四角；购买六期，定价二元二角；购买十二期，定价四元。另邮费按本国每期五分、日本每期一角和其他各国每期一角五分的邮费支付。由此可见，《船山学报》不仅价格公开透明，同时还制定优惠政策，吸引鼓励连续订阅；同时，根据其邮费说明，可见经营者预设受众不限于中国，而是将视野放之于海外，只是因资料缺乏而无法准确判断实际发行范围。但自第二期起，《船山学报》在其中刊印预约单，供读者预约持续订阅，其中价格优惠力度更大。《预约单》云：

> 本报月刊一册，按期出版。全年定价四元，邮费三角六分。半年定价二元，邮费一角八分。如荷订阅，全年或半年请查照下列预约单填明，并现款至本社总分发行所，订阅当照单按期寄送，不误惟祈。
>
> 鉴查
>
> 湖南船山学社启①

《船山学报》还把学校师生作为重要顾客，考虑到师生的消费水平等原因，故刊印“特约单”供其订阅。自第二期起刊印，刊印在预约单的下一栏。通过加盖学校印章，可以享受八折优惠。《特约单》云：

> 此单特由本社印赠，只限于学校之用。如以此单填寄订阅，一律照定价八折，全年计三元二角，半年计一元七角，邮费照加。订阅者必于下列特约单盖印学校图记，寄交长沙本社收受，方可有效。如无学校图记，须照上列预约单收价。凡本社各发行所亦不得收受此单，并此布告

① 湖南船山学社编：《船山学报》（一），湖南师范大学出版社2009年版，第214页。

即祈。

鉴查

湖南船山学社启①

除了传播本刊物内容，《船山学报》还承担了推介其他商品功能，为其他商品打广告以获得盈利。同样在《船山学报》封底，有一张“广告刊例”价格表，其中规定，刊登广告一期，按照版面大小付费，四分之一面四元，半面七元，一面十二元；连续刊登广告三期，四分之一面十元，半面十八元，一面三十二元；连续刊登广告六期，四分之一面十八元，半面三十二元，一面六十元；连续刊登广告十二期，四分之一面三十二元，半面六十元，一面一百一十元。另外规定封面页、底页价格加倍；篇末加半。其中中华书局广告居多，而中华书局作为第一期《船山学报》的印刷者，大致可以判断两者属于合作互惠关系。但其后《船山学报》主要为商务印书馆所出版教科书刊登广告，无合作关系的广告刊登较少，且在前六期刊登广告较为连续。由此可见，虽然不知《船山学报》具体销售量如何，但根据其在发行八期后无力付刊的情况可以猜测，酬劳金给付过丰，而代理广告商大多是印刷者，一定程度上影响了其收入，此外还有封底定价和预约单定价的差别，可见优惠力度一再增加，而由此导致入不敷出也是可能的。但其经营的失败并不能否认其在传播中所留下的影响，以致它在复刊时仍大量继承了第一卷《船山学报》的相关做法，比如继续通过优惠价格鼓励读者连续订阅、大量订阅；在刊登广告方面，依然根据广告刊登时间长短和所占页面大小制定不同收费标准等。②

而第二卷《船山学报》最为出色的传播手段是赠阅。从征文阶段就定下“本社征文酬例另定之，遗稿专著斟酌酬赠，诗词杂文等不给酬，但酌赠书报”③ 的条例，在一定程度上缓解了船山学社的经济压力。根据第二卷《船山学报》新栏目“丛录”中的“通讯”所记载的往来书信可以发现，《船山学报》的赠阅这一方式扩大了刊物的受众面，其赠阅对象不仅有硕学通儒，

① 湖南船山学社编：《船山学报》（一），湖南师范大学出版社 2009 年版，第 222 页。

② 张晶萍：《民国时期〈船山学报〉的传播和影响》，《船山学刊》2015 年第 3 期。

③ 湖南船山学社编：《船山学报》（三），湖南师范大学出版社 2009 年版，第 1436 页。

还有军政要人；不仅包括全国范围内所有的重要大学的图书馆，还有地方公共的各层级图书馆；同时，还包括一些党政机构和社团组织。而通过赠阅并与赠阅对象积极互动，《船山学报》得到了有效的传播，产生了积极的影响。如大成至圣先师奉祀官孔德成在收到《船山学报》后，特函表示“留置案头，备随时浏览”。康和声也表示“拜读之下余，敬付展览，以公同好。尚望按斯惠寄，无任感祷”。皆表达对《船山学报》的期待。更有不少人在获赠后，被其内容吸引而开始订阅。有桑植县立第一小学校长王承让、彭远谟、文星三、周公远等人，更有通过其他媒介闻知《船山学报》复刊后而来书索要的。《船山学报》的广泛赠阅扩大了其影响，但索要过多，一定程度上造成经费困难，影响了其持续的发行。[①] 无法否认的是，虽然经济效益不明显，但由于其传播范围广、受众较多，且有部分人对相关问题来文讨论，可见其社会影响是比较明显的。

时至今日，虽然改名为《船山学刊》，《船山学报》一直是湖湘学人的精神家园，它伴随着中国人民追求民主自由的历史进程，劈开了思想文化道路上的荆棘，在传统与现代中寻求合适的出路。如今，回顾它走过的最为艰辛的一段路，它所留下的关于船山思想、关于湖湘文化、关于中国传统学术文化的研究，它所传播的关于爱国、爱民族的思想，它所赢得的美誉，更是实至名归了。

---

① 张晶萍：《民国时期〈船山学报〉的传播和影响》，《船山学刊》2015 年第 3 期。

船山学社搜集船山遗书、筹建船山学校及图书馆

朱迪光

《船山学报》第二卷第二期《湖南船山学社大事记》记载船山学社拟办六项大事说：

> 先是，呈请湖南督署、北京大总统府订有简章，拟具应办之事六项。
> 甲、搜集船山先师未刊遗书。
> 乙、编辑学报。
> 丙、筹建船山专词。
> 丁、筹办船山大学。
> 戊、开讲演会。
> 己、筹建船山图书馆。①

在此，我对搜集船山先师未刊遗书、筹办船山大学、筹建船山图书馆三项事进行探讨。

一、关于船山学社对船山遗书的搜集、刻印

船山学社创办时刘人熙提出的六项应办之事中首列搜集船山先师遗书。岳麓书社版《船山全书》第16册在“杂录之部”之“编辑出版之属”中列了“船山书社本”“船山学报本”。“船山学社本”下列有《搔首问愚鼓词笺

① 湖南船山学社编：《船山学报》（三），岳麓书社2009年版，第1881—1885页。

合刊》《古近体诗评选》（含《船山古诗评选》《船山唐诗评选》《船山明诗评选》）。“船山学报本”下列有《箨史》《子王子四书授义》。刘志盛在《王船山著作丛考》中说：“民国四年（1915）湖南船山学社印本《搔首问》《愚古词》《船山古近体诗评选》；民国四年（1915）至六年（1917）船山学报本《箨史》《子王子四书授义》《尚书引义》。”① 可以看出船山学社在搜集、刻印船山遗书方面所作的贡献。下面引用船山学社本、船山学报本船山遗书之序、跋原文，可以让当代对此事了解得更具体。

刘人熙《搔首问序》云：

《搔首问》者，即屈子之《天问》。

明社既屋，中原陆沉，志士仁人，肝脑涂地，无补天倾。抑孤心而诉苍旻，天帝亦疑于醉矣。然默赞神化以俟数百年之远复，则韦布之功，贤于台鼎。船山之搔首而问者，造物者不难一一条答，相视而笑，莫逆于心也。知此，然后可见船山之心，学船山之学，读船山之《搔首问》。吾师乎！吾师乎！

民国三年重九节后二十日，后学浏阳刘人熙序于船山学社之凝粹堂。②

刘人熙《愚鼓词笺引端》云：

钝汉读《愚鼓乐》四十年矣，未免囫囵吞枣。日咀月嚼，亦似略知味焉，知“戏墨”非戏，亦非教外传心。“三更一阵光明乍”，略为拈出，以待大心秀才。若逢人便说，卖弄虚脾，则入拔舌地狱。蔚中人记，民国四年夏日。③

萧度《总序》云：

而农先生当神州陆沉、明社丘墟之日，知事不可为，乃退隐衡阳，结庐船山，慨然以著述删订为己任。数十年间，遗稿山积。凡经、史、

① 刘志盛：《王船山著作丛考》，湖南人民出版社 1999 年版，第 56 页。

② 《船山全书》第 12 册，岳麓书社 1996 年版，第 649 页。

③ 《船山全书》第 13 册，岳麓书社 1996 年版，第 627 页。

子、集诸书，虽经湘先哲邓湘皋、曾文正累征刊行，然遗书散佚湮没而不传者，尚不知其凡几也。先生胸有千秋，目营四表，考其所评选诗钞，与尼山自卫反鲁、正乐删书之意息息相通，迥非唐、宋以来各选家所能企及。若任其秘之名山，风雨剥蚀，将何以发扬后人思古之幽情哉？昔我先祖云稼公昌明绝学，寄怀吟咏，当时湘南学子及王氏诸生多景仰之。洎乎晚年，得诵先生《古近体诗评选》，曰："呜呼！此而农痛胡马南渡，祖国沦亡，寓情月旦，以抒其悲愤者也。"惜乎《宋诗评选》，兵燹之余，悬金购求，卒无应者。功未竟而公亦老矣。丙辰秋，度长本局，兼长续修《湖南通志》处处务。任事之初，即欲搜辑先生遗书，以饫海内嗜古家之雅怀，而补前贤之未逮。适前湘督刘公蔚庐总理船山学社，以此诗钞见示，曰："曷总校而印行之？"夫继承先绪，风示来兹，实司文献者无上之要图，而亦仁人孝子应尽之天职也。度不敏，窃心向往之矣。爰别为《船山古诗评选》、《船山唐诗评选》、《船山明诗评选》三种，而总名之曰《船山古近代诗评选》，寿诸梨枣，使后之读是诗者，于此亦可见先生隐居求志之实功也。但历年既久，字句间有脱略，谨师古史阙文之义，以俟之后之君子。中华民国六年二月衡阳萧度序于湖南通志处。①

曹佐熙《箨史序》云：

衡阳王船山先生《箨史》，旧有十传。钞本家藏，岁久漫漶，可省视者仅八篇。所述则郑公古爱、袁公从谔、董公云骧、李公芳先、周公师文、李公兴玮、朱公旻如、夏公汝弼，咸明季忠义之士也。考先生《永历实录》，周公师文、李公兴玮、朱公旻如已入《死节列传》，郑公古爱已附传何堵章后，而所述或详略异词；袁公从谔、董公云骧、李公芳先则仅姓名附见纪、传；袁公已死赣事；董公因雷得复讦奏大学士严起恒抗疏，见《大行皇帝纪》；李公芳先被执不屈，见《熊兴麟传》。至于夏公汝弼，姓名亦未之及焉。赖此书存，犹可据为补证。笃古之士，宜如何宝贵之也。明之亡也，忠义视前古为多，微独膺军国重者蹈刃如饴，即岩穴肥遯之民，亦扶谊闾里以相应和前仆后起，百折不渝，何其笃也！

① 《船山全书》第14册，岳麓书社1996年版，第879页。

将赋之天者异耶？抑一二巨儒长德，提倡正学，扬厉风义，有以渐被而养成之邪？然则先生之为此书也，其有深意邪！新化邓氏、湘乡曾氏刻先生遗书，此书咸未采入。今年夏，先生八世孙廷赞携至船山学社，始印行之。书之传播迟早，倘亦有数存乎其间邪！中华民国三年十一月二十九日益阳曹佐熙序。①

曹佐熙《箨史前八篇跋》云：

船山先生八世孙廷赞出其家藏钞本《箨史》示予，文字完好者仅八篇，其余咸纸墨坏灭，撰人为谁，不复可知。予受而反覆读之，乃定为船山先生所作，是盖有数证焉。考王之春《船山公年谱》：顺治五年戊子冬十月，公与管嗣裘举兵衡山，而是书孝廉夏公传有云："戊子同予及管中舍嗣裘起义衡山。"其所称"予"，即年谱所称公，其证一也。罗正钧《船山师友记》卷六有文明经之勇、夏孝廉汝弼，卷七有洪文学业嘉、龙孝廉孔蒸，而是书孝廉夏公传有云："予所交湘上人士，文之勇小勇、龙孔蒸季霞、洪业嘉伯修，文采质度，皆有当世才。"假非船山先生作也，何得称予。其证二也。船山先生诸所著书，朝类作鼌，常类作尝，盖避其家讳也。而是书佥都御史郑公传常德作尝德，吏部主事董公传圣朝作圣鼌，其证三也。后之船山学者，于此三者外更有证明，固区区之心所窃喜也。民国三年十二月五日后学益阳曹佐熙跋。②

曹佐熙《箨史残篇跋》云：

佐熙既校《箨史》之完好者八篇付印，复从纸毛字漫中得残篇，属书记具录之，其原缺者以□识之，附印于八篇之后。盖先哲文字，零行断简咸有精神寓焉，宝而存之，后学者之事也。民国四年一月一日灯下后学益阳曹佐熙跋。③

刘人熙《船山子王子授义叙一》云：

① 《船山全书》第 11 册，岳麓书社 1996 年版，第 606 页。
② 《船山全书》第 11 册，岳麓书社 1996 年版，第 607 页。
③ 《船山全书》第 11 册，岳麓书社 1996 年版，第 607 页。

船山《子王子授义》，衡阳王君鉴衡之所藏，而廖君琳锦之所搜求者也。王君先人盖亲炙船山，授四子书，得其口讲指画而笔之书，如《论语》记先圣之言，尊之曰子王子，盖仿公、谷传《春秋》尊其师说，以明传授之有自也。人熙读之，与船山平生宗旨映心合魄，非高足弟子升堂而入室者，曷克臻此，殆圣门之颜、曾、游、夏乎！当明社既屋，中原板荡，仁人志士，赍志于荒山榭径之中，故老遗民，生从满清，没则敛以汉服，以为微此无以见先人于地下。船山《仿体诗》云："局争成败天难主，情到华夷感亦同。"悲哉其言之也！而乾坤正气，赖此长存。读先生《石船山记》，遁世无闷，藐焉寡俦，衔恤没齿，视颜之濑、司空之谷，若有余慕焉而不可得者。而故人子弟尚有求志问业，孜孜矻矻，追随于地棘天荆之外，岂非天理民彝之在人心，而斯文不丧者乎！昔孟子慨然念天下之生，一治一乱，以孔子作《春秋》，比之禹抑洪水、周公驱猛兽，而韩愈氏亦以孟子息邪说、放淫辞，为功不在禹下。迄今思之，则禹一治也；桀乱而汤一治；纣乱而周公一治；幽、厉乱而孔子一治，洙、泗之间，德星所聚，三千、七十，比之五臣、十乱、九官、十二牧，施及于今，有余荣焉。孟子之徒稍衰矣，然乐正子、万章、公孙丑之流，皆千古豪杰之士，下及河汾、关、闽、濂、洛，火尽薪传，亦不可谓非一治也。至于船山，剥极而复，譬之严冬大雪，百草萎落，而阳气动于黄泉，春和始芽，潜滋暗长，则亦汉、唐以来之一大治也。先生诗云："无功之功微，乘龙而御乾。"呜呼！天下有知无功之功而不自菲薄者，则中华民国之兴未可涯量也。人熙校雠是书，付之写官，将公之于世，而叙其缘起于此。时中华民国三年初伏日，刘人熙序于长沙船山学社凝粹堂。①

关于以刘人熙为首的船山学社同人如何搜集船山遗书之事没有人也没有专门的文章记载此事。从上述萧度、曹佐熙、刘人熙给《船山古近体诗评选》《箨史》《船山子王子授义》等书作序写跋时都谈到如何搜集这些船山遗书。记载船山学社同仁搜集船山遗书之事的还见于刘人熙的《日记》，亦见于几种

① 《船山全书》第6册，岳麓书社1996年版，第377—378页。

遗书的序言。刘人熙在《日记》中说：

> 是日早起，王君廷赞派名传芝字重璋来晤，船山先生之裔孙也。余急搜求船山遗稿，今幸见重璋，云藏稿皆在，心甚欣悦。以约游时近，未及长谈，订后后会而别。(民国二年十二月七日)①

刘人熙又说：

> 又晤王重璋，询其家世甚悉，船山之七世孙也。其曾祖某，为搜集船山遗书，至倾其万金之产。而前清乾隆时，吕留良之书既毁，次及于船山，至以兵围其宅而搜索之，仅得《稗疏》数种，余皆藏匿以免。船山子孙皆农民，恐以书贾祸，尽取焚之。适其曾祖至，已将先世遗著付之灰烬矣，船山所著书尚存，其曾祖遂悉取藏之家，曰："有祸我当之，不与汝辈相涉。"故至今犹存。而《相宗络索》一书，则于刘氏别峰庵楼上旧帙中得之。其言甚悉，不能尽记，拟异日再与细谈。重璋，清季诸生。且约学社校书，必来相助。(民国二年十二月十八日)②

刘人熙又说：

> 王船山先生八世孙鹤仙来见，其人年五十，较之仲璋尤为明了，言其家尚存《礼记章句》手稿，皆未定之本，且多残阙。询其本支子孙人丁殆百余人，合族人口达五百人也。(民国六年五月四日)③

刘人熙搜集船山遗书必定要找王船山的后人。上面《日记》所载，刘人熙分别找了王船山后裔王重璋、王鹤仙。王重璋见于《邗江王氏六修族谱》卷四《生远房齿录》，文云：

> 十九代，忠三子，传芝，邑庠生，字汉香，号国瑞，别号仲璋，册名廷瓒，钦加同知衔分省即补县正堂，清同治十二年癸酉八月十三日卯时生，民国五年丙辰五月十七日未时葬王衙山丑山向。④

---

① 《船山全书》第16册，岳麓书社1996年版，第879页。
② 《船山全书》第16册，岳麓书社1996年版，第880页。
③ 《船山全书》第16册，岳麓书社1996年版，第880页。
④ 《邗江王氏六修族谱》卷二，1995年纂修。

王鹤仙见于《邗江王氏六修族谱》卷二《生兹房齿录》，文云：

> 意公三子传盛，郡庠生，字文茂，号鹤仙，册名绍先，清同治五年丙寅二月生七日卯时生，于民国三十七年戊子四月十七日辰时没，葬曲兰乡船山村大罗山虎形山顶左面。①

从船山学社本、船山学报本的船山遗书的序、跋来看，刘人熙、曹佐熙在搜集船山遗书时找王船山后裔和其他收藏船山遗书的人如萧度、廖琳锦等，还找了衡阳刘氏，因此曹佐熙撰《记衡阳刘氏所藏王船山先生遗稿》记其事。文云：

> 衡阳刘氏所藏王船山先生遗稿，凡四余种。同治初，湘乡曾氏广新化邓氏之意，刻船山遗书于江宁，购求底本。刘氏所藏，稍稍传播。民国三年，浏阳刘蔚庐先生开船山学社于长沙，闻刘氏尚有未刊之本，使人至衡阳借钞，得《搔首问》《相宗络索》二种，暨刘君审吾所为《衡阳刘氏珍藏王船山先生遗稿记》一篇。②

二、开办船山学校

船山学社创办时刘人熙提出的六项应办之事中第四项是办船山大学。办船山大学可以说是非常宏伟的设想，但最终并未实现，只是办了船山小学、中学。船山学社创办小学是民国四年（1915）的事。《船山学报》第二卷第二期《湖南船山学社大事记》记载说："设两级小学校于思贤书局，彭政枢兼任校长。"③ 船山学社于民国六年（1917）又创办船山中学校。《船山学报》第二卷第二期《湖南船山学社大事记》记载说："春，开办船山中学校，彭政枢兼任校长。"④ 民国八年（1918）湖南政局一变，湘军溃于岳州，联军统帅谭浩明退衡阳，不久返桂，吴佩孚进据衡州。北京政府以张敬尧为湖南都督，

---

① 《邗江王氏六修族谱》卷二，1995 年纂修。

② 《船山全书》第 16 册，岳麓书社 1996 年版，第 881 页。

③ 湖南船山学社编：《船山学报》（三），岳麓书社 2009 年版，第 1886 页。

④ 湖南船山学社编：《船山学报》（三），岳麓书社 2009 年版，第 1886 页。

对船山学社不利。刘人熙扶病挈眷赴上海。船山学社停止讲演活动。石广权不久也前往上海。《湖南船山学社大事记》载："秋，贝允昕为船山学校校长。"

又载：

时张督敬尧派兵驻思贤书局，本社不得已迁小学部于社内后园。彭政枢以年老不胜繁剧，公推贝律师允昕专任中小学校校长。

冬，派中学生六人赴法国，加入勤工俭学班，旋分赴英、比各国。

这之后，船山学社开展活动更加困难，《湖南船山学社大事记》载：

丙寅，民国十五年（1926）

刘按：是年春，船山学社召开社员会议，公推刘伯远（刘人熙长子）接办湖南船山学社，后改为船山中学校。

冬，湖南省农民协会借用船山学社部分社屋作省农民协会办公室。

丁卯，民国十六年（1927）

刘按：是年，刘伯远继任船山中学校校长。本年只开办船山中学校，学社社务活动停止。

三、开办图书室

船山学社创办时刘人熙提出的六项应办之事中第六项是筹建船山学社图书馆。图书馆未办成，但设有图书室。《湖南船山学社大事记》记其事说：

先是，廖社长倡设船山图书馆于思贤书局旧址，与蔚老共捐书籍二百余种，以为之倡。嗣以筹款维艰，廖去后，乃暂就社内先设图书室于后楼，添购二百余种，以资社员讲习之用。

由此可知，廖名缙建议将船山图书馆建在思贤书局旧址并和刘人熙共同捐献书籍二百多种，后面因为筹款比较难，并没有实施建设图书馆的计划，改为图书室，地点在船山学社的后楼。至于购书及其所购书籍的书目也有详细记载：

本社改组以来，前由董事会呈请省政府拨开办费贰仟元，内壹仟元指定为购置图书费。昨经同人推定颜息庵、陈凤光诸君任选购之责，除阅览章程另订外，兹将已购各书目录开列如左：

计开

一　《皇清经解》一部　三百六十册广州原刻

二　《钦定七经》一部　一百四十八册尊经阁本

三　二十四史一部　六百四十册五省合刊本

四　《资治通鉴》一部　一百二十册湖南杨刻本

五　《续资治通鉴》一部　六十二册毕氏原刊本

六　《汉魏丛书》一部　八十册湘潭本

七　《文选》一部　一拾二册套板

八　《汉魏三百家》一部　八十册湘潭本

九　《大学衍义补》一部　四十八册湖南本

十　《何义门读书记》一部拾册家刊

十一　《桐华阁丛书》一部　十二册家刊

十二　《王湘绮日记》一部　三十二册

十三　《渊鉴类函》一部　一百四十册扬州本

十四　《东华录》一部　一百六十册局刻

十五　《群经字诂》一部　四十册家刊

十六　《经典释文》一部　七十二册局刻

十七　《春在堂集》一部　七十八册局刻

十八　《粤雅堂丛书》一部　一百四十五册广州伍氏刊本

十九　《经籍纂诂》一部　四十册局刊本

二十　《颐志斋丛书》一部　十六册原刻本

二十一　《九通》一部　一千册浙江本①

船山书社图书室正式开设的时间为民国五年（1916）春，《湖南船山学社大事记》记其事说："春，设立图书室，捐置书籍五百余种。"这五百余种，应是廖名缙、刘人熙所捐的二百多种，再加上添购的二百余种的总数。只是

① 湖南船山学社编：《船山学报》（三），岳麓书社2009年版，第1887—1888页。

不知道具体是些什么书。刘志盛在《湖南船山学社大事记》在“壬戌，民国十一年（1922）”条中说：

> 是年，新编《湖南船山学社图书目录》问世，分经史子集、哲学、社会学、文学、科学、教育、政治、经济、美术、外国文学、历史、工商、杂著、地图、杂志等十八类。其中进步图书报刊有《向导》、《中国青年》、《新青年》、《新教育》、《共产党》、《湖南》、《新湖南》、《劳动界》、《劳动者》、《湖南通俗日报》、《新俄国之研究》、《共产党宣言》等数十种。①

不知，刘志盛的依据是什么，他没有明言，但应该是有其依据，很可能是《湖南船山学社图书目录》手写本之类。

① 刘志盛、刘萍：《王船山著作丛考》，湖南人民出版社1999年版，第315页。

毛泽东与船山学社、船山学

王兴国

自1914年船山学社成立开始，至1951年学社停止活动前后，毛泽东在不同时期都与它有着不同程度的联系：或聆听其讲学，接受船山思想的熏陶；或利用其场地和经费，开展国际合作，创办湖南自修大学，为刚成立的中国共产党培养人才；或钻研船山大著，撰写哲学雄文；或关心船山文物保护，为学社题额。

一、接受船山影响

正当1914年上半年毛泽东就读的湖南省立第四师范学校并入湖南省立第一师范学校的时候，刘人熙在思贤讲舍原社址创立了船山学社。毛泽东的老师杨昌济对王船山特别推崇。据杨氏这年6月12日日记记载："胡子靖介绍余入船山学社，余颇为踌躇。因担任学校功课颇无暇日，一切党会均不愿插身其间，因一入会即须费精神目力也。但第一次开讲，当往一亲刘先生之丰采耳。"[①] 胡子靖即胡元倓（1872—1940），字子靖，湖南省湘潭县人，时任明德中学校长。杨氏在这段日记中说明了他不参加船山学社的原因，主要是课程负担太重。胡氏在邀请杨氏入社的同时，肯定已经告知船山学社成立的时间，所以杨氏说学社第一次开讲，当一往亲睹刘人熙之丰采。6月14日，是船山学社第一次开讲，也是正式成立。在15日的日记中，杨氏写道："今

① 《杨昌济集》（一），湖南教育出版社2008年版，第505页。

日至船山学社，刘艮生先生白须飘拂，唇红异常。吴凤笙先生自岳麓冒雨渡水至，亦可谓高兴者。”[①] 杨氏的“15 日”是将 14 日的内容与 15 日混在一起了。因为其日记有 13 日而无 14 日，接着就是 15 日。据《湖南公报》关于这次开讲的报道，船山学社的成立是 6 月 14 日。刘艮生即刘人熙（1844—1919），字艮生，号蔚庐，浏阳人，这年他已经 70 岁。吴凤笙即吴獬（1841—1918），字凤笙，湖南省临湘市桃林镇人。时任湖南高等师范学校国文教授，与杨昌济为同事。

杨昌济虽然自己无暇经常参加船山学社的活动，但却十分支持他的学生去听其讲座。他在 1914 年 10 月 19 日的日记中写道：“今天看了熊、萧二个学生的日记，知道船山学社切实讲求王船山所著之书，这种做法很符合我的心意。刘人熙的绪论，也很平实。青年人肯去听讲，是有益处的。”[②] 熊、萧二生都是一师与毛泽东同一个年级的学生。毛泽东在一师的同学萧三说过，长沙城里曾有人举办过船山学社，每逢星期日举办学术讲座，讲与王船山有关的种种学问，泽东同志也常去听讲。王夫之的民族意识特别引起他的注意。[③] 而这种影响也是与杨昌济的宣传和启发分不开的。对此，金冲及主编的《毛泽东传》也是肯定的：在杨昌济的“倡导下，研究船山学问在一师成为风气。毛泽东尤其用功，还经常到杨的好友刘人熙创办的船山学社听课”[④]。正是通过参加船山学社活动和听取杨昌济的教诲，船山思想对青年毛泽东产生了深刻的影响。在中国共产党成立以前，这种影响主要体现在以下三个方面：

其一，重民族气节。杨昌济在船山学社成立 10 天之后的 1914 年 6 月 24 日日记中写道，学社既然以船山命名，就应当讲船山的学问。王船山一生最卓绝的地方，在于主张民族主义，他以为汉族遭受外来民族的压迫和控制是最大的耻辱和痛苦。这是船山的大节，我们都应该知道。现在国内汉、满、蒙、回、藏等民族已经团结为一家，因此船山所说的狭义民族主义不再如辛亥革命以前那么重要了。但是外来的民族如英国、法国、俄国、德国、美国、日本等，其对我国的侵略和压迫，大大超过了汉族以前受境内异民族压迫之

---

① 《杨昌济集》（一），湖南教育出版社 2008 年版，第 506 页。

② 《杨昌济集》（一），湖南教育出版社 2008 年版，第 568 页。

③ 萧三：《毛泽东的青少年时代》，湖南大学出版社 1988 年版，第 47 页。

④ 《毛泽东传》（1893—1949），中央文献出版社 1996 年版，第 20 页。

苦。所以，我们不要以为现在国内五族一家了，就不再需要民族主义了。这样，杨昌济便把中国古代传统的民族主义转变成反对帝国主义的现代爱国主义。而且杨氏在当时还把其关注的目光集中指向日本帝国主义的侵略野心。所以他在分析了《春秋》三世说之后接着说：我以前在日本东京高等师范学校留学时，听其教员讲西洋历史讲义时说，中国人与罗马人相同，特别爱好自己的传统文化，即使外国人侵占了他们的国家，只要不伤害其文化，他们也就安分守己。我听了这种侵略理论之后，内心很不平静，觉得日本人不怀好意，很有继满洲贵族统治中国的思想，这是我们中国人应当特别警惕的。① 杨昌济的这一认识，深深地影响了青年毛泽东。1915 年 5 月 7 日，日本国政府胁迫中国签订旨在独占中国的“二十一条”，船山学社在 5 月 23 日的讲会上印发了湖南高等师范学校校长吴雁舟就该事件的《训学生词》，后面还加有刘人熙的后记。吴氏的《训学生词》说：“民国四年五月七日，某仇敌恃厥坚甲利兵，蔑弃公理，提灭国条件，限晷刻逼勒我政府如约，我政府为延旦夕命，亦既不敢逾晷刻，低首下心以画诺。……孔子曰：‘亡国而勿知，不智也；知而不争，非忠也。’吾愿吾诸生，知所以为争。”② 在社会普遍的激愤情绪影响下，第一师范的学生集资刊印了一本《明耻篇》，全书辑有七篇文章和一个附件，包括《救国刍言》《中日交涉之前后状况》《已签字之中日新约及交换照会》《请看日本前此计灭朝鲜之榜样》《日本祸我中国数十年来之回顾》《高丽亡国后归并日本之惨酷情形》《越南亡国惨状略述》等。毛泽东在此书封面上沉痛地写道：“五月七日，民国奇耻；何以报仇，在我学子！”他还在此书的《感言》后写了以下说明：“此文为第一师范学校教习石润山先生作。先生名广权，宝庆（今邵阳）人。当中日交涉解决之顷，举校愤激，先生尤痛慨，至辍寝忘食，同学等爰集资刊印此篇。先生则为序其端而编次之。云云。《救国刍言》亦先生作。”③ 石氏时任一师国文教员。1915 年夏，船山学社社长廖名缙去职，公推石广权继任主讲。1919 年，公推石广权任社长兼

① 《杨昌济集》（一），湖南教育出版社 2008 年版，第 512 页。
② 《船山学社会讲集》，1914 年刻本。
③ 《毛泽东早期文稿》，湖南人民出版社 2008 年版，第 10 页。

任船山中学校长[①]。有石氏这样一位充满爱国心的老师出任船山学社主讲，既增加了青年毛泽东对学社的亲切感，也促使他更加关注时事。1916 年 7 月 25 日，毛泽东在致萧子升信中说，近日朝野有动色相告者一事，曰“日俄协约”。此约业已成立，两国各尊重在满蒙之权利外，俄让长春滨江间铁路及松花江航权，而日助俄以枪械弹药战争之物。今所明布者犹轻，其重且要者，密之不令人见也。驻日公使有急报归国，《大公报》登之，足下可观焉。大隈阁有动摇之说，然无论何人执政，其对我政策不易。思之思之，日人诚我国劲敌！感以纵横万里而屈于三岛，民数号四万万而对此三千万者为之奴，满蒙去而北边动，胡马骎骎入中原，况山东已失，开济之路已为攫去，则入河南矣。二十年内，非一战不足以图存，而国人犹沉酣未觉，注意东事少。愚意吾侪无他事可做，欲完自身以保子孙，止有磨砺以待日本。吾之内情，彼尽知之，而吾人有不知者；彼之内状，吾人寡有知者焉。吾愿足下看书报，注意东事，祈共勉之，谓可乎？[②]《毛泽东传》在引用上述这段话后评曰：“一九三七年，中华民族的抗日战争爆发，这位二十四岁的师范生果然言中。”[③]

其二，重知行统一。刘人熙在船山学社的讲演中说：“本社崇拜船山，即是尚友古人。读其遗书，如亲謦欬，即是诏我以途径者也。”[④] 意思是说读《船山遗书》要善于将其思想指导自己的行动。杨昌济在日记和给学生讲课时，多次引用王船山有关格物致知和知行统一的论述。他在《论语类钞》中说：“某君专重力行，不重学问；某君则专恃天才与经验，不重学问。不知学之不讲，则力行只是盲行，行之愈力，危险愈大。”[⑤] 青年毛泽东受此影响，十分重视知与行、理论与实践的统一。早在一师读书期间，他就与同学结伴到湖南农村进行调查。在五四运动期间，他说：“吾们讨论各种学理，应该傍着活事件来讨论。”[⑥] 这里已经接触到马克思主义的一个基本原则，就是理论必须联系实际。它说明理论固然是重要的，但是它的重要性恰恰在于它能指

① 刘志盛、刘萍：《王船山著作考》附录《湖南船山学社大事记》，湖南人民出版社 1999 年版，第 308—314 页。

② 《毛泽东早期文稿》，湖南人民出版社 2008 年版，第 44—45 页。

③ 《毛泽东传》（1893—1949），中央文献出版社 1996 年版，第 24 页。

④ 《船山学报》复制合订本，湖南师范大学出版社 2009 年版，第 62 页。

⑤ 《杨昌济集》（一），湖南教育出版社 2008 年版，第 250 页。

⑥ 《毛泽东早期文稿》，湖南人民出版社 2008 年版，第 377 页。

导人们的行动。所以毛泽东在这个时期不仅十分注重对理论问题的研究，而且更加重视运用这种理论去分析实际问题。他认为，要改造中国，就要了解中国，就必须对中国实际情况进行周密细致的调查和研究。因此，他在积极组织湖南的进步青年赴法勤工俭学的同时，自己则作了暂时不出国的打算。他说，我们如果要在现在的世界稍微尽一点力气，当然脱离不开中国这个地盘。关于这个地盘内的情形，似乎不能不加以实地的调查和研究。这种调查研究的工夫，如果等到出洋留学回来以后再做，因为人事及生活环境的变化，困难就会很多。如果现在就做，不但可以避免这些困难，而且可以携带些经验到外国去，作为考察时的参考比较。① 为此，他抓住一切机会深入社会和群众之中进行实地考察和调查。这样，他就为自己从工农群众中吸取政治营养，逐步加深对中国现状的了解，并且为往后把马克思主义普遍真理与中国革命的具体实际相结合，创造了非常重要的条件。

其三，重个人之独立。刘人熙在船山学社的讲演中，十分重视“船山先生固空所依傍，有独来独往之精神”②。杨昌济在《论语类钞》中解释孔子“三军可夺帅也，匹夫不可夺志也”时，曾引用的王船山在《俟解》中说的一句话：“有豪杰而不圣贤者矣，未有圣贤而不豪杰者也。”③ 杨昌济在解释船山这句话时指出：“圣贤，德业俱全者；豪杰，歉于品德，而有大功大名者。拿（破伦）翁，豪杰也，而非圣贤。”④ 这说明，只有道德和功业俱全的人才能成为圣贤，而豪杰则是虽有大功大名，但其品德却有所欠缺。杨氏进一步论述道，近世教育学者之理论说，人属于一社会，则当为其社会谋利益。若己身之利益与社会之利益有冲突之时，则当以己身之利益为社会之牺牲。虽然牺牲自己之利益可也，牺牲自己之主义不可也。不肯抛弃自己之主义，即匹夫不可夺志之说也。吾国伦理学说，最重个人之独立。观历史之所载，经训之所传，莫不以守死善道为个人第一之义务。臣之于君，子之于父，妇之于夫，照我国昔圣先贤之理想，皆有委身以事，爱敬终身，效死勿去之义。然忠臣、孝子、贞妇之志，有非其君、其父、其夫之所能夺者。王船山曰：

① 《毛泽东早期文稿》，湖南人民出版社 2008 年版，第 428 页。
② 《船山学报》复制合订本，湖南师范大学出版社 2009 年版，第 55 页。
③ 《船山全书》第 12 册，岳麓书社 1992 年版，第 479 页。
④ 《毛泽东早期文稿》，湖南人民出版社 2008 年版，第 531 页。

"唯我为子故尽孝，唯我为臣故尽忠，忠孝非以奉君亲，而但自践其身心之则。"船山重个人之独立如此。[①] 杨昌济的这种说法，实际上是为了论证个性解放这一西方观念也是中国古圣贤哲所主张的。他在讲修身课时曾将这些思想向学生宣讲，而毛泽东将王船山的话和杨氏的讲解记录在其《讲堂录》之中。在五四新文化运动过程中，毛泽东对个性解放思想十分感兴趣。他认为个性解放是实现五四新文化运动两个基本口号——民主与科学的基本动力。在谈到个性解放与民主的关系时，他特别强调人格独立。他说，人格这个东西，是由于有对手方面的尊崇才有的。他的先决条件是要有意志自由。赵女士的意志自由吗？不自由。为什么不自由？因为赵女士有父母。在西方的家庭中，父母亲承认子女有自己的自由意志。中国则不然，父母的命令和子女的意志是对立的。赵家父母强迫他们的女儿去恋爱自己不愿意恋爱的人，那里还有什么自由意志？[②] 在谈到个性解放与科学发展的关系时，毛泽东特别强调独创。他指出，现代学术事业的发展，大部分为个人的独到所创获。最看重的是"我"，是"个性"，和中国那种非死人不加议论、著述不引入今人的言论的习惯，恰恰成一反比例。我们应当以个人一己的心思居中活动，如日光之普天照耀，如探海灯之向外扫射，不管他到底是不是（以今天之所是的为是），合人意不合人意，只要求个人心之所安、合乎真理才罢。老先生最不喜欢的是狂妄。可是人们那里知道，古往今来许多真确的学理和伟大的事业，都是一些被世人加着"狂妄"名号的狂妄人所发明创造出来的啊。[③]

正是个性解放的思想，促使青年毛泽东成为一个激进的民主主义者；又正是坚定的爱国主义思想，促使青年毛泽东沿着理论与实践相结合的道路，从一个激进的民主主义者最终转变成为坚定的共产主义者。在这一过程中，船山思想是起了某种潜移默化作用的。

二、"接管"船山学社

毛泽东在湖南省立第一师范读书时最要好同学之一萧子升（瑜），在谈到

① 《杨昌济集》（一），湖南教育出版社 2008 年版，第 252—253 页。
② 《毛泽东早期文稿》，湖南人民出版社 2008 年版，第 378 页。
③ 《毛泽东早期文稿》，湖南人民出版社 2008 年版，第 337—338 页。

他1921年3月从北京回到长沙与毛泽东相会的情况时说：“在长沙，有一幢叫‘船山学社’的房子。是为纪念学者王船山（1619—1692）而命名的。现在有五十多个信仰共产主义的人接管了这幢房子，因为毛泽东是其中成员之一，所以我也受到邀请到那里去住。”[①] 罗章龙在《回忆新民学会（从湖南到北京）》一文中也说，后来，新民学会把船山学社接收过去，他们表面上宣传王船山的学说，实际上取其精华，去其糟粕，宣传爱国主义思想，教育青年。[②] 萧子升和罗章龙的“接管（接收）”之说，是有根据的，也基本上是符合事实的。

说它基本上符合事实，是因为从1920年夏天起，何叔衡就出任船山学社社长。何叔衡（1876—1935）在1918年8月加入新民学会，1919年11月被选为该学会委员长（总干事）。在驱逐北洋军阀张敬尧的运动中，何氏受毛泽东委派，参加驻衡驱张请愿代表团。1920年3月1日，何叔衡到衡阳后，利用驻衡阳直系军阀吴佩孚与皖系军阀张敬尧的矛盾，广泛动员群众，向吴佩孚请愿，促使吴从湖南撤军，对张形成压力；又联络湘军首领谭延闿等以军事实力向张敬尧进逼。在舆论压力和湘军步步进逼的形势之下，张敬尧率其军队狼狈逃出长沙，并于1920年6月26日撤出湖南省境。驱张运动结束之后，公推何叔衡出任船山学社社长。从这个意义上说，新民学会“接管”了船山学社是符合事实的。1920年9月，湖南省教育委员会委任何叔衡为湖南通俗教育馆馆长，并要他接办由该馆发行的《湖南通俗报》。由于公务繁忙，何氏于1920年年底辞去了船山学社社长的职务。继任的社长为贺民范，他不是新民学会会员，却是长沙共产主义小组成员。贺民范（1866—1950），又名贺希明，湖南邵阳人。早年为秀才，1907年留学日本法政大学，参加同盟会。辛亥革命后任临时省议会议员兼秘书长，安化、岳州知事，福建向安、宁德知事。1918年弃官回湘，寄寓长沙。五四时期他任船山学校校长。金冲及主编的《刘少奇传》对这个时期的贺民范有一段介绍：他同陈独秀一直有联系，是湖南著名的进步人士。他受陈独秀的影响和委托，在湖南热心传播马克思主义，支持先进青年组建革命团体。毛泽东、何叔衡等组织长沙文化书社、

① 萧瑜：《我和毛泽东的一段曲折经历》，昆仑出版社1989年版，第160页。
② 《新民学会资料》，人民出版社1980年版，第507页。

俄罗斯研究会和社会主义青年团，都借用他的声望出面号召。所以，很多湖南青年想参加革命团体，都来找贺民范。刘少奇这时和毛泽东还互不相识，也不知道俄罗斯研究会、社会主义青年团是毛泽东、何叔衡等实际负责的，所以同其他一些湖南青年一样，也到船山学校去找贺民范，请他介绍加入社会主义青年团，帮助联系赴俄勤工俭学。贺民范介绍刘少奇参加社会主义青年团，又要他先去上海外国语学社学习俄语，学习后由那里统一组织赴俄勤工俭学。在这期间，贺民范还陆续介绍任弼时、萧劲光、周兆秋、胡士廉等14个湖南俄罗斯研究会会员和青年去上海外国语学社学习。①

鉴于新民学会在1921年新年大会以后基本上停止了活动，而长沙共产主义小组在1920年就开始活动，并且其成员毛泽东和何叔衡在1921年7月出席了创立中国共产党的第一次全国代表大会，所以准确地说，自从1920年6月驱张运动结束，至1923年11月10日赵恒惕封闭湖南自修大学近三年半的时间里，船山学社是被新民学会和一些早期共产主义者和共产党员所“接管”。应该说，这是船山学社发展史上最光辉的一页。在这段时间里，他们做了两件大事。

其一，组织长沙中韩互助社。《毛泽东年谱》1921年3月14日条：同何叔衡、贺民范等二十八人发起组织长沙中韩互助社，支持朝鲜人民反对日本帝国主义侵略，争取民族独立的斗争。② 1921年3月14日，长沙中韩互助社在船山学社成立。在成立大会上，通过了《互助社简章》，确定互助社以“联络韩中两国人民，敦修情谊，发展两国人民之事业”为宗旨。据金正明的《朝鲜独立运动》可知，长沙中韩互助社的发起人共31人，其中韩方3人，中方28人。会上选举了互助社的干部：宣传部主任李基彰、何叔衡；通信部主任黄永熙、毛泽东；经济部主任李愚氓、贺民范。社址即设在船山学社。③

其二，创办湖南自修大学。《毛泽东年谱》1921年8月中旬条在谈到毛泽东参加了中国共产党第一次全国代表大会之后，回到长沙，住船山学社……与何叔衡创办湖南自修大学。自修大学是在船山学社董事会总理仇鳌和、社长贺民范支持下，利用船山学社社址和经费创办的。贺民范为首任校

① 《刘少奇传》，中央文献出版社2008年版，第24—25页。

② 《毛泽东年谱》（1893—1949）上卷，人民出版社、中央文献出版社1993年版，第82页。

③ 参见李永春：《长沙中韩互助社述论》，《湖南师范大学社会科学学报》2008年第6期。

长，毛泽东任指导主任，负实际领导责任。[①] 鉴于有关湖南自修大学的具体情况，介绍的文章很多[②]，本文不拟作过多重复，而只想着重指出两点：

1. 现在人们在谈论湖南自修大学时，往往都说它是中国共产党创办的最早的干部学校，其实湖南自修大学在酝酿和筹备过程中，只是为了创办一个理想的青年自学机构。早在一师读书期间，毛泽东就对学校制度十分不满，他在1917年8月23日写给黎锦熙的信中，就说自己在四年以前就想组织私塾，吸取古代书院讲学与现今学校二者之长，以三年为一期，目的是略通国学大要。[③] 1920年2月，他在写给陶毅的信中说，等驱张运动结束之后，回长沙和一些志同道合同志，成立成一个“自由研究社”（或者直接叫自修大学）[④]。同年3月14日，他在写给周世钊的信中又说，我想我们在长沙要创造一种新的生活，可以邀集一些同志，办一个自修大学（这个名字是胡适之先生造的）。这时虽然已经明确提出自修大学的名字，但是他还不是马克思主义者。直到这年夏天，毛泽东才从理论上完成世界观的转变。此时，中国共产党尚没有成立，创办自修大学的努力当然不可能是为共产党培养干部。正是因为湖南自修大学的初衷是作为青年自学机构而提出的，所以才能得到自由主义者胡适的大力支持并为之取名。还必须指出，1921年上半年，即中国共产党成立前夕，毛泽东和他的好友萧子升虽然在政治思想上已经开始分道扬镳，但在办自修大学上的意见却是十分一致的。萧氏说过，毛泽东和我提了个建议，将船山学社改为自修大学。大家都同意这个建议，我成了主要策划人之一。萧氏说，他向北京上海的知识界教育界询问意见，得到了蔡元培、章太炎、吴稚晖等名人的好评。[⑤] 萧子升的这段话是确实的。蔡元培的确为湖南自修大学写过题词。蔡氏在1922年8月写的一篇《湖南自修大学介绍与说明》称：“我近来读到《湖南自修大学组织大纲》，他的注意研究，注重图书馆、实验室，全与我的理想相合，我欢喜得了不得。他们要我题词，我曾经

① 《毛泽东年谱》（1893—1949）上卷，人民出版社、中央文献出版社1993年版，第86页。

② 唐振南：《船山学社与湖南自修大学》，《船山学报》1986年第2期；孙海林：《毛泽东早期干部教育实践与教育思想研究——湖南自修大学的创办始末、经验及意义》，《湖南第一师范学院学报》2006年第2期，等等。

③ 《毛泽东早期文稿》，湖南人民出版社2008年版，第76页。

④ 《毛泽东早期文稿》，湖南人民出版社2008年版，第420页。

⑤ 萧瑜：《我和毛泽东的一段曲折经历》，昆仑出版社1989年版，第161页。

题了几句文言。”[1] 这说明，湖南自修大学即使到了正式开始筹备时，也还是以自学组织的名义相号召的。1921 年 8 月发布的《湖南自修大学创立宣言》开篇称：“人是不能不求学的，求学是要有一块地方并且要有一种组织的。从前求学的地方在书院，书院废而为学校，世人便争毁书院，争誉学校。”[2] 这时毛泽东已经参加了中国共产党的成立大会，他心中要办的湖南自修大学已经是为党培养干部的学校，但是为了争取更多人支持，包括像国民党的元老、船山学社董事会总理仇鳌这样人物的支持，他还是不得不把自修大学的性质泛化，把它说成是一个青年自学机构。要说这是一种策略也未尝不可。

2. 毛泽东等人选择船山学社创办湖南自修大学，从物质方面说，固然是利用了船山学社的经费和社址，从精神方面来说，则应该说是继承了船山学社的前身思贤讲舍这个由郭嵩焘创办的改良式书院的优良传统。思贤讲舍是郭嵩焘于 1881 年所创办的一所近代书院。郭氏在 19 世纪 70 年代出使中国驻英法首任公使以前，就对中国的书院沦为科举的附庸这一状况十分不满；出使英法之后，亲见西方学校比中国的先进，“大抵规模整肃，讨论精详，而一皆致之实用，不为虚文。”[3] 所以他回国后说，“予谋别立书院，讲求征实致用之学。”[4] 郭嵩焘在创办思贤讲舍的过程中，还曾积极支持恢复湘水校经堂，当时有一份《伪校经堂奇闻》的匿名帖，攻击郭氏“不讲时文试帖，而讲天文算学，其计狡毒”[5]。而思贤讲舍也是开设了天文算学课的。讲舍还利用屈原、周敦颐、王夫之、曾国藩的生日举行祭祀讲会，议论时政，实际上是引导学生讲求征实致用之学。青年毛泽东对郭嵩焘是十分尊崇的，对思贤讲舍的历史也比较熟悉。所以他所写的《湖南自修大学创立宣言》中，对学校和书院的各自利弊进行了深刻剖析：学校的第一坏处，是师生间没有感情。先生抱一个金钱主义，学生抱一个文凭主义，交易而退，各得其所，什么施教受教，不过是一种商行为罢了！学校的第二坏处，是用一种划一的机械的教授法和管理法去戕贼人性。学校的第三坏处，是钟点过多，课程过繁。书院

① 《蔡元培全集》第 4 卷，中华书局 1984 年版，第 246 页。
② 《湖南自修大学创立宣言》，《东方杂志》第 20 卷第 6 号。
③ 《郭嵩焘诗文集》，岳麓书社 1984 年版，第 196 页。
④ 《郭嵩焘日记》第 3 卷，湖南人民出版社 1982 年版，第 919 页。
⑤ 《郭嵩焘日记》第 3 卷，湖南人民出版社 1982 年版，第 935 页。

的好处在于：一来是师生的感情甚笃。二来没有教授管理，但为精神往来，自由研究。三来课程简而研讨周，可以优游暇豫，玩索有得。所以毛泽东在《湖南自修大学组织大纲》谈到学校的宗旨时指出，本大学鉴于现在教育制度之缺失，采取古代书院与现代学校二者之长，取自动的方法，研究各种学术，以期发明真理造就人才，使文化普及于平民，术学周流于社会，由湖南船山学社创设，定名“湖南自修大学”。①

湖南自修大学的学友，大部分是共产党员、社会主义青年团员。自修大学学友人数，在1923年3月有二十四名。同月，又公开招生，征求确实能自修的新同学十名，前后合计三十余名，计有毛泽东、何叔衡、李维汉、贺民范、夏明翰、易礼容、罗学瓒、姜梦周、陈佑魁、毛泽民、陈章甫、陈子传、陈子展、彭平之、曹典琦、廖锡瑞、刘春仁、戴晓云、刘大身、邹亮、夏曦、贺果、王梁、傅昌任、黄衍仁、王会悟、杨开慧、许文煊等。附设补习学校学生，初办时有陈赓、贺尔康、毛泽覃、高文华、张琼等一百一十四人，结束时有补习班三个，初中班一个，共计二百余人②。它不愧为中国共产党最早的干部学校。1923年11月10日被湖南督理兼省长赵恒惕封闭。它在存在的两年多的时间里，为中国革命培养了一大批优秀的人才。

三、接续船山文脉

在领导中国革命和建设的漫长岁月中，毛泽东虽然没有再踏进过船山学社的大门，但一直没有忘记王船山。这主要表现在两个方面：

其一，认真研读王船山著作。金羽、石仲泉、杨耕主编之《毛泽东〈实践论〉〈矛盾论〉新探》指出，1937年，毛泽东为了在延安抗日军事政治大学讲哲学认识论，备课时曾结合中国传统哲学中的知行关系问题，阅读过《船山遗书》。因为当时手头《船山遗书》不全，他还写信给在长沙主持八路军办事处的徐特立，请他想法从湖南购买所缺之册。《实践论》重新发表时，毛泽东加上了副标题《论认识和实践的关系——知和行的关系》。当时报刊发

① 1921年8月16日至20日湖南《大公报》。
② 参见唐振南：《船山学社与湖南自修大学》，《船山学报》1986年第2期。

表了很多称赞《实践论》的文章，其余各篇毛泽东都没有看中，唯独冯友兰发表的题为《〈实践论〉——马克思主义底发展与中国传统哲学问题的解决》的文章得到毛泽东的赞扬。[①]

冯友兰这篇文章发表在1953年3月出版的《新建设》杂志第3卷第6期，文章标题之下注明：清华大学哲学系集体讨论，并在中国新哲学研究会讨论会上报告。这表明，它在一定程度上代表了当时中国哲学界对《实践论》理论贡献的共识。冯氏的文章认为《实践论》所表述的辩证唯物主义认识论有四个特征：一、强调理论对实践的依赖关系；二、认识又转过来为实践服务；三、判定认识或理论之是否真理，依客观社会实践的结果如何而定；四、实践与认识，互相推进，对历代重要哲学家的认识论进行了简略的回顾和分析。他们包括孔子、墨子、韩非、王充、程颐、张栻、朱熹、王阳明、王船山、颜习斋、严复。在谈到王船山时说，在中国哲学史上，船山关于知行关系的学说是比较正确的了。他说："知之匪艰，行之维艰；艰者先，先难也；非艰者后，后获也。"又说："且夫知者固以行为功也，行也者不以知为功者也。行焉可以得知之效也。知焉未可得行之效也。……行可兼知，而知不可兼行。……君子之学，未尝离行以为知也。"从这些话里，我们可以看出来，就知行的先后说，他是肯定行先知后的。就知行的难易说，他是肯定行难知易的。就知行的分合说，他是肯定知行相资的。就知行的轻重说，他是肯定行重知轻的。冯氏在谈到王阳明将知行等同起来，以为知就是行的开始、行就是知的延长时指出，这样忽视了知行所特有性质，王船山就是这样批评王阳明知行合一的主张。他说："知行相资以为用，唯其各有致功，亦各有其效，故相资以互用，则于其相互，益必知其分矣。同者不相为用，资于异者乃和同而起功，此定理也。"这就是船山的知行相资的理论。冯氏又说，王船山与颜习斋，虽然自命为儒家，但至少在认识论方面，他们的思想，是古代的唯物论传统的复兴。又说，墨子是古代的贱人，颜习斋是参加劳动的。王船山在明末反抗清朝，有社会斗争的经验，后来伏处深山穷谷，有与自然斗争的经验。所以他们对知行关系能有比较正确的看法。所以他们在中国哲

① 金羽、石仲泉、杨耕主编：《毛泽东〈实践论〉〈矛盾论〉新探》，中国人民大学出版社1991年版，第81—82页。

学的认识这一方面，建立了唯物论的传统。冯氏认为，《实践论》“正是发扬了自古以来的、认识论上的唯物论的传统，解决了中国哲学中知行关系问题”①。这些论述表明，冯友兰在当时对中国传统知行观发展脉络的揭示是比较准确的，对王船山的知行观的评价也是比较高的，所以能够得到毛泽东的首肯。

1964年8月24日，毛泽东在《关于坂田文章的谈话》中曾指出：“关于从实践到感性（认识），再从感性（认识）到理性（认识）的飞跃的道理……中国古人也没有讲清楚。老子、庄子没有讲清楚。墨子讲了些认识方面的问题，也没有讲清楚。张载、李卓吾（贽）、王船山（夫之）、谭嗣同都没有讲清楚。”② 关于老子、庄子、墨子、李贽、谭嗣同的认识论此处不论，这里只说说张载和王船山。张载在《正蒙》中提出了“见闻之知”和“德性之知”这两组范畴，为宋明以来的哲学家广泛使用。这两对范畴接近于现代人所说的感性认识和理性认识。王船山在《张子正蒙注》中对两组范畴也有阐发。但是，不论是张载还是王船山，他们都有割裂这两种认识的倾向。王船山在解释张载“见闻之知，乃物交而知，非德性所知”时指出，“见”是对“天下有其事”，即客观存在的事物的认识，“闻”是对“传闻”的历史故事的认识，如果人们仅以“见闻”来证明人的认识能力，那么知识就会受限制。他对“见闻之知”这种局限性的认识是对的。他说“德性之知”是“循理而反其原”，即是对事物的规律性的认识，也是对的。但是他把这种理性认识说成是“得于天而即所得以自喻者”，却是割裂感性认识与理性认识关系的“唯理论”。王船山在解释张载“德性所知，不萌于见闻”时，认为德性之知可以“不因见闻而发”显然是不对的。他以人可以“暗中自指其口鼻”③ 为例来证明这一观点也是不恰当的，因为人之所以能“暗中自指其口鼻”，是因为人们在长期的生活实践中知道口鼻长在什么部位。毛泽东的这段谈话表明，他的确对中国古代哲学的认识论进行过一番深入研究。

毛泽东不仅在写作《实践论》时钻研过王船山著作，往后在领导我国社

① 冯友兰：《三松堂全集》第13卷，河南人民出版社1970年版，第15—16页。

② 金羽、石仲泉、杨耕主编：《毛泽东〈实践论〉〈矛盾论〉新探》，中国人民大学出版社1991年版，第82页。

③ 《船山全书》第12册，岳麓书社1992年版，第144—145页。

会主义建设过程中，也把王船山等一些中国古代重要哲学家的著作作为身边常备的参考书。曾任毛泽东的图书管理员的逄先知在1959年10月23日的记录中说："主席今天外出，要带走一大批书，种类很多，包括的范围很广。"其中就有"王夫之关于哲学和历史方面的著作"①。

其二，关注有关王船山文物的保护。

首先，两次为船山学社题额。船山学社在新中国成立以后不久停止活动。1950年夏历九月初一，是王船山诞辰日，毛泽东亲自书写了"船山学社"四个大字寄来。1953年，中央人民政府政务院将船山学社列入全国重点文物保护单位。湖南省文化局于1954年拨款五万元重新修建湖南船山学社。1956年修建完成后，湖南省人民政府文史研究馆陈文骏函请毛泽东为重建的船山学社题额。毛泽东再次题写了"船山学社"四字。②

其次，关爱王船山的墨宝《双鹤瑞舞赋》。1951年12月3日，毛泽东致信时任中央人民政府文化部文物局局长郑振铎，信中称："振铎先生：有姚虞琴先生经陈叔通先生转赠给我一件王船山手迹，据云此种手迹甚为稀有。今送至兄处，请为保存为盼！顺祝健吉。"③ 姚虞琴（1867—1961），名瀛，号景瀛。原籍仁和亭趾（今属浙江余杭），久居上海市。以诗画书法之长而驰名艺坛。喜收藏，且精于鉴赏。王船山手迹《双鹤瑞舞赋》就是他收藏的精品之一。1951年，他请时任中央人民政府委员、政协全国委员会副主席的陈叔通将上述宝藏赠给毛泽东主席。毛泽东深知此件的珍贵价值，所以直接送交郑振铎，请他交给中国历史博物馆妥藏。

据程颂万（1866—1932）所撰《甲寅九月朔拜王船山先生像双鹤瑞舞赋并序》称，此"赋，文集不载，为先生手稿正书，姚君景瀛以西法印贻长沙船山学社"④。甲寅为1914年，姚虞琴将《双鹤瑞舞赋》复制赠给刚刚成立的船山学社，这说明姚先生收藏此赋的时间很早。此赋所赠对象为安远公，与船山《姜斋诗编年稿》中《安远公所遣都护刘君过寓庵问病歌以赠之》所

① 龚育之、逄先知、石仲泉：《毛泽东的读书生活》，中央文献出版社2003年版，第21—22页。

② 刘志盛、刘萍：《王船山著作考》附录《湖南船山学社大事记》，湖南人民出版社1999年版，第339—341页。

③ 《毛泽东书信选集》，人民出版社1983年版，第422页。

④ 《船山全书》第16册，岳麓书社1996年版，第924页。

赠之人同一，王之春在其所编《船山公年谱》中认为此人是清朝的安远靖寇大将军多罗贝勒尚善[1]。程颂万沿袭了王之春的观点，也认为是尚善。1982年的《文物》杂志第6期发表署名史展的《王夫之双鹤瑞舞赋卷书后》，文中介绍了此赋的情况：王夫之《双鹤瑞舞赋》墨迹，原卷为素绢地，楷书，纵二三点六，横二九七点六厘米。卷前引首有吴昌硕题“王船山先生遗墨”七字。卷后有长沙程颂万、嘉兴金镜蓉跋。此卷于清末为杭县姚景瀛（字虞琴）收藏，并影印复制，存长沙船山学社。史展也认为此赋是赠尚善的。并且就此发挥了一通议论：王夫之是一位伟大的思想家，又是一位民族主义者，怎么可能给尚善写这篇奉承文字呢？作者认为，清初的社会矛盾仍然是农民阶级与地主阶级的矛盾。清朝统治者极力拉拢和收买汉族地主阶级及其知识分子。在清政权日益巩固的历史条件下，王夫之的晚年虽以明遗民自居，但他对清朝政府已不如从前那样仇视了。[2]

谭承耕在《文物》杂志1983年第6期发表《关于王夫之双鹤瑞舞赋问题》，认为史展提出的问题，不是一个单纯的史料鉴别问题，而是有关王夫之的民族观、王夫之的政治倾向的问题，必须实事求是地加以辨正、澄清。谭文经过细致的论证，最后断定：王夫之的《双鹤瑞舞赋》是写给反清的广西将军孙延龄的，不是写给清朝将领多罗贝勒尚善。李申在《船山学报》1984年第2期发表《吴三桂起兵反清期间的王夫之》也认为，王夫之的《双鹤瑞舞赋》不是写给尚善的，而是写给吴三桂阵营中的一个统帅的。王夫之在这五年中，一开始是赞同过吴三桂的反清复明旗号下所进行的军事活动，和吴三桂方面的人有过来往。以后看出吴三桂的真正意图，深恶之，并决然归隐。他的民族气节是始终如一的，绝没有向清统治者妥协。[3] 此外，陈祖武在《清史论丛》1985年第6辑发表《王船山〈双鹤瑞舞赋〉为尚善而作说辨》一文，也认为王船山所作此赋并非为尚善而作，而是为反抗清廷的孙延龄所作。这段故事说明，毛泽东精心保护的船山这一墨宝，既具有珍贵的文物价值，又具有重要的学术价值。

以上情况表明，毛泽东作为一位伟大的领袖，青年时代即深受船山思想

① 《船山全书》第16册，岳麓书社1996年版，第346页。
② 《船山全书》第16册，岳麓书社1996年版，第926—928页。
③ 《船山全书》第16册，岳麓书社1996年版，第929—950页。

的熏陶，刚踏上革命的征途即借力于船山学社为党培养人才，成为革命领袖之后又善于传承船山文脉丰富其哲学思想。可见毛泽东的一生与船山的关系是十分密切而深刻的。

船山学社的组织机构、核心成员

方红姣*

1912 年春，时任湖南都督府民政司长刘人熙倡议创设船山学社。1913 年夏，船山学社筹备处成立，在长沙广益学校内办公。同年秋，呈请北京政府批准经国务院内务、教育两部立案，每年从湖南国税拨发 4000 元作为学社常年经费。1914 年 6 月 14 日，经过刘人熙一年多的奔波，国内第一个研究船山学的团体——船山学社在长沙正式宣布成立，地址设在长沙小吴门正街曾文正公祠西隅的原思贤讲舍旧址。大总统府颁布提有“邹鲁津梁”的匾额一方，悬挂于学社正厅。公推刘人熙为第一任总理（社长）。学社阐扬船山思想，弘扬船山精神，设船山先生专祠，在王船山诞辰日（农历九月初一）进行隆重的祀事，后成为船山学社的惯例。

1921 年，毛泽东、何叔衡在船山学社创办自修大学，1923 年 11 月，湖南督理兼省长赵恒惕以自修大学“所倡学说不正，有碍治安”为由，关停自修大学，船山学社也因之被关闭。1924 年 10 月，原船山学社负责人石广权、周逸等呈请当局恢复社务活动。1925 年冬，船山学社恢复活动。1926 年春，公推刘人熙长子刘博远接办船山学社，后改为船山中学校。1932 年秋，船山学社改组，公推赵启霖为社长，每年都发展吸收一批新社员，社务活动频繁。1937 年抗日战争后，船山学社的活动急剧减少。20 世纪 80 年代以来，随着改革开放，文化日益繁荣发展，船山学社也历经两次复建，迎来了新时代的

* 方红姣，湖南武冈市人，中共党员，湘潭大学社科处副处长，哲学与历史文化学院教授，博士生导师，船山学社副社长。

新发展。

一、船山学社的组织机构

船山学社成立之初，社员们只是互相集会，学社的章程里说：“公推总理一人，总持社务。设哲学政学二科，科设主讲一人，于社员中公举。社务分文牍、会计、庶务、交际四股，由总理选任。”刘人熙被推为总理和社长，但其不愿专社长之名，所以开会决定哲学科和政学科的主讲人也为社长。

船山学社自创立之日起，人事的任命基本上是选举制。如学社章程的明确规定，“公推总理一人，总持社务”。第一任总理（会长）刘人熙是通过公推产生的。二十世纪三十年代，学社始成立董事会，依然是公推，兼采投票形式。如 1932 年 6 月，船山学社成立董事会。公推萧度、彭兆璜、石广权、方克刚、周逸、任福黎、张定、傅绍严、胡子清、黄士衡、雷铸寰、易书竹、曾毅、辜天佑、刘策成、杨树谷、罗傅矩 17 人为董事。7 月，开第一届董事会，推胡子清为董事长，萧度为副董事长，推湖南省政府主席何键为名誉董事长，曹伯闻、曹典球、彭清黎、陈嘉言、黄凤岐、谢维岳为名誉董事。推胡子清、萧度、刘策成、周逸、辜天佑、方克刚、张定 7 人为接收委员，接收船山中学校房屋器具。又推彭兆璜、石广权、杨树谷三人为董事会办事规则起草员。9 月，召开了社员大会，选举正副社长，到会社员 37 人，副董事长萧度、代董事长胡子清，谢鸿熙为发票员，柳敏泉、任震为开票员，赵启霖以 24 票当选为社长，陶思曾以 18 票当选为副社长。会上还通过了船山学社章程，规定学社设立编辑部、研究部和讲演部，确定编辑部主任兼秘书为周逸，研究部主任为颜昌晓，讲演部主任为石广权。又如：1935 年 9 月 22 日，船山学社召开第八次董事常会，董事长王礼培报告本年九月初一正副社长任期届满，须预选社长候选人五人，议决后进行无记名投票，开票结果陶思曾 9 票、陈嘉会 6 票、胡子清 6 票、赵启霖 5 票、黄巩 4 票，决定这五人以最多数当选为正式候选人，于船山先师诞祭日交由社员大会投票选举。

董事会的职权包括执行社员大会会议决案、保管社产、筹措经费、稽核本社账目、议决关于社务应兴应革事项。董事会又分董事会成立会、董事会常会和临时董事会。董事分为名誉董事和董事两种，董事十七人，由社员大会推举，任期两年，每年改选半数，其第一次改选半数用抽签的办法定夺，但得连选连任，名誉董事无定额，由董事会推举。董事会互推董事长、副董事长各一人，任期以两年为限，但得连选连任，董事长有事故时，由副董事长驻社代理。董事长和副董事长有一定的薪酬，董事都为无给职。董事会每月开常会一次，由董事长、副董事长召集，如有临时事项发生时，得由正副董事长或董事五人以上的提议，函请正副董事长召集。

学社设社长一人，副社长一人，社长、副社长由董事会投票提出五名候选人，交由社员大会，用无记名投票法选举，任期三年但得连选连任。社长的职权包括对外代表本社、执行董事会的议决案、编制预算决算、临时延请名人讲演。副社长的职权是襄理社务，如社长有事故时得代行其职权。学社在正副社长之下还设有秘书一人，设研究、讲演、编译三部，每部设主任一人，各部主任及秘书由正副社长延聘，会计、庶务和书记都由正副社长雇用。学社各职员的薪酬都由董事会决定。

社员大会分两种：（一）常年大会，每年于船山先生诞辰日（农历九月初一）举行，由董事会召集召开。（二）临时会，无定期，由董事会议决，或五分之一以上社员署名盖章，函请董事会召集之。学社召开社员大会常会时，董事会应将一年来各种社务进行预决算及财产目录一一报告。学社的经费最初由国库岁拨津贴金4000元为基金，后改为由湖南省库补助其不足额，除由学社社员每年纳社金1元外，再由董事会负责筹措。学社经常、临时各费应由正副社长于每年度终，造具决算，交由董事会审查，并于每年常会送交社员大会核销。

学社对推举各职员的办法也作了规定。学社推举各职员如有违背社章、营私舞弊等行为，得有确证、经人举发时，由社员大会对其议决惩戒。

在学社社长、董事会的组织下，学社主要开展几个方面的活动：其一，搜集和刊印船山未刊遗书。主要有《箨史》《古诗评选》《唐诗评选》《明诗评选》《搔首问》等。其二，每年农历九月初一船山生日，举行隆重的纪念仪式。其三，编辑出版学报。1915年8月创办《船山学报》，至1917年共出版8期；1930年又出版《船山杂志》7期；1932年10月，周逸等恢复出版《船山学报》，至1938年6月，共出版15期，后因抗日战争而停刊。《船山学报》于1984年3月复刊，至1989年11月共出刊14期。1991年再度复刊，改名为《船山学刊》。其四，先后办过船山大学、船山中学和船山小学。其五，开讲演会。学社后来加设文学科，遂有哲学、政学和文学三科，每科设主讲一人，分别就船山著作或有关传统文化的内容进行宣讲。船山学社成员整理船山著作情况主要有：刘人熙注《尚书引义》，廖名缙《读〈正蒙注〉》，彭政枢《〈周易大象〉述义》，曾庆榜《船山〈黄书〉宣义》，石广权《〈张子正蒙注〉诠言》，黄巩《船山礼记章句》《船山〈黄书·原极篇〉演义》《船山古仪宰制演义》《船山大正篇演义》等。

二、船山学社的核心人物

船山学社创立的根本目的是保存国粹，弘扬国学，研究王船山的思想，弘扬王船山的精神。在百余年的历史变迁中，因有一批热爱船山、热爱民族文化的仁人坚守，船山学社得以不断发展。从学社成立至新中国成立之初，先后有刘人熙（总理）、彭政枢、廖名缙、石广权、何叔衡、贺民范、赵启霖、周逸等担任学社社长。改革开放以来，船山学社经过两次复建，吴立民、王兴国、朱迪光等担任学社社长。

1. 刘人熙

刘人熙（1844—1919），字艮生，号蔚庐，湖南浏阳人。1867 年湖南乡试第一名。1877 年进士，先后任工部屯田司行走、江西大学堂总教习、课吏馆馆长、营务处会办、湖南教育会长等职。

1911 年 10 月，湖南都督府成立，刘人熙被都督谭延闿任命为民政司长，1912 年辞职。因服膺船山学说，并认为船山学说“施之今日，尤为针对时病之方剂”，遂筹办船山学社，并创办《船山学报》，筹建船山中小学校、船山专祠、船山大学和船山图书馆。在规划学社的发展上，刘人熙有一系列的发展计划，活动形式多元，政治上有明显的进步倾向，学术上呈现出一定的保守性。刘人熙有志于“道”，躬身实践，未尝稍懈。他推崇船山的为人和学问，注重区分“义理之性”与“气质之性”，强调内省工夫。刘人熙把船山的伦理道德思想作为修身省察的准则，不仅以此要求自己，而且以此劝诫他人。

在刘人熙生前共出版的八期《船山学报》中，刊登了王船山的《尚书引义》《四书训义》等著作。其个人的相关文章有《船山学报叙意》《船山学报发例》《四书授义叙一》《四书授义叙二》《人伦道德讲义》《鬻子释义》《原盗篇》《文中子补注》《春秋公法内传达旨》《救败九策》等。

2. 曹佐熙

曹佐熙（1869—1921），世名文济，字摅沧，号毅庵，湖南益阳人。先后在益阳县议会和湖南省议会任职，1913 年，当选湖南省议会议员兼理事。

曹佐熙参与创办船山学社，是学社的早期会员之一。曹佐熙对船山学社的贡献主要有两个方面：一是整理和刊行船山遗著。1914 年，王夫之八世孙廷赞将《箨史》家藏抄本交与船山学社，曹佐熙“受而反复读之，乃定为船山先生所作”，为该书撰写了序和跋，介绍全书的主要内容和流传情况，并将其连载于《船山学报》，是今人了解和研究《箨史》的重要资料。晚清时期邓显鹤、曾国藩先后刊刻《船山遗书》，均未将其采入，曹佐熙弥补了这一遗憾。还整理刊布刘审吾的《衡阳刘氏珍藏王船山先生遗稿记》一文，文章记录了衡阳刘氏所藏王夫之著述相关情况，价值极高。二是编辑出版《船山学报》。曹佐熙担任《船山学报》第一卷第一期（创刊号）编辑，发凡起例，设立了师说、讲演、通论、专论、文苑、说苑等十余个栏目，奠定了该报的体系和基本规模。

主要著作有《史学通论》（湖南中路师范学堂出版）、《清史商例质疑》（1916 年铅印）、《湖南益阳三峰曹氏通谱》（1919 年长沙铅印）等。

3. 廖名缙

廖名缙（1867—1927），字笏堂、笏棠，湖南泸溪浦市镇人。早年考取秀才，任湖南浏阳县学训导、湘西龙标书院山长、湖南威字新军管带兼威字新军营学堂监督。1900 年领兵赴鄂参加唐才常领导的自立军举事。从日本留学回国后，任江西常备中军兼续备左军统领，其间创立江西兴中会，从事同盟会前期活动。1906 年，萍浏醴起义事发，因掩护革命同志而被革职归里。先后任明德、湖南高等实业、湖南甲种农业等学堂监督，湖南咨议局副议长，湖南公立高等工业学校（湖南大学前身）校长，湖湘法政学校校长等职，参与创办湖南第一公学、湖南全省公立高等中学堂、湖南兑泽中学等。

廖名缙是船山学社的元老之一。他与刘人熙、彭政枢等一起共同创办船山学社，并担任首任社长和哲学科主讲。经廖名缙等人积极倡议，《船山学报》于1915年8月创办。在一次演说中，他说："船山先生生明清改革之交，目睹当时国家社会之惨黩，发愤著书。冒大难犯大险而不辞。其学说皆患难生死之余，创巨痛深，如布帛菽粟之直质，如雷霆猋霰之惊悚。遗书数十百种，有清中叶以前无敢刊布一二者。发乱既平，禁网稍疏，遗书渐出。中国学者始知濂溪而后湘衡，停峙间复产命世之大儒，湖表人士景慕邦贤。读船山书，因而摹想其为人。故清季国俗媮靡，而湘士用倔强闻，皆渐濡先生之化于不自觉耳。"从时代背景到民族深情，从书本文字到精神感召，廖名缙对船山有着非常深刻的理解。

廖名缙主要著作有《百槲溪堂文集》《百槲溪堂诗集》《西山枕石集》《秋湖集》《香山浏览吟》《直隶五河历代河流沿革图说》《廖名缙佚文集》（张景龙辑佚、校注）及日文军事译作数种等。

4. *石广权*

石广权（1872—?），字一参、蕴三，又名建勋。湖南邵阳人。曾留学日本。回国后任湖南省立中学和师范学校教员，上海中国公学教授，群治大学文学院教授兼湖南国学馆主讲。石广权一生涉猎颇多，兼及辞章、诗律、经义之学，是一位在文学、教育学等方面都有著述的学者。

1919年，刘人熙去世，船山学校校长贝允昕辞职。6月，补举石广权为政学科社长兼校长。但石广权就任没几个月就因病就医，由彭政枢代任社长兼权校务。10月，彭政枢在报刊登载启事，"不与闻社务"。1920年3月，经社内同人挽留，石广权"回社恢复校务"。当时湖南政争复杂，石广权复职后立即声明，船山学社不参与政争。张敬尧被驱逐出湘后，1920年7月上旬，船山学校学生指控石广权仰张敬尧之鼻息，发起驱逐校长石广权的运动，宣布学校实行自治。此次风波过后，船山学社即予以改组，会议接受石广权辞去社长兼校长职务，并选举新社长和校长。

1931年8月，船山学社正式向省政府提出改组呈请，得到了省政府和省党部的批准，派出萧度、傅绍严、彭兆璜、方克刚、张定、任福黎、周逸、石广权、刘伯远等九人为改组船山学社筹备委员，并审定社章，征集社员。石广权是改组船山学社非常积极的人物之一，在1932年组成的第一届的董事会中担任董事并任演讲部主任，在1933年组成的第二届董事会中，出任董事长。著有《学易斋易象哲理观》《古代教育》《论语今读》等书。

5．何叔衡

何叔衡（1876—1935），字玉衡，号琥璜，湖南宁乡人，无产阶级革命家，中共一大代表、中国共产党创始人之一。1913年，何叔衡考入湖南省立第一师范讲习班，与毛泽东、蔡和森等同学成为志同道合的朋友。从第一师范结业后，先后在长沙楚怡学校和第一师范附小任教，同时积极参加毛泽东、蔡和森等组织的革命活动。

1920年6月，湖南人民驱逐了北洋军阀张敬尧。何叔衡与毛泽东、彭璜相继回到长沙。他们传播马克思主义，组织湖南俄罗斯研究会，研究俄国革命经验，建立长沙共产主义小组，一边为建党作准备，一边规划筹办自修大学。

1920年夏，何叔衡出任船山学社社长。长沙共产主义小组成员何叔衡、贺民范，都是船山学社的中坚力量。后毛泽东与何叔衡等人利用船山学社旧址创办了湖南自修大学。为招收青年工人入校学习，自修大学又附设补习学校。这是中国共产党创建的第一所干部学校。

6．贺民范

贺民范（1866—1950），又名贺希明，湖南宝庆（今邵东县）人，1866年出生于宝庆小东乡一个书香之家。25岁考取秀才。1907年东渡日本，留学富士法政大学，加入同盟会。回国后任宝庆劝学所总董、邵阳驻省中学堂监督，秘密参加反对清政府的革命活动。辛亥革命爆发后，率领学生支持焦达峰、陈作新领导的湖南新军起义。1912年当选为湖南省临时议会议员兼秘书长。旋任安化县县长，大刀阔斧收缴鸦片。后任岳阳县知事、福建同安县、宁德县知事。1918年，目睹军阀横行、政治腐败，愤然弃官寓居长沙，闭门读书，钻研马克思主义学说。1950年8月逝世，终年84岁。

党的一大后，毛泽东寓居船山学社，同何叔衡、贺民范一道筹办湖南自修大学。这年暑假，船山中学宣告停办。8月16日，《湖南自修大学组织大纲》正式发表，贺民范任船山学社社长，兼任湖南自修大学首任校长。毛泽东手书“湖南自修大学”校名，贴在木牌上，悬挂于船山学社大门口，庄严地宣告了这座新型学校的诞生。湖南自修大学创办后，一些守旧的社员对自修大学办在船山学社内颇有异议。面对种种阻力，贺民范与毛泽东、何叔衡等多方奔走，团结教育界、新闻界的知名人士，并吸收罗学瓒、陈章甫、杨开慧等为社员，增强船山学社社员中的进步力量。贺民范争取到省政府的资金支持，推动了船山学社各项活动的开展。

7．赵启霖

赵启霖（1859—1935），字芷荪，号瀞园，湘潭县人。1874 年，不满 16 岁的赵启霖中秀才。1885 年，26 岁，中举人。1892 年，殿试为二甲第五名进士，钦点翰林院庶吉士，后授翰林院编修。1904 年，被任命为甲辰科会试同考官，同年 10 月出任湘省学堂监督，并教授修身课。1906 年 1 月赴京考御史，记名，补河南道监察御史，10 月补掌江苏道监察御史，12 月兼署山西道监察御史。

赵启霖任御史期间，向朝廷奏请王船山等人从祀孔庙，并获得批准。这对于传承、弘扬船山精神是一个重大推进。在此之前，郭嵩焘和孔祥霖曾奏请王夫之从祀孔庙，当时因还有陈宝琛奏请顾炎武、黄宗羲从祀，当局难以取舍，所以都没有批准。基于此，赵启霖奏请将王夫之、黄宗羲、顾炎武三人同祀文庙，终成，体现了他很好的调和均衡能力。

1931 年 8 月 12 日，雷铸寰等 19 位船山学社社员联名向湖南省政府递交呈文，呈请改组船山学社。早在船山学社改组选举之前，曾有信邀请住在湘潭乡间的赵启霖参加会议。赵启霖在 1932 年 7 月 2 日的复信中表示了对学社的热烈支持，在复信中将“卫道”提到“救国”的高度，并将提倡学社为卫道的重要措施，可见他对办好船山学社的重要意义有着明确的认识。

1932 年 9 月 4 日，学社选举赵启霖为社长。赵启霖并未参加此次会议，在此以前他不是学社社员。赵启霖于 9 月 8 日立即写信给学社同仁，婉拒社长之职，并推举陶思曾为社长。与此同时，赵启霖收到石广权的劝驾信，赵在回信中述其年老力衰、无能为役。学社派周逸并携带名誉董事长何键、副社长陶思曾的信和社员的一封联名信前往赵家当面敦请。陶思曾认为赵启霖道德、学问、气节、文章，海内共钦，实为担任社长最佳人选。盛情难却，赵后来接受了社长一职，但由于身体原因，一直未赴省城。

至 1935 年 11 月 24 日逝世，赵启霖在担任船山学社社长 3 年多时间里，一直身居湘潭，虽未曾参与学社具体事务的管理，但在他的支持下，学社日常工作开展正常。他在《船山学报》发表了不少诗文。赵启霖著有《瀞园集》6卷、《益州书画录补遗》。

8. 周逸

周逸（1877—1969），湖南湘潭县人，字仲元，号木崖，居昭山，后迁县城板石巷。1896年，在长沙加入同盟会。1911年参加保路运动，力保粤汉铁路筑路权。辅佐王闿运设孔教支部于长沙。1914年，至京师，为湘绮老人佐史馆事，得益交海内贤士大夫。1917年，南北议和，被举为全国和平联合会评议。

周逸曾任《船山学报》主编，并从1940年起，任湖南船山学社社长。经他的坚持和努力，学社终未被外界所占。抗战胜利后，以私蓄及妻子妆奁1000银元，于废墟中重建船山学社。支持在学社中建立中共秘密联络点，开办贫民职校，主张湖南和平解放，并首先在《和平宣言》上签名。新中国成立后，周逸任省文史馆馆员、省文物管理会委员。

著有《木崖轩诗文集》十卷、《湘绮楼诗经评点》十卷、《汉书艺文补注》一卷、《中国地理险要诗》一卷、《四书大义》、《历代田家诗》等。现存湖南图书馆著作如下：《木崖轩诗钞》（民国至解放后稿本）、《天籁堂诗集》六卷木、《崖轩诗草》一卷、《木崖诗选》（1951年油印本）、《红豆集》一卷（民国钞本）、《汝南堂文集》（稿本）、《木崖轩笺启》（稿本，两册）、《恒心堂联钞》（钞本，八册）、《木崖轩笔记》、《木崖轩杂钞》（17册）、《周逸杂录》一卷等。

9. 吴立民

吴立民（1927—2009），号吴明，法名信如。祖籍湖北阳新，自幼随湖南长沙二学园掌法顾净缘修学，并承传东密、藏密法要，得大阿阇梨位（金刚上师），通儒、释、道三家。毕业于湖南东安耀祥书院，并曾在该院从事教学。曾任船山学社社长、名誉社长、湖南省委统战部副部长、湖南省政协秘书长、湖南省政协文史委员会主任、湖南省佛教文化研究会会长等职。

改革开放后，在广大船山学者的呼吁下，在湖南省有关部门的领导支持下，船山学社的恢复重建工作开始。1982年5月7日，经过选举产生了船山学社理事会，理事会推选吴立民为社长，王兴国等七人为副社长，王兴国兼秘书长。吴立民多次主持船山学社活动，有效组织了学社的各项活动。

吴立民主要著作有《药师经法研究》《地藏经法研究》《禅定述要》《楞伽经讲记》《佛教各宗大义》《佛说当机》《大圆满精萃》《扶律谈禅》《宝箧印经释》《唯识秘法》《般若五经述要》《台密东密与唐密》等。主持编辑《佛藏辑要》《中国佛教文化丛书》等。

10．王兴国

王兴国，1937 年生，湖南株洲人。1961 年毕业于中国人民大学哲学系。湖南省社会科学院研究员、享受国务院特殊津贴的专家学者、湖南省文史馆馆员。1983 年至 1997 年任湖南哲学研究所所长。1994 年至 2019 年任船山学社社长，现为船山学社荣誉社长。

王兴国组织了多次船山学术研讨会，1962 年参与筹备纪念王船山逝世 270 周年学术研讨会。此后与湖南省内外一些单位合作，先后召开了纪念船山逝世 290 周年、300 周年、310 周年、320 周年以及船山诞辰 390 周年的大型学术研讨会。

王兴国长期从事船山学研究，是岳麓书社《船山全书》编委会委员，编委会办公室副主任，为《船山全书》的编辑出版做出积极贡献。《船山全书》自 1982 年着手整理、编辑，至 1996 年 12 月 16 册全部出齐，历时十四年。出版《王船山认识论范畴研究》等多部著作，发表多篇论文。用马克思主义的观点，对船山的哲学思想、政治思想、历史观等做了多维度的阐释，特别是对船山哲学体系和一些重要的哲学范畴作了概括和分析，充分肯定船山在中国思想史、哲学史上的地位。

11．朱迪光

朱迪光，1961 年生，湖南衡东人。现任船山学社社长。湖南省船山学研究基地首席专家。衡阳师范学院教授、中文系主任、衡阳市文艺评论家协会主席。先后于湖南师范大学、陕西师范大学获文学学士学位和文献学硕士学位。主要从事船山学研究、古代文学研究。

朱迪光长期参与船山学社的组织建设。2019 年，成功组织了纪念船山诞辰四百周年系列活动，特别是与央视合作推出《百家讲坛》之《天地大儒王船山》，大力促进了船山思想和精神的当代传播。

朱迪光的船山学研究主要集中在文献、文学与学术史等方面，既有文献考证，又有文学作品欣赏，还有基于船山思想现代转化的现实关切，提出“儒学平民化”等富有创见的观点，体现出哲学与文学融合的鲜明特色。主要船山学著作有《船山行迹及其后裔现状研究》《王船山学术思想研究论文著作目录索引》《王船山研究著作述要》《王船山对中华民族精神的继承和创新研究》《姜斋文集校注》《王夫之诗歌创作考论》《王船山先生诗稿校注》等。

《船山学报》的办刊宗旨发覆

朱迪光

船山学社与《船山学报》在民国时期经历了两个阶段，刘人熙主社的阶段和1932年改组后的阶段。不同时期的《船山学报》有着不同的办刊宗旨。

一、刘人熙所办的《船山学报》宗旨

刘人熙于1914年在长沙思贤讲舍遗址创建了我国近代闻名中外的学术研究团体——船山学社，并于1915年到1917年编辑出版了八期《船山学报》。分期刊登了一大批学术性的文章和船山未刊手稿、船山手稿墨迹、船山故居遗址照片以及刘人熙、廖名缙、彭政枢、王瀚声等人的演讲稿。并首次公开刊行船山的古近体诗评选三种（《古诗评选》《唐诗评选》《明诗评选》）及船山所著南明史料书《箨史》等，均属重要佚著。

《船山学报》排在首要位置的是“图画”栏目，此栏目所登的并不是文章而是图片，这些图片绝大多数是船山先生遗像、手迹等与船山有关的图片或照片，此一栏目可概括为“船山遗迹”。第二个栏目为“师说”，所发表的是《尚书引义》《四书授义》等船山遗书，此一栏目可概括为“船山遗书”。第三个栏目为“广师”，其中《鬻子释义》连登三期，《人伦道德讲义》连登六期，《黄书宣义》登一期，还有《文中子补注》等刊于其中。由《人伦道德讲义》连登六期来看，主要是讨论“人伦道德”问题。第四个栏目为“讲演”，发表了三十七期讲演稿。这些讲演稿有的有题目，也有一些没有题目。讲演题目如下：《开讲》《论卫道之精神》《读〈正蒙·动物篇注〉》《周易大象述义》《读〈正蒙·神化篇注〉》《读〈正蒙·乐器篇注〉》《读〈正蒙·天道篇注〉》《有德篇》《读〈正蒙·诚明篇注〉》《读〈正蒙·至当篇注〉》。其中《周易大象述义》分十多次讲演。由这些讲演题目来看，绝大部分是讲解船山著作，“船山学”是这一栏目的重点。第五个栏目是“通论”，此类比较杂，登《原盗》《原师》及《黄书宣义》之文外，还登了其他文章，以讨论现实问题为主。第六个栏目是“专论”，主要登《律音汇考》这样的研究中国传统音乐的文章，也登一些史论文章。第七个栏目为“文苑”，收录文集和诗歌。第八个栏目是“说苑”，收录考史的著作和文章。第九个栏目是“附编”，下设两个子栏目：“国语”“邻戒”。“国语”是国内新闻，“邻戒”是国际新闻。由以上栏目来看，《船山学报》最重视也最着力的是船山研究。九个栏目有两个专栏专发有关船山的图画和著作，而其他六个栏目或主要或夹杂有船山方面的文章。船山思想的研究是《船山学报》的主要内容。

由上所述栏目来看，《船山学报》是以刊发船山遗书和研究船山学说为主的杂志。那么它的办刊宗旨是什么呢？《船山学报》的办刊宗旨在刘人熙的《船山学报叙意》中讲得非常清楚：“《船山学报》何为而作也？忧中华民国而作也”，“愿广船山于天下以新天下”。而船山学社社方坦伯有言曰：“刘先生组织斯社之意，一面为抗怀先哲，表彰船山之绝学，一面为拯溺救焚，亟于维持人心风俗。”①

《船山学报》办刊宗旨应指以下几个方面的内容：一是“忧国”或称“救时”。所谓“忧国”就是上所说的“忧中华民国而作也”。所谓“救时”就是廖名缙所说的“举先生著书行事之最足拯救时弊者”②，通俗地说就是能解决当前的社会问题。船山学社诸人都将船山学说与救时相联系。廖名缙说：“要之国家之病患，常因时势而发生。集社讲学者之立言，贵因时势而施治。我辈今日以救时为目的。船山学说，实目今救时之良方。”③ 彭政枢在《〈周易大象〉述义》中说：“船山显揭春秋以后之世变，上下相凌，由于心志不定，践履不正，逆伦犯分，无所不为。……民国肇造，乱事未弥，党焰迭炽，时为隐忧。倡平等之谬说，则上下无分；醉自由之欧风，则民志丧乱。愿学

① 湖南船山学社编：《船山学报》（一），湖南师范大学出版社 2009 年版，第 56 页。
② 湖南船山学社编：《船山学报》（一），湖南师范大学出版社 2009 年版，第 59 页。
③ 湖南船山学社编：《船山学报》（一），湖南师范大学出版社 2009 年版，第 61 页。

易者辨天泽之分以挽回世变焉可也。”① 王瀚声说：“大学明德，在于新民；尧典峻德，推及平章。古人无日不以学业为己任，即无日不以教人为己任也。世风日下，人心不古，视学业为畏途，借教育为捷径。言念及此，痛焉厥心。船山讲学，深明大义。默而识之章，确能发挥痛切，有益世道人心。今将其义而申明之。”②

二是宣传船山学或船山精神。何谓“船山学”，船山学社总理刘人熙进行了概括，云：“船山之学，通天人，一事理，而独来独往之精神，足以廉顽立懦，是圣门之狂狷，洙泗之津梁也。”③ 这一解释，虽然不能说是准确的定义，但概括了船山学术思想四个特点：通天人，一事理，独立精神，廉顽立懦。“通天人，一事理”，不用多作解释就会明白。“独立”，又可称之为“独往独来”，一方面是指王船山的精神，另一方面应该有现代所说的“独立自由”之义在其中。辛亥革命时期鼓吹革命的杨毓麟1903年在东京撰文云：“且我湖南有特别独立之根性……其岸异之处，颇能自振于他省之外。……至于直接船山之精神者，其莫如谭嗣同，无所依傍，浩然独往，不知宇宙之圻埒，何论世法！其爱同胞而惎仇虐，时时迸发于脑筋而不能自已。是何也？曰：独立之根性使然也。”④ “独立”之精神是辛亥革命者所追求的精神，也是其价值观，当然也是一种新的思想。因此刘人熙还将其与国家、教育、学术联系起来，说：“独立之国，不可无独立之教育；独立之教育，不可无独立之学术；独立之学术，不可无独立之精神。”⑤ “廉顽立懦”是指道德方面，所以刘人熙称其为“圣门之狂狷，洙泗之津梁”。船山学社的其他成员对此也有解说，但其基本含义相同。如社员方坦伯说船山之学，至今不能磨灭者，以义理之充足也。船山之人，至今动人景仰者，以道德之高尚也。本社对于讨论学说，须以阐发义理为主旨。对于指导社会一切之事，必以提倡道德为要素。庶与船山之宗旨相符。⑥ 廖名缙说：“幼诵先生遗书，忾慕殷拳，今日勉厕社员，谨犓举先生著书行事之最足拯救时弊者，得四事焉。……四事维何？一

① 湖南船山学社编：《船山学报》（三），湖南师范大学出版社2009年版，第1131页。
② 湖南船山学社编：《船山学报》（三），湖南师范大学出版社2009年版，第1316页。
③ 《船山全书》第16册，岳麓书社1996年版，第872—874页。
④ 《船山全书》第16册，岳麓书社1996年版，第806—807页。.
⑤ 《船山全书》第16册，岳麓书社1996年版，第872—874页。
⑥ 湖南船山学社编：《船山学报》（一），湖南师范大学出版社2009年版，第56—57页。

曰砺廉耻，一曰明责任，一曰惩慆逸，一曰祛顽旧。”① 这四事应该是“道德”的主要内容。廖氏一方面称船山先生祖孔孟而宗宋儒，另一方面又说“我辈今日讲学以旧道德为本根，以新政艺为筏楫”②。这说明“道德”含义主要指传统道德。从这里我们可以看出宣传船山精神就是要宣传“独立精神”“传统道德”。

三是通过讲学、办刊昌明学术。有云：“大略谓同人互相师友，为讲学之会，非寻常结社集会可拟。国体既更，未堪多难。深思其故，惟在人心陷溺，道德堕落。欲正人心，舍昌明学术，实无他法。讲学最是静业。”这里虽是指“讲学之会”实际上亦指办刊。因此，《船山学报》解释“师说”栏目时说：“分期刊行遗书，校补阙文，并笺记引申，冀与海内能发挥光大之。”解释“讲演”栏目时说：“同社分任哲学政学，互相师友，于来复休沐日会讲。择优登录。”解释“广师”栏目时说：“……寰海同志，或以儒先学者之论著，（以有关学术政术世所希传为标准）或译述东西哲家之学说，或自抒心得，成一家言，或对于本社质疑问难，惠而好我，所望起予，缅诗人他山之怀，揆亭林广师之旨。同人不胜欢迎，并图琼报。”《船山学报》诸多栏目充斥传统经学、史学著作和论文，新说很少。用船山学社骨干成员的话来说就是“温故知新”。有云：“故不必专贩异说以求新。在温故而知新，则日新之盛德在是矣。船山先生固空所依傍，有独来独往之精神。然所凭借者，亦在诗书六艺，于宋儒横渠知礼成性之旨，尤为独得其宗。”③ 这里强调“不必专贩异说以求新”，就表明自觉地抵制西方影响。船山学社诸君所论，“昌明学术”“讲学”包含在“救时”之论中，“廉耻”“责任”寓于“道德”之义内。新的思想如“进化论”“平等”“自由”，则是作为批评的对象。如彭政枢之言云：“民国肇造，乱事未弥，党焰迭炽，时为隐忧。倡平等之谬说，则上下无分；醉自由之欧风，则民志丧乱。”又如廖名缙说：“自俗士误读进化论及天演之学说，以人为脊椎之动物，上祖猨狙。吾人失其自尊自重之心。”④

一言以蔽之：此时期《船山学报》办刊宗旨是通过宣传船山学术思想崇

① 湖南船山学社编：《船山学报》（一），湖南师范大学出版社 2009 年版，第 59 页。
② 湖南船山学社编：《船山学报》（一），湖南师范大学出版社 2009 年版，第 61 页。
③ 湖南船山学社编：《船山学报》（一），湖南师范大学出版社 2009 年版，第 55 页。
④ 湖南船山学社编：《船山学报》（一），湖南师范大学出版社 2009 年版，第 60 页。

尚传统文化又反对西化以新天下，这代表着在中国重要的转型时期部分知识分子的忧虑与努力。

二、改组后《船山学报》的办刊宗旨

20世纪30年代初，船山学社重新改组，《船山学报》也恢复出版，由赵启霖、周逸主持。与刘人熙主持的船山学社相较，此时的船山学社有两点不同：一是船山学社的组织机构的构成人员有了很大的不同。船山学社的改组由湖南省主席何键亲自批示、国民党省党部派指导，事实上是官方主导。对于此事，石广权说："此度改组经过，由省政府主管官厅协同本社旧有历史关系重要社员商定办法，乃由省政府党部派员六人，再由社员内公推代表三人，会同筹备一切组织事宜。"[①] 改组后的船山学社，由湖南省主席何键担任名誉董事长，他多次参加船山学社活动并讲演。当时的省政府的民政厅厅长、财政厅厅长、教育厅厅长、建设厅厅长等担任名誉董事。船山学社积极配合官方开展尊孔读经、课艺等活动，官方色彩浓厚。二是《船山学报》的栏目及其内容也有了较大的改变。恢复出版的《船山学报》的栏目虽然尽量沿其旧，但也有了一些改变。据《湖南船山学社学报章程》载，其栏目有图画、特刊、师说、讲演、通论、专论、专著、文苑、札记、丛录、本社纪事。[②] 去掉了旧有"广师""说苑""附编"，增加了"专著""札记""丛录""本社纪事"以及不时出现的"特刊""课艺"，其数量比原有栏目有所增加。然而，改变更大的不是栏目数量的增减和栏目名称的改变，而是其内容上的不同。这可以从每个栏目所刊登的文章进行考察。第一个栏目"图画"，大部分是与船山有关的画像和照片。第二个栏目"特刊"，这一栏目第二卷第一至第八期有，第十一至第十三期有，或为船山传记材料，或为船山遗书目录等，均为研究船山的资料。第三个栏目"师说"，均刊船山著作。第四个栏目"讲演"，共收讲演71次，其中有关船山的只有17次，占总讲演次数的24%，而有关尊孔读经的54次，占总讲演次数76%。由此可见，此栏目是以提倡尊孔读经为

① 湖南船山学社编：《船山学报》（三），湖南师范大学出版社2009年版，第1482页。

② 湖南船山学社编：《船山学报》（三），湖南师范大学出版社2009年版，第1436页。

主。第五个栏目“通论”，其中第12、13期没有此栏目，共收文章16篇，有关读经的5篇，无一篇有关船山。第六个栏目“专论”，其中第5、6、9、10、11期无此栏目，共收文章11篇，有关读经有4篇，整个内容比较杂。第七个栏目“专著”，主要是一些专著的续登，其中《船山师友记》《船山先生年谱》分11次刊出，刊登的著作有《湘绮楼诗经评点》《中国名山汇考》《律音汇考》《雁影斋题跋》《文字学辨正》《孔子年谱》《大学古本易解》《孔子教育学》等，有关船山的著述在刊发专著中仍只居少数。第八个栏目“文苑”，下设两个子栏目“文录”“诗录”，诗文作者多为当时人，以文言文为主，诗全是旧体，无白话诗。值得注意的是所收诗歌有许多是歌咏“烈妇”“孝妇”“节妇”的。第九个栏目“札记”，主要刊登《恒心堂读书答问》。第十个栏目“丛录”，下设两个子栏目：“通讯”“公牍”。第十一个栏目“本社纪事”，第4、5、7、8、9、11、13、15期无，报告船山学社的一些日常事务。有一个栏目未列入《湖南船山学社学报章程》，但在第六期开始成了固定栏目，那就是“课艺”栏目，每期刊发文章甚多。据《湖南船山学社季课简章》云，季课文分“治事”“经义”“词章”三类，评定等级以给奖，最优者选登《船山学报》。[①] 此栏目是船山学社、《船山学报》配合官方尊孔读经活动的重要证据。由上述对栏目的分析来看，此时期《船山学报》虽然还以宣扬船山思想为号召，也在一定程度上注意学术性，刊登了一些学术著作和文章，但其重心由尊船山转向尊孔读经。

此时期的《船山学报》办刊宗旨是什么呢？《船山学报》复刊后的第一期刊登的《湖南船山学社学报章程》称：“本学报继续本社民国六年以前学报办理，仍名曰《船山学报》。”[②] 似乎表明，复刊后的《船山学报》仍然尊崇原来的办刊宗旨。果真如此吗？事实上没有这么简单。改组后的船山学社制定了《湖南船山学社章程》，其第一章第二条明确提出了船山学社的宗旨：研究船山先生学说、发扬民族精神、昌明国学、扶翊风教为宗旨。[③] 这一宗旨既在船山学社的活动中被贯彻，也在《船山学报》中有所体现，从而对我们揭示《船山学报》办刊宗旨有所帮助。

---

① 湖南船山学社编：《船山学报》（五），湖南师范大学出版社2009年版，第2858—2859页。
② 湖南船山学社编：《船山学报》（三），湖南师范大学出版社2009年版，第1436页。
③ 湖南船山学社编：《船山学报》（三），湖南师范大学出版社2009年版，第1658页。

何谓研究船山先生学说呢？无论从船山学社或从《船山学报》来说，因其冠有“船山”二字都不可能不明确提出要研究船山学说。但是，从前面对《船山学报》栏目内容的考察情况来看，此时期《船山学报》所发表的有关船山学说研究的文章数量是不多的，因而在《船山学报》所发文章数量中所占的比重不大。那么船山学社骨干成员如何看待船山学说或船山精神的呢？“船山学说”一语见于谢鸿熙讲演《论船山学说与中国关系》，其辞云：“吾愿今之海内服膺船山学说，以之为救国之要义。如倭人之奉阳明学说然。师其博学于文。师其行己有耻。师其开物成务之识。师其变通损益之宜。师其经术以兴儒学。师其政理以救人民。师其忠贞笃敬以立身。师其艰苦卓绝以治事。师其明义利人禽之界，则作乱之残贼可除。师其胞与之胸怀，则可以谋人群之乐利。”① 谢氏所云“船山学说”，多是从精神层面来说的，所谓博学于文、行己有耻，是一般儒者所称道的品格，所谓“政理救人民”“忠贞笃敬以立身”“艰苦卓绝以治事”“明义利人禽之界”“胞与之胸怀”等，无不是从道德品质来阐述的。因此，从这个角度来说，“船山学说”与“船山精神”内涵是相同的。船山学社名誉董事长何键称船山精神重要的有二点：一是日新之说足包泰西文化。② 二是无无之说足启科学精神。③ 实际上，此时期船山学社骨干成员亦即《船山学报》的主编人员，更是将船山学说或船山思想当成孔孟之道的继承者来提倡的。船山学社长赵启霖说：“船山先生传孔子之道者也。”④ 船山学社名誉董事长何键说：“衡阳绝学允与濂溪周子同承洙泗之心传，砥世教而树人伦，实为当务之急。”⑤ 既然船山是传孔子之道者，倡船山学说就是宣扬孔孟之道，故何键说：“今天祭先贤王船山先生，是同扶圣教的盛事。”⑥ 船山学社副社长陶思曾在《船山先生诞日讲演一》中也说：“崇祀先贤，同扶世教。”⑦ 因此，所谓研究船山学说原来是为尊孔张目。何

① 湖南船山学社编：《船山学报》（五），湖南师范大学出版社 2009 年版，第 2784 页。
② 湖南船山学社编：《船山学报》（三），湖南师范大学出版社 2009 年版，第 1478 页。
③ 湖南船山学社编：《船山学报》（三），湖南师范大学出版社 2009 年版，第 1480 页。
④ 湖南船山学社编：《船山学报》（三），湖南师范大学出版社 2009 年版，第 1639 页。
⑤ 湖南船山学社编：《船山学报》（三），湖南师范大学出版社 2009 年版，第 1642 页。
⑥ 湖南船山学社编：《船山学报》（三），湖南师范大学出版社 2009 年版，第 1131 页。
⑦ 湖南船山学社编：《船山学报》（三），湖南师范大学出版社 2009 年版，第 1476 页。

谓民族精神呢？罗正纬云："盖五千年文化，惟孔子足以代表也。"① "读经尊孔，实发扬民族精神之要义。余于吾湘学校读经，毅然独识其重，殆亦探得本源之道欤？"② 所谓民族精神就是孔孟之道。何谓昌明国学呢？首先我们要明白"国学"何所指。杨卓新说："吾国学术，贯澈天人，推崇德性，语其功效，则在独善兼善，己立立人。"③ 其分科为掌故、词章、义理、经济，莫不渊源六经。其中"义理"为国学之精华。④《船山学报》"课艺"栏目下分为"经义""治事""词章"。由此，可知所谓昌明国学就是提倡以孔孟学说为主的传统学术思想。何谓扶翊风教呢？"风教"应该也就是上所引的何键所说的"圣教"，陶思曾所说的"世教"。"扶翊风教"就是赵启霖所说："欲正人心风俗，以倡明孔教为要。"⑤

根据对改组后船山学社宗旨的分析，我们知道，其宗旨虽然有四个方面的内容，实际上最主要的就是一个内容那就是提倡孔子之道，提倡"尊孔读经"。反映在《船山学报》中那就是提倡尊孔读经的文章占了杂志的大量篇幅，占据了中心位置。由此可知，《船山学报》复刊后虽然声称继续本社民国六年（1917）以前学报办理，但实际上是以尊船山为号召重点在提倡尊孔读经。

① 湖南船山学社编：《船山学报》（五），湖南师范大学出版社 2009 年版，第 2917 页。
② 湖南船山学社编：《船山学报》（五），湖南师范大学出版社 2009 年版，第 2919 页。
③ 湖南船山学社编：《船山学报》（四），湖南师范大学出版社 2009 年版，第 2246 页。
④ 湖南船山学社编：《船山学报》（五），湖南师范大学出版社 2009 年版，第 2249 页。
⑤ 湖南船山学社编：《船山学报》（三），湖南师范大学出版社 2009 年版，第 1639 页。

船山学社二十世纪三十年代的尊孔读经

邓胤龙*

船山学社是民国初年刘人熙等湖南士绅于1914年在长沙成立的一个以研究和宣扬船山学说为宗旨的学术团体，20世纪20年代，船山学社曾一度停办，其间未举行任何社务活动。直到20世纪30年代初，湖南省主席何键直接操作船山学社的改组事宜，在某种程度上改变了船山学社的宗旨，从而推动了船山学社20世纪30年代尊孔读经活动在全省的开展。

一、通过举行演讲，提倡尊孔读经

为了让演讲活动持续开展，且取得演讲效果，船山学社自1933年10月起，便成立了讲友会，制定了会讲规约，明确规定每周星期日举行一次讲演，演讲时长约为两小时，演讲内容须在哲学、政学、文学三科中任选一科，演讲题目自定，演讲者的讲稿须在演讲时间的前一周寄到学社，如遇演讲者想换一个演讲主题，则需要征得多数会友的同意，才可以变更讲题。一般情况下，演讲会实行社员轮周值讲，每周的值讲员于前两星期会讲散会时，用抽签的办法提前确定好下周的演讲人员，以便演讲者做好各项准备工作，确保演讲顺利进行。如有演讲者因故无法照常开讲时，便由船山学社先行通告大家知晓，不浪费听众的宝贵时间。船山学社还规定，如果讲题比较宏大的可以分期演讲，也可邀请国内外名人莅社讲演等。总之，船山学社当时的演讲

* 邓胤龙，湖南省耒阳市人，衡阳师范学院副教授，船山学社副秘书长。

会比较活跃，安排也比较合理。

船山学社对于演讲活动进行了周密的安排、部署，乃至对会场秩序也做了明文规定，讲场秩序由社长或演讲部主任领导维持，要求初次到学社聆听演讲的人士要自行登记姓名、职业和住址，便于对听众的了解和掌握，听众在听讲时要遵守讲场秩序，不得喧哗，不得窃窃私语，遇有疑难问题等罢讲后以书面函交本会商榷。据统计，每次讲座都有大批听众赶来，多则两三百人，少则也有七八十人，从 1932 年到 1937 年的短短五年间，船山学社举办的讲演不下百次，其中，大部分主题是尊孔读经的讲演会，以达到阐扬船山先生学说、弘扬国学思想、净化社会风气的目的。从《船山学报》上搜寻到的信息可知，船山学社 20 世纪 30 年代的尊孔读经讲演开展得如火如荼（见表 1）。

表 1　船山学社 20 世纪 30 年代开展的部分讲演信息（资料来源《船山学报》）

时间	讲演者	题目
1932 年	陶思曾	船山先师诞日演讲一
1932 年	黄凤岐	礼教于世道人心之关系
1932 年	何　键	船山先师诞日演讲二
1932 年	黄凤岐	勤俭为兴家治国之本
1932 年	石广权	易学之哲理关
1932 年	陈嘉会	申张蒿庵先生辨志之义
1932 年	颜昌晓	申陆象山讲君子喻于义小人喻于利一章义
1932 年	颜昌晓	论语以约失之者鲜矣义
1932 年	黄凤岐	说养生惜物之旨
1932 年	石广权	船山先师诞日演讲三
1932 年	王礼培	历代文学系统
1932 年	石广权	本社组织讲友会会讲宣言
1932 年	颜昌晓	桐城派古文之建立及其流派
1933 年	王猷嘉	法比教育与中国教育之比较
1933 年	何　键	主忠信
1933 年	杨卓新	国学与西学
1933 年	靳云鹗	人生的真意义

续表

时间	讲演者	题目
1933 年	张元夫	中国文化复兴之商榷
1933 年	黄凤岐	子产为救时之相
1933 年	颜昌晓	论语论管仲相桓公义
1933 年	前　人	管子之政治学说
1933 年	颜昌晓	正谊明道说
1933 年	黄　巩	船山黄书原极篇演义
1934 年	何　键	大哉尧之为君章
1934 年	黄　巩	船山礼记章句
1934 年	何　键	申述孟子辟杨墨之意义
1934 年	黄　巩	曲礼为人臣之礼不显谏与檀弓事君有犯而无隐讲义
1934 年	任福黎	孔道与国家及人生的关系
1934 年	黄　巩	岣嵝禹碑译文合书经禹贡解
1934 年	何　键	君子与仁
1934 年	何　键	女为君子儒毋为小人
1934 年	何　键	先进于礼乐章
1934 年	颜昌晓	古今学制之异同
1934 年	王礼培	唐宋诗派
1934 年	颜昌晓	汉代学术
1934 年	黄　巩	五经一贯于礼讲义
1934 年	黄　巩	圣人法天地养生以卫众生讲义
1934 年	黄　巩	天人一贯讲义
1934 年	罗正纬	读经尊孔发扬民族精神讲义
1934 年	王礼培	论唐宋已下诗派
1934 年	黄　巩	伊尹放太甲周公诸管仲叔讲义
1934 年	黄　巩	船山黄书原极篇第二演义
1934 年	黄　巩	船山黄书古仪宰制篇演义
1934 年	黄　巩	船山黄书大正篇演义
1935 年	何　键	人能弘道非道弘人
1935 年	黄　巩	子路使门人为臣曾子易箦为圣贤礼以奉尊义以立身解

续表

时间	讲演者	题目
1935 年	黄　巩	读经宜知体要义
1935 年	黄　巩	申读经宜知体要义
1935 年	黄　巩	船山注重五经说
1935 年	王礼培	论宋代诗派
1935 年	黄　巩	孔子不见阳货欲往公山佛之召辨
1936 年	黄　巩	误解古书以致道术分裂论
1936 年	黄　巩	子夏曰仕而优则学学而优则仕解
1936 年	黄　巩	子见南子章辨正解
1936 年	黄　巩	樊迟请学稼章解
1936 年	王礼培	论清代诗派
1936 年	黄　巩	学而时习之章义
1936 年	黄　巩	孔壁藏书为圣道存亡关键论
1936 年	黄　巩	岁星辨正
1936 年	黄　巩	论三仁去就生死之道
1936 年	黄　巩	读船山先生群龙无首解
1936 年	黄　巩	圣人法天地以作礼乐说
1936 年	黄　巩	申剥复否泰之义
1936 年	黄　巩	伦理出于天秩义
1936 年	王礼培	论金元两代诗派
1937 年	周　逸	唯识概论
1937 年	韩景苏	尚书大义
1937 年	周　逸	论语大义
1937 年	王礼培	目录板本学原始
1937 年	颜昌晓	礼运大义
1937 年	周　逸	孟子大义
1937 年	陶思曾	春秋左传大义
1937 年	前　人	大学大义
1937 年	前　人	中庸大义
1937 年	韩景苏	尚书大义

通过上述演讲题目，我们可以看出，20 世纪 30 年代的船山学社在尊孔读经方面作出了积极的贡献。船山学社组织的这些讲演，内容涉及诸子百家以及船山先生的一些学说，范围在哲学、政学、文学三科。如讲历代文学系统、桐城派古文之建立及流别、唐宋诗派、汉代学术等都是讲的文学方面的内容；讲易学之哲理观则是涉及的哲学内容；船山学社讲演还很关注教育、治国之策等问题，如法比教育与中国教育之比较即是关于教育方面的讲题。对于船山先生的学术，从讲题中我们不难看出，船山学社讲演者注重讲解有关船山先生所著的《黄书》方面的内容。如船山黄书原极篇演义、船山黄书原极篇第二演义、船山黄书古仪宰制篇演义和船山黄书大正篇演义。《黄书》是王船山阐述其政治思想的主要著作，他在《黄书》中展现了极强烈的民族思想，如他说“仁以自爱其类，义以自制其伦。……今族类之不能自周，而何他仁义之云云”。章太炎曾说：“衡阳所著，则有《黄书》《噩梦》，其尊汉族而拒揭夷，成文具在。”黄巩在学社讲演中四次以《黄书》内容作为讲题，宣扬船山的民族主义思想。

1932 年至 1933 年共演讲 18 次，4 次演讲涉及孔孟之学，其他 14 次都是和诸子学或文学有关；1934 年共演讲 12 次，何键也于学社中进行了演讲，论题多与孔孟之道有关，何键在《申述孟子辟杨墨之意义》的演讲中说：“人道应做的事，虽不止一端，但最重要的莫如纲常伦纪，纲常伦纪之于人，如水之于鱼，林之于鸟，根之于树，源之于流，有天然不可脱离的关系。”何键是当时的湖南最高行政长官，他参与到船山学社的演讲中，其一可看出他治理国事的决心，想匡扶正气，其二也反映出船山学社在当时社会的影响已经很大了。从 1932 年到 1937 年，船山学社举办的讲演不下百次，而以 1934 年为最多，达 41 次，每次讲演都刊载在省报上，大肆宣传，以吸引听众。1934 年后历年演讲论题，有的分 2 次讲，有的分 3 次讲，最多的分 7 次讲，如罗正伟的《读经尊孔发扬民族精神讲义》讲了 2 次，黄巩的《礼义一贯于礼讲义》讲了 3 次，《船山礼记章句》讲了 7 次，总计不下百次之多。由此观之，20 世纪 30 年代船山学社尊孔读经在社会上产生了良好的社会效应。

二、举行季课，形成尊孔读经风气

季课就是考试的意思，举行季课是二十世纪二十至三十年代船山学社的又一个传统，目的是推动青年学子学习和研究国学，培养人才。

1934 年 4 月，由董事会建议举行季课，“以为学社既负有提倡学术之责，则应有课艺之举行”，推定王礼培、周逸、颜昌晓、陈嘉会、谢鸿熙、胡子清、杨树谷、杨卓新、李澄宇九人为季课委员，负责筹备并推王礼培、周逸、颜昌晓三人为常务委员，订定简章，由学社分类出题，征求课艺，并由名誉董事长何键出备奖金，“几经集议，始观厥成”，1934 年学社举行季课 2 次，应征者 300 多卷，取录 100 多卷。

1934 年 4 月 29 日，通过的《湖南船山学社季课简章》内容如下：一、本社每季课文一次，分经义、治事、词章三类命题，应课者任选一类以两艺为完卷，如选两类以上者，应分标两卷或三卷，以便分类揭榜，如任作两艺不属一类者依首艺之类列榜；二、应课文字均需措书；三、卷尾自注姓名住址并盖私章；四、课卷自备一律用文格纸装订骑缝处自盖私章；五、评定试卷分甲乙丙三等给奖揭榜登报，其最优者选登船山学报；六、给奖以核对卷尾私章为证；七、课题登载国民日报及通俗日报；八、省会限十五日交卷外，县限三十日内交卷，自出题之日算至付邮之日止，直寄长沙中山东路船山学社；九、课文分甲乙丙三等，每名五元至二十元，阅卷后列榜揭晓；十、取卷多少及分等细则俟交卷后再行开会议。以上十项内容，充分说明船山学社的季课活动规范，学社把季课活动当作一项重要的工作来做，充分发挥学社的社会作用，为国培养、选拔优秀人才，尽力在社会上弘扬国学，树立、倡导尊孔读经的风气。

刘人熙在民国初年成立的船山学社，在 20 世纪 30 年代有了很大的改变。从船山学社组织的这些讲演和季课活动来看，其内容主要涉及诸子百家以及船山先生的一些学说，这就表明了船山学社在 20 世纪 30 年代的尊孔读经，其目的主要是弘扬中华传统文化，在民国历史中起到了复兴国学的作用。

民国中期船山学社的诗歌唱和

唐红卫[*]　潘利花[**]

民国初期的船山学社与《船山学报》均在全国产生了很大的影响，并培养了毛泽东、何叔衡等青年才俊、革命元勋。由于各种原因——其中最重要的原因或许是湖南省政局的动荡，《船山学报》与船山学社先后停办。民国中期湖南政局逐渐稳定，石广权等湖南耆老名流申请船山学社改组，当时的湖南省政府领导何键等对此十分重视，船山学社与《船山学报》有条不紊地陆续恢复活动。民国中期改组后的船山学社的社员组成呈现出名流化、世家化、地域化、老龄化的四大特点，从而导致民国中期的船山学社的社团刊物《船山学报》的相应变化——变化最显著的是民国初期《船山学报》中的“文苑·诗录”栏目所占的篇幅比例不大；民国中期改组后的《船山学报》不仅“文苑·诗录”栏目所占的篇幅比例增加较多，而且船山学社社员彼此间的诗歌唱和占主要部分，这些诗歌唱和尽显民国中期船山学社社员的士人精神：既有吟咏游玩的闲情，也有孔孟之道的痴情，还有抗战爱国的深情。

一、吟咏游玩的闲情

正如李春青《闲情逸致——古代文人趣味的基本特征及其文化政治意蕴》所说：“从历史的逻辑看，‘闲情逸致’进入主流话语的前提条件是言说主体

---

* 唐红卫，湖南衡阳人，文学博士，湖南衡阳师范学院中文系副教授，船山学社理事。

** 潘利花，衡阳师范学院2020级教育硕士（语文）研究生。

在政治、经济、文化上都获得相对的独立性，三者缺一不可。政治上的相对独立性是士大夫精神独立性的前提，如果士大夫完全被君权控制，与政治不能拉开一定距离，那么他们就只能成为统治者的工具，在主流话语中就不可能有‘闲情逸致’的位置。经济上的相对独立性为士大夫的‘闲情逸致’提供物质条件，没有相当的物质基础，也就不会有‘可观’的‘闲情逸致’，只有作为一种生活方式的‘闲情逸致’达到相当丰富的程度，它才会被主流话语所关注。文化上的相对独立性则使言说者获得选择的权利，使他们能够自觉地把‘闲情逸致’作为言说与书写的对象。只有在文化上具有一定独立性，言说者才有能力为文化活动制定规则，他们才能够不断拓展文化空间，不断丰富意义世界，从而创造出丰富的精神文化产品来。”① 按照上述三个标准衡量，民国中期改组后呈现出名流化和世家化的船山学社社员基本上都具有“闲情逸致”所需要的政治、经济、文化上的相对的独立性，从而使船山学社社员的吟咏游玩的“闲情逸致”高涨，船山学社的社团刊物《船山学报》亦予以大量登载，尽显民国中期改组后的船山学社社员的士人精神。

（一）黄凤岐重游泮水的唱和

查询相关史料，黄凤岐（1851—1933），字方舟，号芳久，晚年自号蠡良子。安化县龙塘人。精经史及武术，光绪十四年（1888）中举，二十年（1894）进士及第。光绪二十一年（1895），湖北巡抚谭继洵邀为幕宾，兼教其子谭嗣同习剑术。值日军进入关东，黄投笔从戎。战事结束，入京供职。是年十月，陕西巡抚魏光焘奏调西宁办理营务。黄凤岐抵西宁后，带兵巡视边塞，来回三千里。兵部侍郎杨颐奏保人才，代进黄凤岐所拟《练兵条陈》，获嘉许。即命隶虎神营，委以枪队教练。南苑带队操演，记大功一次，免补同知府留原省补用。二十六年（1900）七月，八国联军陷京师，慈禧挟光绪帝逃西安。黄凤岐闻讯，即赴行在，初委以稽查旗营之职。魏光焘督抚云贵，以奏调黄凤岐至广南（今云南蒙自市）前敌营务处，兼办南防团练，以防法国军队侵扰。不久，署开化知府。任内，减苛捐，雪冤狱，深孚众望。光绪

① 李春青：《闲情逸致——古代文人趣味的基本特征及其文化政治意蕴》，《江海学刊（南京）》2013 年第 5 期。

三十四年（1908），应乡试座师、安徽巡抚冯煦之邀入皖。适遇兵变，菱湖军械厂被占。黄凤岐领兵一百，一鼓夺回菱湖，遂受委为统领。宣统二年（1910），云贵总督李经曦电邀黄凤岐去昆明。辛亥革命后，黄凤岐受其弟子湘督谭延闿之命，曾任辰州、宝庆知府。后以年迈力衰，辞官回里。民国中期，已是人生晚年的黄凤岐主讲船山学社。著有《侯度录》《西行杂记》《宦游诗草》《种茂园诗草录》《久芳阁年谱录》等。由上可知，黄凤岐可谓文武双全，一生颇具传奇性，也因此颇得船山学社同仁的尊重——船山学社同仁围绕黄凤岐的重游泮水和采桑洗目有过两次诗歌大唱和。黄凤岐的重游泮水诗如下：

"宴我泮重游，群公即鲁侯。酒随难老锡，诗效一朝酬。观旆仍鸾哕，承筐备鹿呦。周行还见示，更望曲江头。""斯文皆骨肉，尚武亦精神（泮水诗言允文允武）。坐漫推吾长，行当列主人（此次须仿醵法）。藻芹虽典旧，衿佩却时新。多谢诸君意，奇逢乃夙因。"（《船山学社诸友设宴贺余重游泮水即席赋谢》）①

黄凤岐的重游泮水诗回顾自己一生的功名与利禄、感谢亲朋好友的关照时，因为大量运用了《诗经》中的典故，所以世俗的应酬中显得文雅、表面的谦虚中暗含得意——"更望曲江头""奇逢乃夙因"。船山学社友朋的20多首唱和诗则尽是赞美与祝福，例如：

武勇惊淮甸，文章泣鬼神。平生怀古道，老去爱今人。不耻青袍旧，偏怜白发新。此心如有寄，何必念殊因。（周逸《和黄芳久先生泮水重游元韵》）②

武曾惊禁卫，文亦动天神。乱世辜奇士，贫居老异人。境穷心自达，名旧德恒新。醵酒为公寿，临风纪絜因。（石广权《和黄芳久先生泮水重游元韵》）③

当世梨洲叟，文章亦有神。琼林前代梦，黉序再来人。弦诵都非旧，

① 湖南船山学社编：《船山学报》（六），湖南师范大学出版社2009年版，第3927页。

② 湖南船山学社编：《船山学报》（六），湖南师范大学出版社2009年版，第3928页。

③ 湖南船山学社编：《船山学报》（六），湖南师范大学出版社2009年版，第3929页。

儒冠别样新。从军随李广，都是秀才因。（陈嘉会《和黄芳久先生泮水重游元韵》）①

允文还允武，矍铄见精神。张楚搜奇士，量才匪异人。幽情思复古，景运待开新。天下关优乐，姜齐种夙因。（胡子清《和黄芳久先生泮水重游元韵》）②

角力原无敌，文章更有神。高吟推郢匠，后和愧巴人。国术由来古，文坛此日新。西邻芳德播，结识岂无因。（黄睿《和黄芳久先生泮水重游元韵》）③

……

科举制度中童生考入州学、县学，谓之入学或入泮、游泮。自此时起至期满六十年时，须再行入学典礼，仪式如初入泮之新科童生，以作为曾考中生员（秀才）而享高寿的庆典，谓之重游泮水。因此重游泮水是一个取得了一定成就的高寿士人的闲情雅致的最好抒发——回顾自己一生的功名与利禄、感谢亲朋好友的关照、收获赞美与祝福的隆重节日。

（二）周逸咏水仙的唱和

周逸（1877—1969），字仲元，号木崖，湖南湘潭县人。幼称圣童，早负才名，颇得王闿运赏识。据谢鸿熙《木崖轩诗集序》："少寒检，无力购书。然读书破万卷，湖南则自郭氏养知书屋、陶氏印心石屋及皮鹿门、龙芝生两先生所庋藏，无不纵览之。赣又得观夏献云方伯家藏书。暇则浏览书肆，手展而心维，躬所抄撮，动盈箧荀，故能以博雅称于学。"④ 光绪三十二年（1906），在长沙加入同盟会。宣统三年（1911），参加保路运动，力保粤汉铁路筑路权。辛亥首义，建立中华民国，周逸维持乡帮，振救贫乏，厥功甚伟，人多重之。后辅佐王闿运设立孔教支部于长沙，1914 年到北京，为王闿运佐史馆事，得交海内贤士大夫。周逸离史馆秘书之职后，留北京任《北京民报》

① 湖南船山学社编：《船山学报》（六），湖南师范大学出版社 2009 年版，第 3929 页。
② 湖南船山学社编：《船山学报》（六），湖南师范大学出版社 2009 年版，第 3930 页。
③ 湖南船山学社编：《船山学报》（六），湖南师范大学出版社 2009 年版，第 3931 页。
④ 湖南船山学社编：《船山学报》（四），湖南师范大学出版社 2009 年版，第 2372 页。

副主编并馆于皮锡瑞、龙障两家。回湖南后，周逸主要是参与船山学社和《船山学报》事务，是民国中后期船山学社和《船山学报》的实际负责人。1940年起，任船山学社社长，独力支撑，学社终未被外界所占。抗战胜利后，艰难的经营学社，用自己的私蓄及妻子的嫁妆1000银元，于废墟中重建船山学社。传世著作有《木崖轩诗文集》十卷、《汉书艺文补注》一卷、《湘绮楼诗经评点》十卷、《中国地理险要诗》一卷、《历代田家诗》和《四书大义》等。周逸"甲戌嘉平月二十五日市得水仙一本，支干短瘦，色亦渐黄。余以玻璃盆、清水、细白石子养之。两旬后青葱勃勃、生气盎然、花蕊盛开、冷艳清香，殊堪欣赏。走笔得诗两绝，亦以寄意"："记曾移尔高斋住，水石盘根日向阳。养到出头花满放，一生怀抱喷清香。""知君冷艳合清才，历尽冬寒花始开。仙骨可能还造化，不随凡卉落尘埃。"① 不料周逸这次"闲情逸致"而作的《案上水仙盛开有作》，竟然引起众多社员的共鸣，收到不少唱和之作，仅《船山学报》登载的就有22人数十首。其中最引人注目的是有两人不仅诗歌唱和，还写序抒情：

> "梅茶开后即芬芳，羞与群花斗洛阳。赢得一庭春气暖，东风帘外自生香。""也知花意最怜才，惯向潭州处士开。莫作凌波仙子看，蕊宫何处有尘埃。"（卢质《题水仙花二首有序·木崖先生手植水仙花一本，置诸玻璃盆内，养以清水，培以白石，隐然有清白自矢之意，时值花蕊盛开，木崖赋诗，有一生怀抱喷清香之句，木崖生于乱世，隐于船山学社，日与当世名宿，研摩经术，其志有足嘉者，因次其韵和之》）②
>
> "水养精神石作胎，祇宜水石不尘埃。人间天上都能住，一染泥汙即原埋。""不亲炎热祇亲寒，烟火人间久不餐。祇有幽香与幽色，和同水石炼金丹。"（宾六龙《和周木崖水仙诗十首之三并序·乙亥冬偶读船山学报，见周木崖先生咏水仙诗，有一生怀抱喷清香句，想见其人，不胜钦佩，腊八日，余八十生辰，醉后吟寄，以志神交）③

由上可知，卢质的唱和与宾六龙的唱和均是因为周逸"隐然有清白自矢

① 湖南船山学社编：《船山学报》（五），湖南师范大学出版社2009年版，第3015页。
② 湖南船山学社编：《船山学报》（五），湖南师范大学出版社2009年版，第3203页。
③ 湖南船山学社编：《船山学报》（六），湖南师范大学出版社2009年版，第3939页。

之意……有一生怀抱喷清香之句，木崖生于乱世，隐于船山学社，日与当世名宿，研摩经术，其志有足嘉者，”“周木崖先生咏水仙诗有一生怀抱喷清香句，想见其人，不胜钦佩，腊八日，余八十生辰，醉后吟寄，以志神交”，唱和的主题也是赞誉水仙花及其主人周逸的君子品德。水仙花为我国十大名花之一，属多年生石蒜科水仙属根花卉。地下鳞茎作卵圆形，叶子条形，伞形花序，花白色，中心黄色，有香味，鳞茎和花可入药。它原产于中欧、地中海沿岸地区，早在一千多年前的六朝时期即传入我国，并有许多别称。如雅蒜、捺祇、天葱、女史花、姚女花、配玄、俪兰、女星等。水仙花主要有两大品种，一种是单瓣，色白，六片花瓣向四边舒开，中间一个酒杯状花冠，呈金黄色，形似六棱白玉盘托起一盏金酒杯，故名“金盏银台”。另一种是复瓣，卷皱的花瓣层层叠叠，上端素白，下方淡黄，宛如少女丽裙，故名“玉玲珑”或“百叶花”。水仙根茎乳白，茎叶碧绿，花瓣洁白，花盏鲜黄，古人称作“素颊黄心”“青裳素面”“金台银盏”。其色调素淡清雅，有一种超凡脱俗的气息。和大多数花卉的姹紫嫣红、流霞溢彩相比，水仙的素色有一种洗却铅华、超逸尘俗的仙气。水仙属于草本，姿态十分柔婉，水中白茎袅娜，叶片青翠亭立，数枝花葶上点缀着淡雅的花朵轻轻摇曳，姿态分外柔美；柔婉的姿态流露的是一种婀娜的神韵，含羞的情态，让人情不自禁喜欢它“淡而多姿，不动不摇而能作态”① 的柔婉幽静韵致。水仙香气浓郁而不妖，“怀清芬而弗眩”，它幽雅清远的香味，萦绕于素艳清绝的花株，更衬托出一种高雅的“仙人之姿、君子之德”②。水仙球茎以清水滋养，也是其独特之处，十分惹人喜爱，给人以无限的美好联想。水仙以其清新淡雅的形象、超尘绝俗的风韵、浓郁清雅的芬香赢得了传统文人骚客的青睐，赋予了高洁坚贞、不食人间烟火的象征意义，容易使诗人联想到铅华洗尽、风度绝尘的美人，赞美它的脱俗与高洁，也婉转地传达出诗人对高洁之美的追求。水仙花具有以上如此多的优点，宋元以来不断被广大文人墨客深情歌咏。船山学社同仁的集体唱和可谓文人墨客深情歌咏在民国的回应。

① 李渔：《闲情偶寄》，浙江古籍出版社 1985 年版，第 262 页。

② 徐有贞：《水仙花赋》，《武功集》卷一，文渊阁四库全书影印本第 1245 册，商务印书馆 1983 年版，第 20 页。

二、对孔孟之道的痴情

船山学社的创始人刘人熙极力维护传统儒学，认为“孔子集群圣之大成，删诗订礼，正乐，赞易，作春秋，大义微言，挹之无尽。我辈幸生其后，时习默识，以日辟其新机，此乃无尽之藏也，故不必专贩异说以求新；温故而知新，则日新之盛德在是矣”①。刘人熙创办船山学社就是要把传播孔孟之道的高峰之一的船山学说作为“兴起中国之种子”，“一面为抗怀先哲，表彰船山之绝学，一面为拯溺救焚，亟于维持人心风俗”②。而船山学社的民国中期改组的缘由，据《船山学报》登载的《改组湖南船山学社筹备会缘起》可知：“不幸国政不纲，内争迭起……省会为士林风气之源，多一营业学校，于教育文化毫无毫发之增，少一讲学机关，于世道人心有陵夷之感。”③ 新修订的《湖南船山学社章程》第二条重申：“本社以研究船山学生学说、发扬民族精神、昌明国学、扶翊风教为宗旨。”④ 社员还在相关呈文中表达了他们推崇孔孟之道的急切心情，认为倡明圣学，社誉重兴，更有利于民族的发展，国家存亡，“本在政教风俗良善，责在师儒”，当此文化盛衰、千钧一发之际，“不胜翘企待命之至”⑤。1936 年，船山学社更是明确宣示：“本社研究事业除船山学说及近代哲学政学文学外，特崇孔孟，专重躬行，以明善复初之学，提醒天下之人心，严义利、重纲常、戒空谈、敦实行为主。”⑥ 船山学社社员基本上都是出生于晚清的士人，深受儒家孔孟之道的影响，在晚清有过一定的功名利禄；经历了民国初年以来人伦败坏、纲纪紊乱后，纷纷宣扬以儒家思想为主的道德价值观念；他们深信传播落实符合儒家价值观念的思想和行为模式有助于社会的秩序维持和正常运行。因此，他们虽然大多是些没有权力的士人，但是纷纷投身于像封建社会的地方官那样通过树立人物事迹典型的方式塑造具体的行为规范和模式以供人民仿效，从而达到改善当地风俗的

① 湖南船山学社编：《船山学报》（三），湖南师范大学出版社 2009 年版，第 1649 页。
② 《船山学报》第一卷第一期，湖南师范大学出版社 2009 年版，第 56 页。
③ 湖南船山学社编：《船山学报》（一），湖南师范大学出版社 2009 年版，第 1649 页。
④ 湖南船山学社编：《船山学报》（三），湖南师范大学出版社 2009 年版，第 1658 页。
⑤ 湖南船山学社编：《船山学报》（三），湖南师范大学出版社 2009 年版，第 1649 页。
⑥ 湖南船山学社编：《船山学报》（三），湖南师范大学出版社 2009 年版，第 1649 页。

目的的活动。树立典型主要有两种方式：一是褒扬、旌表孝悌节义等特殊善行，由政府出面给予物质和精神奖励。作为国家在地方的代理人的各地官员，通过为国家察举地方民众善行以达到教民化俗的理想。二是借由为当地做过突出贡献的人物立祠、立庙的方式来改变或加强人物所代表的精神理念。这两者都为学子与百姓提供了仿效的典范，使之见贤思齐，达到改善当地风俗的结果——具体表现便是民国中期船山学社同仁在《船山学报》登载的近百篇赞咏忠臣烈士、孝子节妇的诗歌，其中最有影响的是围绕胡公井图和双鱼图的两次诗歌大唱和。

（一）胡公井图的唱和

关于胡国瑞，《清史稿》卷四九六《忠义》记载："胡国瑞，字琼笙，湖南攸县人。举人。光绪二十九年，挑知县，发云南。始摄沾益知州，清积讼逾百。三十三年，署弥勒，县多盗，易八令不能治，告戍将：'我行，君继之，出不意，可擒也。'如其策，破贼巢，擒其渠斩之。明年大潦，蠲赈并举，以循绩上闻，被旨嘉奖。旋补江川，擢大关同知，皆未之任。时请修墓归里，既受代矣，变作，遣家属作，寓子书曰：'省垣不守，布政使被戕，余无殉节者。臣子之义，万古为昭。予虽无守土责，然实官也。俟北信，当死即死。'旬日后，讹传京师破，明日有汲于署东井者，井上有双履，往视之，则屹立井中死矣，背有遗书，曰：'自经不死，又复投井。'又书曰：'京师沦陷，用以身殉。达人不取，愚者终不失为愚。'于是县吏棺敛之，邑人请封其井，题曰胡公井。"晚清湖南士人胡国瑞并不是一个顽固保守、不知变通的人，他在去云南前，叮嘱儿子胡庶华两件事：一是要争取进学，勿堕家声；二是要学习科学，顺应潮流，以求自立。胡庶华后来成为民国时期全国著名的科学家、教育家。胡国瑞在弥勒县知县任上得知辛亥革命爆发、清政府被推翻，于是从容地向自己的手下交接完公务，整理好衣冠，投井为清朝殉葬。胡国瑞死后不久，王闿运曾撰文《胡公井铭并序》，盛赞胡国瑞"皭然自洁，如屈子之怀沙、申徒之蹈河。求仁烈于夷齐，就义出于从容，可不谓之奇士兴起乎？"[①] 近二十年后，民国中期船山学社同仁再次集体赞咏胡国瑞的忠君

① 湖南船山学社编：《船山学报》（三），湖南师范大学出版社2009年版，第1589页。

殉节，登载在《船山学报》的有近十首，其中周逸、尹桐阳的诗歌还附有情感丰富的序：

汉族勃起清运终，百年养士谁酬庸。一井弥勒官廨东，乾坤浩气还胡公。公乎井乎传无穷，慷慨就义何从容！不羡麟阁图勋功，独留双履扶颓风。馨香贤宰遐尔同。（周逸《题胡公井图并序·己巳冬至日，胡公令子春藻索题胡公井有年矣，逸以湘绮师既作井铭，亮节忠魂当与河山并寿、幽光潜德永堪日月同明，故未敢率尔操觚。今龙天放偶检书箧得胡公井图，出以示余，不禁泫然有感春藻孝思之意云》）①

不朽惟三立，成仁竟丧生。孤忠盟白井，大节铄南衡。周圣时宗孔，殷贤世寿彭。屈魂招汨水，全楚动秋声。（尹桐阳《题胡公井诗·论语记子夏曰：事父母能竭其力，事君能致其身。然则国体在未改革前，人固以忠君为大节矣。吾湘攸县胡公琼笙，以孝廉基命屡膺清廷滇域令守。闻朝变而以身殉，自沈于弥勒县署东井。邑人士因以胡公井目之。见危授命、杀身成仁。盖犹是行孔孟之道云尔。推其忠之一念，使胡公忍死须臾，讫今健在，必仗剑而起，移其忠君之心以忠国，用息夷焰扫赤氛矣。大师王湘绮为之序铭以旌之，桐阳读而泣下，哀其忠而悲其志。爰成五律一章跋厥后。并书以贻公伯林春藻校长。）②

自春秋战国开始，历朝历代为了满足专制主义中央集权的统治需要，把忠君作为专制君主对臣民的一种绝对要求，通过奖惩的办法，来激励朝臣为国尽忠、报效国家，用道德观念的“忠”来调节政治社会关系。在正统的儒家思想熏陶下成长起来的船山学社社员们，虽然不再把对朝廷和国君的绝对忠诚作为崇高的道德规范来遵守，但是面对为朝廷和国君殉节而死的官员依然崇敬有加——在胡国瑞的忠君殉节近二十年后，再次集体赞咏胡国瑞“亮节忠魂当与河山并寿、幽光潜德永堪日月同明”“以忠君为大节”，希望“移其忠君之心以忠国”。

① 湖南船山学社编：《船山学报》（三），湖南师范大学出版社2009年版，第1605页。
② 湖南船山学社编：《船山学报》（五），湖南师范大学出版社2009年版，第3006页。

（二）双鱼图的唱和

关于黄润昌，《中兴将帅别传》卷二五《黄忠壮公润昌》记载："黄公润昌，字邵坤……年十六，入县学食廪饩，曾国荃曾识润昌稠人中，九年春召赴皖营。……江宁克复，擢记名按察使、加布政使衔，赏勋勇巴图鲁名号及奖武牌。……已而黔苗事棘，七年十一月奉檄入黔………战死……年三十有九，得旨照巡抚例赐恤，赏骑都尉兼一云骑尉世职。本籍及死事地方建立专祠，事迹宣付史馆。予谥忠壮。"① 黄润昌传世作品有《题双鱼图》："画鱼要画一双鱼，画出双鱼好寄书。我有故人在天末，凭君问讯近何如。桃花时节鳜鱼肥，手把金刀不忍挥。更有锦鳞三十六，点睛便欲化龙飞。"② 据黄润昌之子黄修杞云："先王父忠壮公以诸生从戎，克复金陵有功，旋征黔苗殉难。公嗜书史，虽戎马仓皇，吟咏不辍，遗有双鱼图题诗手迹，藏之箧中七十载矣。偶一展玩、深有范乔抱砚之感。……黄修杞谨识。"③ 七十年后的船山学社社员的唱和大多是"征虏风流，犹堪想见。率尔走笔，即以补空，用志钦佩之意!"④ 例如：

据鞍四顾豁吟眸，名将诗人合一流。莫向蛮夷悲马革，自留佳句足千秋。（何衢《题黄忠壮公润昌咏双鱼图》）⑤

点睛飞去便成龙，克奏平黔第一功。卅六锦鳞重展玩，桃花流水可怜红。（周维翰《题黄忠壮公润昌咏双鱼图》）⑥

七十年来遗墨新，谁知名将本诗人。英雄百战都成幻，赢得高吟寄道真。（王铭焘《题黄忠壮公润昌咏双鱼图》）⑦

江山百战争功烈，咫尺丹青寄意深。七十年来题句在，更教词客一沈吟。（黄珪《题黄忠壮公润昌咏双鱼图》）⑧

---

① 朱孔彰：《中兴将帅别传》，文海出版社1974年版，第48页。

② 湖南船山学社编：《船山学报》（五），湖南师范大学出版社2009年版，第3212页。

③ 湖南船山学社编：《船山学报》（五），湖南师范大学出版社2009年版，第3212页。

④ 湖南船山学社编：《船山学报》（五），湖南师范大学出版社2009年版，第3212页。

⑤ 湖南船山学社编：《船山学报》（五），湖南师范大学出版社2009年版，第3213页。

⑥ 湖南船山学社编：《船山学报》（六），湖南师范大学出版社2009年版，第3686页。

⑦ 湖南船山学社编：《船山学报》（六），湖南师范大学出版社2009年版，第3686页。

⑧ 湖南船山学社编：《船山学报》（六），湖南师范大学出版社2009年版，第3686页。

摩挲故楮感鱼龙，万古高怀寄此中。乱世犹能征绝调，诗人何必不英雄。（周逸《题黄忠壮公润昌咏双鱼图》）①

一门忠孝继皋鱼，三代芸香读父书。留得丹青遗咏在，雨抛金甲问何如。（盛时《题黄忠壮公润昌咏双鱼图》）②

万里沙场马革回，生绡一幅胜琼瑰。惊看鳞甲齐飞动，原自龙潭笔底来。（赵启霖《题黄忠壮公润昌咏双鱼图》）③

儒将风流亮以清，得瞻遗墨胜琼瑛。双鱼弈世儿孙宝，万马当年子弟兵。卓有奇勋收白下，终凭英爽扫黄平。羡公身任纲常重，余事还能以艺名。（谭泽洋《题黄忠壮公润昌咏双鱼图》）④

汉洗辞珍重，风流杀敌余。黄图奠江左，碧血溅黔墟。祖砚传家在，朝衣故箧储。中兴此贵跡，毫素托双鱼。（黄兆枚《题黄忠壮公双鱼图诗墨》）⑤

作为清代湘军的著名将领，黄润昌因为镇压太平天国农民起义而升官，因为镇压黔东南苗民起义军而丧命；七十年后的民国中期，船山学社同仁大力赞扬黄润昌的为清政府拼命效劳、镇压底层劳动人民的功勋，只能说明船山学社同仁受孔孟思想的“忠君爱国”的影响太深，沉迷于晚清遗民的情绪中难以自拔。

三、抗战爱国的深情

（一）国破家亡的哀鸣

1937 年七七事变后，中国艰苦卓绝的全面抗日战争开始，虽然组织了多次大规模的抗战，然而节节败退；首都南京也在 1937 年 12 月 13 日沦陷，日军在南京及附近地区进行长达四十多天的惨绝人寰的大规模屠杀。南京大屠

① 湖南船山学社编：《船山学报》（六），湖南师范大学出版社 2009 年版，第 3684 页。
② 湖南船山学社编：《船山学报》（六），湖南师范大学出版社 2009 年版，第 3684 页。
③ 湖南船山学社编：《船山学报》（五），湖南师范大学出版社 2009 年版，第 3007 页。
④ 湖南船山学社编：《船山学报》（六），湖南师范大学出版社 2009 年版，第 3684 页。
⑤ 湖南船山学社编：《船山学报》（六），湖南师范大学出版社 2009 年版，第 3914 页。

杀的消息传到湖南，时任船山学社社长的周逸在除夕这个辞旧迎新的节日气氛最浓重的日子里悲愤不已，奋笔疾书《哀江南·用前韵》："漫取江南故史温，六朝金粉尚留痕。谁怜建业成荒景，独恨楼兰负旧恩。玄武波翻春色幻，雨花云黯夕阳昏。何时日月消兵气，重见诗人咏白门。"船山学社同仁同仇敌忾，纷纷次韵周逸之作——"各友人转相唱和、叠用原韵。或哀时，或写怀。一时珠玉满案，甚至多者十余首。现集约百首。"[①]《船山学报》原本计划分期全部登载，后因战乱而停刊，只登载了下列七首作品：

休将移柳说桓温，到此攀条满泪痕。汉弃珠厓原失策，秦资徐福岂无恩。茫茫浩劫天胡醉，莽莽神州日又昏。何日雨花重报捷，凯歌齐入凯旋门。（周维翰《哀江南用前韵·哀江南名作，前有兰成后有洲绮。一赋一诗，古今绝唱。盖以金陵名胜，号称上都，两公一丁侯景之乱，一罹洪杨之劫，因以哀感顽艳之思，写阳九百六之厄，洛阳纸贵，固所当然。客岁日军肆虐，陷我首都，烧杀奸淫，惨过前史，玉穸、适园曾诗以纪之，予虽未亲历斯地，惟六代江山久萦梦想，不辞貂续，亦风人禾黍之悲也》）[②]

故宫寻访几寒温，遗石犹留血溅痕。北固失防疏大计，东邻修怨忘前恩。马嘶人去皇尘蔽，鬼哭天阴白昼昏。寂寂雨花春色黯，可堪回首望都门。（何衢《哀江南·用前韵》）[③]

秣陵风月梦重温，鸿雪当年印爪痕。烽火千家闻野哭，穷途一饭感深恩。雨花台畔笳声急，玄武湖边日色昏。大好河山伤破碎，胥潮夜夜打阊门。（周恂《哀江南·用前韵》）[④]

鼎沸秦淮过度温，六朝啼鸟梦无痕。金陵自古瞻王气，铁血于今报国恩。莽莽飞沙连紫塞，累累新塚傍黄昏。英魂烈魄心难死，夜作胥涛打白门。（胡燮坤《哀江南·用前韵》）[⑤]

怕把南朝旧梦温，秦淮呜咽胜啼痕。青溪寂寞悲江宅，古寺颓荒等

① 湖南船山学社编：《船山学报》（七），湖南师范大学出版社 2009 年版，第 4974 页。
② 湖南船山学社编：《船山学报》（七），湖南师范大学出版社 2009 年版，第 4970 页。
③ 湖南船山学社编：《船山学报》（七），湖南师范大学出版社 2009 年版，第 4970 页。
④ 湖南船山学社编：《船山学报》（七），湖南师范大学出版社 2009 年版，第 4972 页。
⑤ 湖南船山学社编：《船山学报》（七），湖南师范大学出版社 2009 年版，第 4972 页。

圣恩。玄武芙蕖花耻媚，钟山枭鸟夜喧昏。埋金难厌金陵气，定见欃枪陨戟门。（陈嘉会《和木崖居士哀江南原韵》）①

卌年旧事怕重温，破碎河山胜泪痕。柔远竟成今日祸，敷文偏负昔时恩。弥天毒雾神州黯，卷地狂飙海宇昏。剥复本来关至理，乾坤翕辟正多门。（胡子清《感时用木崖宏斋韫山哀江南原韵》）②

面对抗战半年国都沦陷、数十万同胞被日本帝国主义实施惨绝人寰的大规模屠杀，上述唱和诗歌大力谴责了日本帝国主义的狠毒，抒发了对日本帝国主义的愤恨，对被屠杀同胞的哀怜，对国家民族命运的担忧——即使面对中国政府军在战场步步惨败，国都南京沦陷导致惨绝人寰的大屠杀，船山学社同仁虽然悲愤不已却毫不气馁、绝望。

（二）抗战必胜的信心

虽然日寇在七七事变后长驱直入，中国军队节节败退——甚至与战争开始的京沪相隔千里的中国中部地区湖南省会长沙仅在战争爆发后半年就开始遭受日机轰炸；但是船山学社社员没有对国家民族的前途绝望，纷纷以笔代剑，表达抗战必定胜利、中华民族的前途必定光明的信念。例如周逸《避难潭州除夕有作·丁丑》："围炉觉句酒初温，底事萦回尽爪痕。老作难民悲国耻，新居陋室感天恩。送穷文字年年在，入夜乾坤处处昏。独抱冬心守残腊，待看春色满柴门。"③ 船山学社同仁纷纷唱和如下：

惯看治乱等寒温，引出龙蛇落笔痕。吾道不孤纫友谊，斯文未丧重师恩。瑟琴唱和君何恨，星斗回旋境岂昏。待到圜桥观听日，定知桃李艳公门。（许铭彝《木崖先生以避难潭州除夕有作见示次韵奉和》）④

万壑回春芋火温，华胥国破梦无痕。嶙峋大块三生石，蓬累王孙一饭恩。竹马旧交皆故鬼，蒲圃活计近黄昏。长年悔逐求申蠖，愧对寒梅

① 湖南船山学社编：《船山学报》（七），湖南师范大学出版社 2009 年版，第 4973 页。
② 湖南船山学社编：《船山学报》（七），湖南师范大学出版社 2009 年版，第 4974 页。
③ 湖南船山学社编：《船山学报》（七），湖南师范大学出版社 2009 年版，第 4966 页。
④ 湖南船山学社编：《船山学报》（七），湖南师范大学出版社 2009 年版，第 4967 页。

独掩门。(释万休《敬和木崖居士丁丑除夕诗》)①

我心冷极雪犹温,懒向残冬数梦痕。危地可居如盛世,故人相念即殊恩。尘多傥令沧溟涸,云重真教白日昏。毕竟后人能胜昔,更无痴眼挂吴门。(李澄宇《敬和木崖居士丁丑除夕诗》)②

祭罢诗仙酒尚温,长沙鸿雪印新痕。催人岁月今非昔,平等冤亲怨亦恩。爆竹通宵动城郭,梅花一树共朝昏。诸孙娇稚殊堪忆,销尽炉香独掩门。(周维翰《用木崖居士丁丑除夕原韵》)③

连月奔驰席未温,狼烟到处有啼痕。逃生反得乡居乐,投宿难忘地主恩。扰攘一年看又尽,苍茫八表欢同昏。百千浩劫谁能避,佛法真如不二门。(吴镠《即事用前韵·船山社友周木崖君避难潭城,以丁丑除夕所作七律一章见示。时余亦于上年冬避炸回县过阴历年,与有同感,阅之,弥增怅触,步和二律,一写愁怀》)④

从民国二十六年(1937)十一月开始,日本帝国主义的飞机开始轰炸长沙。据历史资料和长沙老人的回忆,长沙遭日寇飞机的炸弹、燃烧弹和机枪扫射有百余次,死伤人数以万计,损失财产无法估计。面对敌机在湖南长沙的疯狂轰炸,日寇侵略战争的死亡威胁迫在眉睫,大多年老的船山学社同仁要像年轻的难民一样去逃难,但是在唱和的诗歌中毫无绝望,坚信中国人民的抗日战争终究会胜利。

人类学认为:“人类本身作为一种高级灵长类动物,其不仅具有自然属性,而且更重要的是具有社会属性,并由此形成不同的人群组织和多样的文化表征。”⑤ 士人是旧社会中的知识阶层,是传统文化的传承者。孔子说:“诗可以群。”在礼乐文化影响下,后世诗歌交往成为礼俗,是文人士子习惯的交往行为方式。士人群体的赋诗交往活动彰显了这一社会阶层的存在,使士人阶层在社会中占据重要的位置,成为一支不可忽视的社会力量。人是社会中的人,每一个个体都不能离开特定的群体孤立地存在。文士们通过赋诗

① 湖南船山学社编:《船山学报》(七),湖南师范大学出版社 2009 年版,第 4967 页。
② 湖南船山学社编:《船山学报》(七),湖南师范大学出版社 2009 年版,第 4967 页。
③ 湖南船山学社编:《船山学报》(七),湖南师范大学出版社 2009 年版,第 4969 页。
④ 湖南船山学社编:《船山学报》(七),湖南师范大学出版社 2009 年版,第 4971 页。
⑤ 童恩正:《人类与文化》,重庆出版社 2004 年版,第 5 页。

交往，加入群体关系之中，跻身于文士阶层，这是对自我的定位。同时唱和诗歌具有应酬、审美娱乐功能，文士赋诗唱和往往是一种情感场域的活动。明人杨士奇《新正宴集诗序》云："朋友之交久，其于会遇，乐也；会而相契于心，相忘于物我，又乐也；如又有文焉，乐之至也。"① 以文会友，歌诗酬酢，这是古代士人诗性的生存方式，它以审美来实现自我，协调社会关系，促进群体的和谐及社会的融合。它在后世发展为一种世俗的、日常的生活方式，似乎成为一种隐性文化，不被注视，自然而然，却影响着人们的生活态度、行为习惯乃至群体氛围、社会风气等。赋诗交往可以陶冶性情，求得情感的满足。在中国这个伦理社会，人际关系、人伦情感对每一个个体来说都是非常重要的，人伦情感是人根本的情感需求。在亲情、爱情、友情三者中，亲情是天然的关系，爱情受礼教的束缚，而友情则需要积极主动地去建构。因此，民国中期改组后的船山学社的社团刊物《船山学报》登载自己社员如此多的交往诗歌根源或即在此。

① 杨士奇：《东里集·续集》卷十五，文渊阁《四库全书》，商务印书馆1983年版，第1238册，第562页。

抗战中的船山学社

匡文琪*

船山学社是湖南近现代史上持续时间最长、影响最大的学术团体。船山学社乃浏阳刘人熙于1914年6月14日创立，刘人熙一生服膺船山学说。根据船山学社方坦伯所言："刘先生组织斯社之意，一面为抗怀先哲，表彰船山之绝学，一面为拯溺救焚，亟于维持人心风俗。"刘人熙创建船山学社不仅因他以保存国粹、弘扬国学为己任，另一方面也缘于其强烈的政治担当意识。他认为王船山学说是"救时之良方"，要把传播船山学说作为"兴起中国之种子"，希望通过传播船山思想来维持世道人心、培植民国之元气。这使船山学社从一开始就主动承担了救国救民的社会责任。这一特点在外忧内患的抗战时期比任何时期都更加突出。

船山文化是湖湘文化的瑰宝，既吸收了湖湘文化中的理学观点与文化精神，又为湖湘文化注入了新的文化内涵。彭大成总结湖湘文化的主要特点表现在"哲理思维和诗人才情的有机统一；经世致用的哲学思想与力行践履的道德修养；气化日新、自强不息的奋斗精神；忧国忧民的知识分子群体参政意识；运筹决胜、平治天下的军政谋略"①。这些特点在船山精神中得到了很好的体现。研究抗战中的船山学社，可以直观感受到运用船山精神应对社会危机的具体表现。

---

* 匡文琪，湖南耒阳人，衡阳师范学院2020级教育硕士（语文）研究生。

① 彭大成：《湖湘文化与毛泽东》，湖南出版社1991年版，第188—198页。

一、总体情况

（一）辗转迁徙

1937 年全面抗日战争发生后，日本飞机经常轰炸长沙城。船山学社近小吴门铁路线，有被轰炸的危险。社员周逸等人将所有书籍，随同学社迁移，先迁于长沙城郊老城隆庙，是年冬，又迁于湘潭城内老君殿侧的学社社员郭梓宇家。1938 年 3 月，迁至湘潭县乡间板石巷憩园。7 月，迁至湘潭县石潭岳冲石灰塘。12 月，迁至十八亩冲周伯宗公祠，在此连驻五年。1943 年冬，船山学社迁至湘潭县石潭市慈善堂莫道生药局内。1944 年 5 月，日寇犯湘潭，周逸乃将学社书籍分藏于萧春林、夏耀榆等家，学社则辗转迁至湘潭清水塘周遇春家，寄居一年多。抗日战争胜利结束后，周逸等人又将书籍由清水塘迁回石潭市肖宝和店内。

当时，周逸往返于湘潭、长沙间，力求早日择定船山学社社址和恢复社务活动。当时学社社友大部分不在长沙，星散四方，不能集会议决，而船山学社原来的房屋在抗战中被日机几次轰炸，变为废墟。

（二）公私损失

在抗战中，船山学社损失巨大，位于长沙旧址的房屋全部被炸毁，除了前期转移到外地的书籍以外，其余留存长沙的器具荡然无存，只剩下七幅木刊对联和一把旧太师椅保存无损。而随社长周逸转移至湘潭乡间石潭的大部分物件，也在湘潭沦陷时全部损失。总之，社中的物资，百分之九十在长沙、百分之十在湘潭沦陷时损失。其中，周逸在前后九年的私人财产耗费极大。

（三）选举社长

1940 年黄昌年社长逝世，理应再选社长继任。因时局变化，社员星散，周逸便向陶思曾、胡子靖、陈会、王礼培、颜昌晓、王季果、李洞庭、黄赞元等社友致函，各社友公推周逸为新一任社长。在这个艰苦动乱的时候，周逸势不容辞担此重任。当时在湘潭，他随地讲学，随时训练学生（各小学教员及高中以上学生，中学教员）协助政府抗战，并著有民族史诗一卷，以振兴民族。周逸在1946年对未来应办事业提出了七点展望：恢复社宇；开讲演会及继印学报；筹募经费；搜集船山先师未印遗书；拟办船山学院并拟先办补习学校；筹建船山专祠；筹建船山图书馆。

（四）经费状况

1940年秋，湖南省督学刘卧南先生到各地视学，到达船山学社视察（当时住十八亩冲周伯景公祠）时，赞叹周逸有毅力，便从次年1月起，增加补助费每月100元，每年共1200元整。1943年，每月又增加100元，每年共2400元，但是因当时生活成本极高，每年2400元实际上等于没有，对学社发展无济于事。

1946年秋，周逸领得湖南省教育厅复员建设费68万元。除举办船山冥诞祭祀用去8万元外，就将剩下的60万元修建房屋三间，作为船山学社临时办公之处，由社长周逸办理社内外一切事务。在辗转迁徙的过程之中开销巨大，如果想要恢复学社原状，必须依赖政府的大力支持。

除政府补助外，部分社员还进行了捐献。1946年夏历五月二十二日，船山学社收到湖南大学胡春藻校长送来中央救济湘灾捐款57100元整。社章曾经记载，凡是入社成员应缴纳社金1元，每年各社员缴纳常年金1元，但是自从1932年改组以来，到抗战结束一直未曾收取年金。即使缴纳年金，也十分微薄。总之，学社的经济状况捉襟见肘。

船山学社在如此时局不稳、经济困难、社员星散的情况之下顽强地生存着，在抗战中，船山学社虽多次迁徙，但社员们赓续湖湘文化之中“以天下为己任”的文化基因，传承船山精神，并开展了一些社务活动。

二、社务活动

（一）读经活动

船山学社是湖南影响最大、参加人数最多的学术团体，既得到了官方的批准，又为全省各界人士所认可。它以弘扬中国传统文化和湖湘文化，宣传船山学说，发扬船山精神为职志。它创办的《船山学报》是中国近代最早的学术刊物之一，对湖南学术思想界产生了很大的影响。时任湖南省政府主席的何键是具有强烈的卫道意识和保守思想的传统乡绅，他看中了船山学社的这些优点，为了利用儒家思想来巩固民心，便在20世纪30年代初对其进行改组，成为船山学社名誉董事长，使它在保存国粹的外衣下作为推行读经的工具[①]。在20世纪30年代的湖南读经运动中，船山学社发挥了骨干作用[②]。

20世纪30年代初，船山学社在长沙组建的船山学社附属中学招收国学研究班，以图培养读经人才，但前来就读者寥寥无几，到1932年毕业学生总数只有33人，在校学生总数只有40人，到1934年便停办了[③]。在这种情况下，船山学社又另行组建经学讲习会。

经学讲习会创办于1937年6月读经在湖南推行十分艰难之时，是会之设显然已带有殉道的成分在内，开设课程有群经大义、经学教授法、国学各种实习法等。

1937年7月1日，船山学社经学讲习会在各报刊登招生启事，并在各主要道路、街道张贴招生广告，声称船山学社“夙重精神教育，学生躬行实践，历年星期讲演听者云从，此次兴办学会，招考学员，久为外间士子所渴望，想有志研究者，必踊跃争先，大有恐落门墙之外”。七月，“湖南船山学社暑期经学讲习会”开学，历时六周四十二天。由周逸主讲《论语大义》《大学大义》《中庸大义》《孟子大义》《庄子概论》《诗学》；刘廉生讲授《群经大义》《孝经大义》《诸子》《国学》《古文》《词学》；韩君剑讲授《尚书大义》；苏维岳讲授《诗经大义》；申铁琴讲授《易经大义》；颜昌晓讲授《礼经大义》；陶思曾讲授《春秋大义》《骈文》；葛邃铭讲授《公羊大义》；王礼培讲授《目录版本学》；周篁郇讲授《史学》《地理》。学员共有十七人，毕业同学有刘浚、刘翠能、王羽仪、魏节山、易宏正、曹镇湘、潘士敬、史荫嘉、刘华炯、王天爵、谢益国、梅竹青、张树辉等十四人，旁听生有陶希鼐、陶惠、陶希玮等三人，并在结业时颁发了毕业证书。

为了配合何键提倡的读经，学社采取了以下几项措施：一是在全省范围

① 罗玉明：《二十世纪三十年代湖南尊孔读经之研究》，复旦大学2003年博士学位论文。

② 王兴国：《船山学社百岁生日颂》，《船山学刊》2014年第4期。

③ 罗玉明：《二十世纪三十年代湖南尊孔读经之研究》，复旦大学2003年博士学位论文。

内发表季课获奖征文，分经义、治事、词章三类命题，各界人士皆可参加课试，优秀者给予奖励，奖金由何键提供。何氏还对获奖论文进行总评。二是举行有关经学的演讲。三是恢复出版《船山学报》。学报刊载了船山学社的演讲，特别是大量刊载或转载何键关于读经的演讲，并且将季课获奖征文发表。

船山学社在何键倡导之下举行的读经活动的政治目的是用儒家思想来规范人心，纳民于轨物，重新整合湖南各种社会势力，建立起统治湖南的合法性基础。但是从20世纪30年代文化大讨论这一学术背景来观察，可以发现，其中包含有解决向西方学习与保持民族文化优良传统关系的企图，客观上也推动了对“如何在现代化的过程中继续保持和发扬民族精神”这一问题的自觉探讨。

（二）抗日救国活动

船山学社一经创建就具有强烈的政治担当意识，船山学社的创始人刘人熙在1915年8月出版的《船山学报》创刊号上所发表的《船山学报叙意》中明确地指出：“《船山学报》何为而作也？忧中华民国而作也。”从而明确地宣示了船山学社和《船山学报》的爱国主义宗旨。文中在分析国内政治形势时动情地指出：“愤政府之昏暗，悲列强之侵陵，人人有亡国灭种之惧。”面对这种严重的形势，所以刘氏要创立船山学社并发行《船山学报》，以宣传船山之学。因为“船山之学通天人，一事理，而独来独往之精神，足以廉顽而立懦，是圣门之狂狷，洙泗之津梁也。独立之国不可无独立之教育，独立之教育不可无独立之学术，独立之学术不可无独立之精神。不佞湘产也，在湘言湘，愿与湘人士昌明正学，以新吾湘；又民国之一分子也，愿广船山于天下以新天下。”这就清楚地阐明了船山学社和《船山学报》的鲜明政治立场。

在抗战中，船山学社开展了一些抗日救国活动，这也是船山精神中的经世致用思想在抗战时期的新体现。周逸社长“对于前方将士，节食输将”，将暑期教授所得夫马费用，制棉背心多件，寄往前方，又为学社另捐大麻布沙袋五十个，作前方爱国战士固垒之用。1940年，周逸在湘潭举办抗日讲演会，以及抗日戏剧演出等。据《船山学报》记载，1938年以后，船山学社社务活动减少，不过周逸仍在湘潭乡间，不时派遣门人（均系高小及中学教员）至石潭各处宣传船山学说，加强各派抗日力量的团结。当时湖南省政府每年发给一千余元至二千余元，作为学社活动经费，但因物价上涨，国币日益贬值，即使发给二千余元，也办不了什么大事。学社有志之士，生活在国民党统治区，虽然想匡济时艰，却一筹莫展，只能望洋兴叹①。

（三）祭祀活动

早年在郭嵩焘主讲城南书院时，即在张栻祠旁建立船山祠。船山学社改组后继承了祭祀船山的活动，学社制定的章程中也明确将筹办船山祀典事项作为学社的一项社务活动。祭祀船山的活动选在夏历九月朔日即船山先生诞日举行，这一日也是船山学社召开社员大会之期。参与祭祀的分为主祭人和陪祭人，整个祭祀活动庄严肃穆②。

1937 年 10 月 4 日（农历九月初一），船山学社举行船山先师诞祭典礼。主祭者为船山学社名誉董事长何键，与祭者朱教育厅长经农（黄果励代）、李省会警察局长先教（黎竹琴代），社员王礼培、周逸、赵曰生、席启驹、彭济昌等五十余人。上午十点举行祭祀典礼，祭祀结束后一同会餐。

1939 年农历九月初一，代理社长周逸在湘潭县石潭乡参照往年惯例，举行船山先师诞祭典礼，参加者有在潭社员及石潭乡绅若干人。1940 年农历九月初一，社长周逸组织在湘潭的社员集会，依照常年惯例，在湘潭石潭乡举行船山先师诞祭典礼。1942 年农历九月初一，周逸和在湘潭的社员集会，举行船山先师诞祭典礼。

船山学社同人常被祭祀活动进程中庄严肃穆的氛围所感染，有感而发，作诗以行发对船山先师的高尚节操及伟大学说的崇尚之情。这些诗作刊登在《船山学报》中的文苑栏。在诞祭典礼上进行的演说刊登在《船山学报》中的演说栏。

（四）学术讲演

举行讲演会是贯穿船山学社始终的一项学术活动，目的是阐扬船山先生

① 刘志盛：《湖南船山学社略考》，《船山学报》1984 年第 1 期。

② 杨微：《二十世纪三十年代船山学社研究》，湖南师范大学 2013 年硕士学位论文。

学说，“研经解史，赏奇析疑，君子以朋友讲习，循古谊也”。船山学社章程强调，“同人互相师友，为讲学之会”，设哲学、政学二科，每科设主讲一人，每七日休沐会讲一次。船山学社定期讲演是对晚清思贤讲舍传统的发扬光大，也是刘人熙等人对民国初年社会危机的特定反应。

船山学社于1914年6月14日便开始会讲，学社改组后，也延续了这一传统，即举行了一系列的演讲，并于1933年10月成立了船山学社讲友会，制定了会讲规约，规定每周于星期日举行一次讲演，如有特别事故缺讲时由学社先行通告，演讲人员必须是学社社员，演讲内容须在哲学、政学、文学三科中任选一科，演讲题目自定。船山学社每次讲演的题目及内容都会刊载在《船山学报》上，其中1937年的讲演内容如下①：

表1　1937年船山学社讲演者及讲演题目

讲演者	讲演题目
周　逸	唯识概论
周　逸	论语大义
颜昌晓	礼运大义
陶思曾	春秋左传大义
前　人	中庸大义
韩景苏	尚书大义
王礼培	目录板本学原始
周　逸	孟子大义
前　人	大学大义
韩景苏	尚书大义

在读经活动风行学社的背景下，学术讲演的内容也倾向于儒家经义解读，船山学色彩渐渐淡去。以读经为主的学术讲演单调而缺乏生气，参与者人数越来越少，演讲题目也逐年减少。

（五）举行季课

季课就是考试。1934年4月，由董事会建议举行季课，“以为学社既负有

① 杨微：《二十世纪三十年代船山学社研究》，湖南师范大学2013年硕士学位论文。

提倡学术之责，则应有课艺之举行”。船山学社组成季课委员会，推举王礼培、周逸、颜昌尧、陈嘉会、谢熙鸣、胡子清、杨树谷、杨卓新九人为季课委员会委员，并于1934年4月29日通过了《湖南船山学社季课简章》，决定每季课文一次，分经义、治事、词章三类命题，应课者可任选一类以两艺为完卷，凡全省各界人士皆可参加课试，优秀者给予奖励，一般正取二十名附取三十名，第一名12元、2名8元、3名6元、4名5元、5名4元、6—20名3元，附三十名各1元，奖资金由何键提供①。其中1937年季课文题如表2：

表2　1937年季课文题表

春课	1. 樊迟请学稼圃而孔子但言上好礼好义好信则四方之民至试申其义； 2. 通经所以致用试终贯格致诚正修齐治平大义以明致用之效； 3. 张而不治文武弗能驰因而不张文武弗能为，一张一弛文武之道试申其说； 4. 周宣王料民于太原仲山甫谏之其料民之用意后世有援用者利害若何当时太原究在何地试并说明之； 5. 拟船山先生回家始春杂兴三首； 6. 久雨叹
秋课	未举行

按照《湖南船山学社季课简章》的内容，每季季课文题都登载在国民日报、通俗日报和船山学报上，广为宣传，以吸引人们参加，评卷后，将优秀的获奖文章刊登在船山学报上。

（六）《船山学报》

1931年12月《船山学报》复刊后，虽然声称只注重学术，“绝对不含任何政治意味，不作任何方面之工具，除遵守船山师遗教外，不立何项派别，力排一切门户偏私之见，凡关六艺微言，三湘文献，应有发扬光大者，引为任务。”②但实际上，复刊后的《船山学报》除继续刊载一些研究船山先生的文章外，主要以推动读经活动的开展为主要内容。一是刊载船山学社的演讲论题。船山学社举行的演讲内容几乎全部发表在《船山学报》上，而这些演

① 罗玉明：《二十世纪三十年代湖南尊孔读经之研究》，复旦大学2003年博士学位论文。
② 罗玉明：《二十世纪三十年代湖南尊孔读经之研究》，复旦大学2003年博士学位论文。

讲又是以阐发孔子经义为主，从而使《船山学报》无形中成为鼓吹和推动读经开展的一个重要舆论阵地。二是大量转载何键鼓吹读经的文章，同时也发表学社会员的一些鼓吹读经的文章。三是发表季课获奖征文。这在船山学报上占了很大篇幅。每次季课评卷结束后，所有获奖者的名单，获奖文章都刊载在《船山学报》上，每篇征文后都附有评卷人的评语，何键对每次季课的总评语也同时刊载，这对推动读经的开展起了极大的刺激作用。四是开辟“恒心堂读书问答”专栏，介绍四书五经的基本知识，解答读者在读经过程中遇到和提出的一些问题。五是在通信栏目中，大量刊载各方面对船山学社和《船山学报》阐扬国学、推动读经的溢美之词。可见《船山学报》实际上已经偏离了原来的传统，成为鼓吹和推动湖南读经开展的一个重要舆论阵地。

1937 年以来，从各期学报出版的时间来看，续刊后的《船山学报》为不定期刊物。这几期学报的主编都是周逸，发行者都是湖南船山学社，印刷者包括松华铅印工厂、藻华纸业印刷局；代售处包括船山学社、长沙府正街魏博文书局以及开明书局。实际上，在 1938 年，续刊《船山学报》第 16、17、18 期已经编辑定稿，但因抗日战火延及湖南，加上学社经费困难，没有付印。

这一时期，闻名遐迩的《船山学报》也面临生存困难的问题。《船山学报》刊后头两年办得十分红火，不仅稿件多、内容丰富、发行量也大，全国各地索要学报的个人和单位极多，因而每年差不多可出版三四期。但 1935 年下半年以后《船山学报》的出版发行出现了困难。从出版期数来看，1933 年到 1934 年共出版了六期，1935 年出版 4 期是出版期数最多的一年，以后逐渐减少。从学报刊登的内容来看，除了刊载了船山学社的演讲、发表季课获奖征文，通论和专论两个栏目很少有稿件可登，只得转载何键等人已经发表过的言论，老调重弹，缺乏新意，这又直接影响到《船山学报》的发行量，学报卖不出去，只能打广告推销，靠着省政府的拨款免费赠送，但维持不了多久。到 1938 年出版至第 15 期后，盛极一时的《船山学报》不得不暂行停刊了。

三、船山文化在抗战中的传承

船山学社的社员在吸收和传播船山精神的过程中，身体力行地践行船山思想，在抗战的动荡年代，更加彰显出社员将船山精神内化于心、外化于形、实化于行。

中国思想史意义上的经世致用的实学思想，又称经世之学或经济之学，主张积极入世经邦治国、安民济世、建功立业，是对社会经济、政治、军事、文化等具体社会实践活动产生实际指导意义并产生显著效果的功利之学或有用之学。王夫之就是经世致用思想的代表人物。王夫之的唯物主义实学思想使其言行都具有浓厚的事功色彩和倡导经世致用的实学倾向。船山学社的社员继承了他这一思想“言必征实、义必切理”的特点，充满了实事求是精神。在抗战期间不论是读经讲学还是参政议政都被打上了经世致用的烙印。

王夫之具有鲜明的民族主义爱国思想，反抗清军失败后他定居湘西，发誓头不顶清朝天，脚不踏清朝地，出门就打伞，脚上踏木屐。这种讲究民族大义的气节也为社员所景仰，出于对现实的自觉干预和对文化的深刻反思，多数社员都富有积极入世的忧患意识，在抗战过程中，广大社员一面奋力保护船山学社图书、财产，一面积极参与到抗战之中，甚至有社员献出了宝贵的生命。

青年时代的王夫之，生于晚明社会动荡、危机四伏的年代。感念时艰，关心时局，交友结社，慨然有匡时救国之志。崇祯十一年（1638），20 岁的王夫之游学长沙岳麓书院，参加了邝鹏升等组织的“行社”，注重躬行实践。次年，又在衡州与好友郭凤跹、管嗣裘、文之勇等结“匡社”，以“匡扶社稷”为志①。他自小就有强烈的政治担当意识，直接影响了其追随者——船山学社社员，以忧国忧民的政治情怀关心时局变化，针砭时弊，批判抨击昏庸政府，在抗日战争时期参与文化抗战，广泛集结抗战力量。

四、主要人物

（一）周逸与船山学社

周逸是船山学社中的老社员，在刘人熙主持船山学社时期就已是学社中

① 樊鹤平：《王夫之政治哲学思想研究》，湖南师范大学 2016 年博士学位论文。

的重要社员。他在船山学社的改组中起到了不可磨灭的作用，几乎所有活动都有他的影子。如参加了数次社课委员会、董事会，保护学社图书，还参加了给湖南省政府及省党务指委会呈文，并为发起人之一，与其他八名发起人一同协商改组事宜。周逸还参与了社章的起草，学社经费问题和社址问题的解决都少不了他的功劳。船山学社在20世纪30年代一直是由周逸担任编辑主任兼秘书，1934年船山学社开展季课活动后又担任了季课委员及阅课卷委员。周逸担任《船山学报》编辑，很多人对其评价很高，如邓醒盦来信说，闻整理社务，不辟劳怨，讲学课文，规模大备，与三湘之文学，辟斯道之榛芜，国粹之光，士林之幸也。

周逸是主张“崇圣学，培元气，读经以救世”的，他在回复周公达先生的书信中说，居今日如不从根本上下手，恐难救正人心，转移风气，何则，古今来转移风气，维持残局者，赖皆崇圣学，培元气，行仁义，以此励己，正以感人，以此树风，正以移俗，未有上好仁而下不好义者也。

1939年，周逸为代理社长。1940年起，被公推为船山学社社长，独力支撑，学社终未被外界所占。抗战期间，周逸多次奔走于湘潭、长沙间，谋求早日恢复船山学社社务活动。抗战胜利后，他艰难地经营学社，用自己的私蓄及其夫人谭志学教授的嫁妆1000银元作为活动经费，于废墟中重建船山学社。抗战胜利至1949年8月长沙和平解放前夕，周逸及社友们筹集经费，刊印《船山学报》，搜集船山未刊稿，设立船山学院、船山中学，筹建船山专祠和船山图书馆。

其著作尚有《木崖轩诗文集》十卷本、《汉书艺文补注》一卷、《湘绮楼诗经评点》十卷、《中国地理险要诗》一卷、《历代田家诗》和《四书大义》等①。

（二）何键与船山学社

何键，字云泉，后改云樵，湖南醴陵人。1885年生于醴陵西乡一个农民家庭。1903年，醴陵已兴办新学，先考进朱子祠小学就读，次年考入渌江中学读书。1906年从醴陵来长沙，考入岳麓崇古学堂，名儒王先谦主其事，名

① 杨微：《二十世纪三十年代船山学社研究》，湖南师范大学2013年硕士学位论文。

重海内，学规极严。何键在此读书三年，学业猛进。辛亥革命前夕，长沙得风气之先，何键觉得纯儒学难以致用，于是考入湖南公立法政学堂。民国建立后，放弃学业而担任湖南民政厅警务科办事员。不久，湖南将校养成所成立，遂考入学习，养成所后来因为在职旧军官反对而停办，何键即东下南京，考进入伍生队学习，毕业后分配到湖北陆军第三中学读书。1916 年毕业，分配到湖南暂编第一师赵恒惕部，赵恒惕以其学有根底，准备委以文职，何键坚决不就，央请赵师团长宋鹤庚为之说明原由，赵才同意安排他去宋团赵越营任见习。

后来何键通过支持叶开鑫等人发动兵变赶走鲁涤平，当上湖南省政府主席，尽管他的湖南省政府主席一职由南京政府任命，具有法律上的合法性，但在人们的眼里，他仍然是一个“僭主”，其权力的来源一开始就处于不合法的状态，因而他对湖南的统治地位并不稳固。在这种背景下，何键必须采取一定措施巩固自己的统治地位。

何键没有胆量也没有实力与蒋介石公开叫板，也无法迅速消灭共产党及其人民武装。同时，思想混乱、价值失范是何键统治湖南时面临的一个极为棘手的问题。在这种情况下，他选择借鉴元人、清人利用儒家经典纳民于轨物的经验，将人们的思想引到传统儒家思想体系中来，为其在湖南的统治进行合理的解释，构建新的合法性基础。因此，他从所谓救人心、一思想、挽救陷溺之人心入手，极力倡导读经，以图构建起新的思想体系和价值体系，作为重新整合社会舆论和社会力量的工具。

船山学社是湖南学术思想界影响最大的学术团体，辐射人员范围广，它创办的《船山学报》对湖南学术思想界影响很大。何键正需要这样一个平台来鼓吹儒家思想，宣扬孔子之道，便利用船山学社作为自己读经讲经的工具。

在何键的支持下，船山学社改组。改组后的船山学社名誉董事长为何键，石广权等人因不支持任寿国等人“船山学社应以昌明孔教为宗旨”的观点，认为船山学社应以国学研究为主，而被排挤出了董事会，董事会成员换成了清一色主张阐扬孔道的人士。此时的船山学社虽仍然打着倡明国学、发扬船山精神的旗号，也发表过研究诸子和船山学说的文章和讲演，但实际上这已退居次席，阐扬孔道成了船山学社的中心。

何键对尊孔读经的推崇，除了其巩固政治统治上的需求，还源于他对传统文化强烈的认同感，他自身传统文化根砥十分扎实。他读过私塾，又在王先谦办的存古学堂读过三年书，比较系统地学习过儒家典籍，之后他虽然投笔从戎，但他对儒家经典的阅读从未中止过，即使当上了湖南省政府主席之后，也是如此。从湖南省档案馆馆藏的 1931 年到 1932 年的日记来看，何键每天都有读书的习惯，不管是在省还是出省，不管是闲时还是忙时，何键几乎每天都要抽出多则 3 个小时，少则 1 小时的时间来读书，所读书籍不外经史子集。何键认为"四书五经"本身有很高的价值，它是一种"常道"。正是出于对四书五经的认同和巩固统治的需要，何键才给予了传统文化特别是儒家经典极高的评价，使他选择用"船山学社"作为读经讲经的场所[1]。

总之，抗战中的船山学社命途多舛、惨淡经营，但以其顽强的生命力和坚韧的精神内核延续至今，筚路蓝缕，玉汝于成，船山学社的长寿基因和社员们强烈的文化担当意识是密不可分的。

① 罗玉明：《二十世纪三十年代湖南尊孔读经之研究》，复旦大学 2003 年博士学位论文。

长沙船山诞祭与船山学社

黄守愚*

一、前记

在近现代，长沙之城南书院、思贤讲舍、岳麓书院、衡清会馆（试馆）、船山学社，皆有船山祠①。而船山诞祭，发胎于陶澍、邓显鹤、欧阳兆熊等人，肇端于郭嵩焘，历经刘人熙，止于周逸等人，于1950年最后一次举办祀典，凡80年。2018年，鄙人、伍继延等人追认王船山为湘商文化始祖，兴灭继绝，扶危持倾，发起恢复长沙船山诞祭，复兴传统②。此间，中断68年。

追述长沙船山诞祭，虽有公私载录，然受诸多条件制约，憾乎史料阙如，文献不足征。鄙人目前仅能考述城南书院船山祠、禁烟公社、思贤讲舍船山祠、船山学社船山祠祭祀之事略，其余付诸阙疑。另外，定王台九月初一有秋祭，不知其详，亦暂未有考证。鄙人稽考文献以撰写本文，粗略描述长沙船山诞祭的史事与特色，简略阐述其意义。惟待来日访求更多史料，以为补苴调脯。

---

* 黄守愚，本名黄勇，湖湘儒学高等研究中心负责人，船山学社副社长。

① 《船山王先生祠碑记·编者识》云："先师祠宇之在省垣者，自本社所承思贤讲舍专祠外，前岳麓、城南两书院暨衡清会馆，皆特建祠。"见湖南船山学社编：《船山学报》（三），湖南师范大学出版社2009年版，第1449页。

② 高金平主编，黄守愚执行主编：《成均：公祭王船山先生史料汇编（第一辑）》，香港文艺出版社2021年版，第33—34页。

二、长沙船山诞祭史事述略

（一）发胎鸿蒙

康熙、雍正之际，湖南逐步独立建省，南北分闱，一省之地域文化自觉兴起，“湖南人”之意识在建构。康熙、雍正两次修《湖广通志》，北详而南略，湘人遂生修湖南专志之需求。乾隆二十一年（1756），设局开修湖南第一部省志，次年刻板刊行。此次修《湖南通志》，首开独立解释湖南山川地理、历史文化之先河，然也有不足之处。嘉庆二十一年（1816），湖南布政使翁元圻开局重修《湖南通志》。时任国史馆编修的陶澍接受咨询，指正举遗，参与审订省志之体例，对具体史料之来源、应增人物之事迹提出建议，又敦促志局广搜史料，表先贤之贞白，发潜德之幽光。他复信翁元圻，指出乾隆版《湖南通志》之舛漏，并将王船山、赵灵伯等人之传记寄来，“其赵灵伯、陈沧洲、杨孟班、陈可斋、彭石磊、王而农诸公传，谨以呈览”（《复翁凤西方伯书》）[①]。宁乡黄本骐、黄本骥兄弟参与修撰《湖南通志》。黄本骐，号花耘，省志之体例，多出其手，“翁方伯前函言志书体例，一切多系阁下之笔”（《复黄花耘孝廉书》）[②]。陶澍回信黄本骐说：“此时馆中正在纂辑《儒林》、《文苑》列传，湖湘自王夫之先生而外，得人者寥寥。弟虽极言之，而亦未能多收，正因无凭据之故。是省志不可不早成送馆，以备采择也。”（《复黄花耘孝廉书》）[③] 可知陶澍尤为忧心于湖南入史者太少，并推崇王船山。其所言纂辑《儒林传》，是指嘉庆间开编的《国史儒林传稿》四卷，王船山被列入卷一。据史料，此《王夫之传》采用了余廷灿《王船山先生传》[④]。

在当时，名载史册、入选诗文汇编的“湖南人”寥寥无几，有伤“湖南人”之尊严，此类伤感普遍存在于当时的“湖南人”当中。陶澍自认“湖南人”，富有省域意识，自觉有兴起湖南、光大湘学之使命，其在《东祝堂遗诗

① 陶澍：《复翁凤西方伯书》，《陶澍集》，岳麓书社 1998 年版，第 133 页。
② 陶澍：《复黄花耘孝廉书》，《陶澍集》，岳麓书社 1998 年版，第 133 页。
③ 陶澍：《复黄花耘孝廉书》，《陶澍集》，岳麓书社 1998 年版，第 134 页。
④ 《国史儒林传稿 · 王夫之传》，见《船山全书》第 16 册，岳麓书社 1996 年版，第 97 页。

跋》中说："胜国末年，楚南当兵燹之冲，一时文章之士，率以节义自持，埋没不彰者多矣。如冯棂公、陶仲调、郭些庵、王而农、周仲声、郭幼隗，皆名贤大手笔也。"王船山、郭些庵诸人，"皆节义文章也"，陶澍还哀叹说："二百年来，吉光片羽，所存无几，甚至有不能举其姓名者，可慨也夫。"①邓显鹤《楚宝·王夫之传》案云："船山先生于胜国为遗老，于本朝为大儒，其志行之超洁，学问之正大，体用之明备，著述之精卓宏富，当于顾亭林、黄藜洲、李二曲诸老先相颉颃，而世尟知者。其所著诸书采入《钦定四库全书》。案《全书提要》凡当代硕儒纂者多断断辩论，独于先生书推崇无异词。乡曲里师，乃不能举其姓名，盖其书之若存若没、湮塞不行久矣。"② 邓显鹤《船山著述目录》云："近时仪征相国裒辑《国朝经解》，刻于广南，所收甚广，独不及先生，其他更何已。"③ 道光二十三年（1843），左宗植参与顾祠公祭顾炎武，见在京同志如此推崇顾炎武，而王船山无人问津，尊严受伤害，有义愤之感。其《京师九日同人慈仁寺祭顾先生祠呈同集诸君子》其一云："吾乡王先生，忠孝乃天宠。间关寇贼中，埋名落猺峒。计脱父与兄，艰危见智勇。隆武颓残曦，薇蕨采荒茸。楼居三十年，著书七十种。学派得横渠，故训翼郑孔。微言大义炳，百世蓍蔡奉。余论斥天主，眦裂始作俑。圣朝采遗书，凿楹出圭珙。余者三百卷，捃束委尘坳。雕版未能半，望蜀财得陇。先生与船山，著述间伯仲。所嗟生并世，姓字不相诵。九京如可作，道谊金石重。讵待歌沧浪，魂梦劳倾动。"④ 又如郭嵩焘光绪五年（1879）七月廿六日日记云："接杨性农信，并寄《古文正的》一部。又接成子中及达珊二信。寄复周昌辅一信。《古文正的》五卷，起顾炎武，终姚谌。吾楚如王船山、陈沧州、陶云汀、贺耦耕、周半帆、孙芝房皆不与，而末附生存者二人，则孙琴西及性农各得一卷。"⑤ 此事，应当让郭嵩焘义愤。

如何兴起湖南、光大湘学？其先是搜讨文献，刊刻先贤之诗文，其次是为先贤建祠，要求从祀文庙，进入祀典。此既为当时文化背景下之共识，亦

① 陶澍：《东祝堂遗诗跋》，《陶澍集》，岳麓书社1998年版，第169页。

② 邓显鹤：《楚宝·王夫之传》案，见《船山全书》第16册，岳麓书社1996年版，第105页。

③ 邓显鹤：《船山著述目录》，见《船山全书》第16册，岳麓书社1996年版，第411页。

④ 左宗植：《京师九日同人慈仁寺祭顾先生祠呈同集诸君子》，见《船山全书》第16册，岳麓书社1996年版，第575页。

⑤ 郭嵩焘：《郭嵩焘日记·四》，《郭嵩焘全集》第十一册，岳麓书社2012年版，第160页。

是历史事实。嘉庆二十年（1815），陶澍与邓显鹤、唐仲冕在扬州相见，陶、唐均勉励邓显鹤编纂《湖南诗征》。《沅湘耆旧集》卷第一百三七《陶文毅澍传》云："乙亥客淮扬，公视漕南来，时唐陶山丈亦请急室寓淮，朝夕过从，交以《湖南诗征》相勉。"[①] 道光六年（1826），邓显鹤再见唐仲冕于扬州，唐仲冕又以自己蒐罗《湖南诗征》未果而托命邓显鹤。《沅湘耆旧集·叙》云："忆三十年前，与唐丈同寓淮南，即举《湖南诗征》相勉。近文毅总督两江，为余校刊资江耆旧集，甫竟而公卒，卒前半月，手书寄余，犹谆谆属以此事。"[②]《沅湘耆旧集》卷第一百十八《唐布政仲冕传》云："余始遇先生于淮上，时方校刊《全唐文》，往返谈燕无虚日。后十年，余客皖城，先生归湘，泊舟大观亭下，匆匆一晤，旋解缆去。逾年复会于淮扬，时先生为孝廉堂主讲，长公镜海太常鉴、季子竹泉刺史钱皆侍，朝夕过从，撰杖侍屦，穷日夕不厌，而先生年已笃老矣。生平欲辑《湖南诗征》，未成，临行谆谆属余，且曰将待此以瞑目。"[③] 道光十八年（1838），邓显鹤先编成《资江耆旧集》，由陶澍出资刊刻。道光二十二年（1842），开雕《沅湘耆旧集》，次年竣工。至此，"湖南诗征"大功告成。

在此过程中，邓显鹤开始推崇王船山为湖湘领袖，并筹划刊刻《船山遗书》。道光九年（1829），邓显鹤刊刻《增订楚宝》，补入《王夫之传》。其云："船山先生于胜国为遗老，于本朝为大儒，其志行之超洁，学问之正大，体用之明备，著述之精卓宏富，当与顾亭林、黄藜洲、李二曲诸老先生相颉颃，而世尟知者"，"安得士夫家有珍藏全部善本，重为审校开雕，嘉惠后学，使湖湘之士共知宗仰，岂非羽翼吾道，表扬前哲一大功乎？"[④] 邓显鹤又引用余廷灿《王船山先生传》之赞云："而其立文苑儒林之极，阐微言绝学之传，则又有待于后之推阐先生者矣。"[⑤] 据此可知，邓显鹤此时已有刊刻《船山遗书》之构想，并愿意为"后之推阐先生者"，担当世代伦理之责任，推崇王船山为湖湘精神领袖。

---

① 《沅湘耆旧集》卷第一百三七，道光二十三年（1843），新化邓氏南邨草堂刻本。

② 《沅湘耆旧集·叙》，道光二十三年（1843），新化邓氏南邨草堂刻本。

③ 邓显鹤：《沅湘耆旧集》卷第一百十八，道光二十三年（1843），新化邓氏南邨草堂刻本。

④ 邓显鹤：《楚宝·王夫之传》，见《船山全书》第16册，岳麓书社1996年版，第105页。

⑤ 邓显鹤：《楚宝·王夫之传》，见《船山全书》第16册，岳麓书社1996年版，第106页。

道光十八年（1838）二月，邓显鹤寓江西，致信宗稷臣，言及王船山之遗书事。温州博物馆藏邓显鹤致宗稷臣手札（残稿）云：“（上缺）先生藏书。然愿力太大，成否有数存焉，未可强也。窃以为王先生著书之精审，当在亭林、藜州二老之间。卷帙繁重，多至七十余种，四库所收不及十之一二。而世尠知者，其姓氏仅一见《谢山先生文集》，可叹也。近李申耆又刻有胡石庄先生《绎志》一书，乃四库所未收者，亦为楚人也，曾见之否?”[①] 可知，邓显鹤此时已有刊刻《船山遗书》之谋划。之后，在是年春，邓显鹤拜谒陶澍。

道光十九年（1839）初春，邓显鹤携邹汉勋访问左宗植碧湘宫宅，与左宗棠纵论史事。左宗棠《与邓小芸书》云：“湘丈之殁，湖山黯然。邵州人奉栗主于东山讲舍，以是为先生神之所栖，允矣。忆己亥之春，先生与宗棠同住碧湘宫家仲氏宅。一日，忽语及《明史·文苑》去取多不足信，此时史局诸老多吴越人，而湖外老宿遂鲜获甄录，尤深为不平。先生笑云：‘吾辈亦大可虑，不能无望于后死者耳。’言犹如昨，不谓事已至也。”[②] 左宗棠《邹氏遗书序》：“回忆四十年前，碧湘宫畔更阑烛炧，雨声断续，尊酒对谈时，仿佛如昨也。”[③]

可能在见左宗棠之前后，邓显鹤寓居长沙城南书院，欧阳兆熊、王世全来访，商定刊刻《船山遗书》。邓显鹤《船山遗书目录序》：“尝慨然发愤思购求先生全书，精审锓木，嘉惠来学，以是强聒于人，无应者。道光己亥寓长沙，时方辑《沅湘耆旧集》，征求先生遗诗。一日，先生族裔有居湘潭名世全者，介其友欧阳君兆熊访余于城南旅寓，以先生诗集来，且具道先生六世孙承铨具藏各种遗书于家，世全将谋寿诸梨枣。余大喜过望。次年春，遂开雕于长沙，以校雠之役属吾邑人邹汉勋。”[④] 欧阳兆熊《榾柮谈屑》：“邑人王半溪，为先生族孙，藏其遗书，不敢出以问世。道光十九年，予与邓湘皋年丈怂恿捐资付梓，以邹叔绩任校刊之役，刻其书百五十卷。”[⑤]

---

① 谢作拳：《邓显鹤致宗稷辰书札》，《收藏家》2006 年第 12 期。

② 左宗棠：《与邓小芸书》，《左宗棠全集·书信（一）》，岳麓书社 2014 年版，第 66 页。

③ 左宗棠：《邹氏遗书序》，《左宗棠全集·家书·诗文》，岳麓书社 2014 年版，第 240 页。

④ 邓显鹤：《船山遗书目录序》，见《船山全书》第 16 册，岳麓书社 1996 年版，第 409—410 页。

⑤ 欧阳兆熊：《榾柮谈屑》，见《船山全书》第 16 册，岳麓书社 1996 年版，第 576 页。

道光十九年（1839）冬月二日，邓显鹤致宗稷臣云："王而农先生遗书七十余种，今所见者十不一二，其能掊刻与否，尚未可知。然此老志节风义，求其位置，当在亭林、黎州二老之间，而世尠知者。无论其他，即近时盛传粤中所刻《皇清经解》，托始二老而不及先生，则以世之知其书者少也。诚不揣固陋，欲发愤刊刻其全书，上之史馆。顷星陔太守寄示史馆所撰《儒林传稿》，有先生专论，知公论在人，当不尽泯，然安得使海内家有其书之为快也！《资江耆旧集》已开雕，现有《沅湘耆旧》、《海内师友》二集之辑，有所见，伏乞邮示，以祛固陋。"① 可证邓显鹤已在实施刊刻《船山遗书》。

据邓显鹤、欧阳兆熊的表述，邓显鹤、欧阳兆熊、王世全决定刊刻《船山遗书》，在道光十九年（1839）。据题名陶澍的表述，在道光十八年（1838）。陶澍题船山祠联云："天下士，非一乡之士；人伦师，亦百世之师。"② 此见于邓显鹤《沅湘耆旧集·船山先生王夫之传》，此传写作之时，提及《船山遗书》正开雕长沙，邹汉勋负责校订③。陶澍题船山祠匾："岳衡仰止。"跋云："衡山王船山先生，国朝大儒也，经学而外，著述等身，不惟行宜介特，足立顽懦。新化邓学博来金陵节署，言其后嗣谋梓遗书，喜贤者之后，克绍家声，固体额以寄。道光十八年四月望总督两江使者前翰林院编修安化后学陶澍敬题。"④ 见1947年马宗霍《船山遗书校记》，载录于《船山全书》第16册。道光十六年（1836），陶澍回安化，在宁乡与邓显鹤讨论《资江耆旧集》编纂。道光十八年（1838）春，邓显鹤携《资江耆旧集》到南京拜访陶澍，由陶澍出资，出版《资江耆旧集》。邓显鹤将刊刻《船山遗书》、谋建船山祠之事告知陶澍，并请其题联、匾，完全有可能。

题名陶澍的船山祠"岳衡仰止"匾跋语落款为"道光十八年四月望"，即在1838年。也就是说，邓显鹤、欧阳兆熊之表述在1839年，陶澍之表述在1838年。假设二者之表述都无误的话，有可能是邓显鹤、欧阳兆熊、王世

---

① 谢作拳：《邓显鹤致宗稷辰书札》，《收藏家》2006年第12期。

② 邓显鹤：《沅湘耆旧集·船山先生王夫之传》，见《船山全书》第16册，岳麓书社1996年版，第107页。

③ 邓显鹤：《沅湘耆旧集·船山先生王夫之传》，见《船山全书》第16册，岳麓书社1996年版，第108页。

④ 马宗霍：《船山遗书校记·湘西草堂记》按，见《船山全书》第16册，岳麓书社1996年版，第526页。

全之间在道光十八年（1838）二月邓显鹤致宗稷臣之前早有约定。邓显鹤由此告诉了陶澍，并请其题联、匾，而在次年春才与欧阳兆熊、王世全正式见面。

邓显鹤在道光十九年（1839）春夏之际是否因出版《船山遗书》之事再次拜访陶澍，有待考证。陶澍在道光十九年（1839）六月初二病逝于两江节署。也不排除邓显鹤、欧阳兆熊记叙的时间有误，也不排除题匾为后人之伪托。但是，我们应当尽可能相信陶澍题匾之事为真。

前已述说，在刊刻《船山遗书》的过程中，邓显鹤在编纂《沅湘耆旧集》。其在邓显鹤《沅湘耆旧集·船山先生王夫之传》说："安得一大有力者尽搜先生所著书，锓版行世，岂非表扬先哲、嘉惠来学一伟绩哉！"[①] 又在提及《沅湘耆旧集》采录船山之诗、王世全搜集船山著作、邹汉勋校对、《船山遗书》开雕长沙之后说："久晦不显之书，一旦炳焉呈露，岂非衡岳湘江之灵有以默牖而阴相之哉？非偶然也已。"[②] 可知邓显鹤已预料到了王船山必将大放光彩。

即使邓显鹤谋建船山祠在北京顾亭林祠之前，也会在其后受到启发。道光二十二年（1842），湖南何绍基、山西张穆商定创建顾亭林祠。次年十月，竣工。道光二十四年（1844），四次公祭顾炎武。据目前可考的史料，湖南籍人士参加顾祠会祭者和捐款者有二十余人，譬如何绍基、汤鹏、魏源、左宗植、杨彝珍、贺长龄、劳崇光、李星沅、罗绕典等。其中曾国藩、郭嵩焘参与会祭，但未题名。光绪二年（1876）四月初四，郭嵩焘游慈仁寺，拜谒顾祠。提及顾祠有何绍基之题联："矜式后来，国史儒林第一传；流连遗迹，慈仁禅院古双松。"[③] 自顾亭林祠兴建以后，各界"传说"顾炎武在《国史儒林传》中排名第一。邓显鹤、郭嵩焘在当时应当知道北京慈仁寺顾亭林祠会祭之事。

此外，"传说"王船山在《国史儒林传》排名第二，因此"湖南人"的

① 邓显鹤：《沅湘耆旧集·船山先生王夫之传》，见《船山全书》第16册，岳麓书社1996年版，第107页。

② 邓显鹤：《沅湘耆旧集·船山先生王夫之传》，见《船山全书》第16册，岳麓书社1996年版，第108页。

③ 郭嵩焘：《郭嵩焘日记·三》，《郭嵩焘全集》第十册，岳麓书社2012年版，第25—26页。

策略首先是将王船山与顾炎武、黄宗羲并列，其次是认为王船山超胜顾炎武，学在第一。

邓显鹤、郭嵩焘、郭昆焘有交游。道光二十六年（1846）春，郭嵩焘在新化就馆期间，拜谒邓显鹤。郭嵩焘《曹太孺人六十寿序》云：“道光丙午春，嵩焘客新化，谒湘皋年伯南村草堂，留连信宿。是时老人年七十上下，议论声震瓦屋。吾同年友小耘小渠小皋伯仲及子柔世讲辈环侍左右，雍雍肃肃，和气充盎。……自嵩焘造邓氏之庭，见其外而父子兄弟诗书授受，一门孝友，内而娣姒先后，纯懿笃穆，蔼然同处，吾退，尝夸示侪辈，以为求之海内，实所罕觏，南村数日之游，所获弗鲜，既别，恒殷眷恋，盖未尝一日去诸怀也。”① 邓瑶《假山说》：“湘阴郭筠仙孝廉嵩焘，以道光丙午春，偶至余家，余从叔父后，偕仲源、仲权两弟，及从子光松、光椿、光黼辈导之游。”②

是年冬，郭嵩焘之弟郭昆焘拜谒邓显鹤，《云卧山庄诗集》卷二有《游南村呈邓湘皋年丈显鹤即寿其七十》。因此，郭嵩焘从邓显鹤处了解刊刻《船山遗书》、谋建船山祠的情况，极有可能。

据郭嵩焘的表述，邓显鹤有意创办船山祠，未能成功。郭嵩焘《船山祠碑记》云：“邓先生始谋建祠衡阳之故居，不果行。”③ 邓显鹤推崇王船山为湖湘精神领袖，刊刻《船山遗书》，谋建船山祠，而陶澍应其请，为船山祠题联、匾，在情理上是可以成立的。据郭嵩焘在咸丰八年（1858）七月廿六日日记提及“乙舟因述往岁为袁漱六撰船山祠联”④，而湘潭袁漱六之名在邓显鹤所刻《船山遗书》“编校姓氏”之中，可知在此之前，确有船山祠之谋建。

查王船山姪曾孙王嘉璋、六世孙王承佺、八世孙王德兰复述，自王敔之后，湘西草堂、园塘、田产卖与他人，赎、售不断，产权反复变更。大概在乾隆年间，王其旋赎回房屋。嘉庆癸酉（1813）、乙亥（1815）间改作祠堂，额其颜曰“船山祠”。之后，又遭不轨之辈侵占。在道光甲申（1824），王承

① 郭嵩焘：《曹太孺人六十寿序》，转引张青松《邓显鹤年谱》，《湖南人物年谱》（一），湖南人民出版社2013年版，第712页。

② 邓瑶：《假山说》，转引张青松《邓显鹤年谱》，《湖南人物年谱》（一），湖南人民出版社2013年版，第712—713页。

③ 郭嵩焘：《船山祠碑记》，《养知书屋文集》卷二十五，光绪壬辰（1892）刊本。

④ 郭嵩焘：《郭嵩焘日记·一》，《郭嵩焘全集》第八册，岳麓书社2012年版，第120页。

佺出面重建祠堂。[①] 咸丰辛酉（1861），经官府决断，收回草堂之田产，子孙永不得典卖[②]。可知湘西草堂本为家庙，一直处于纠纷之中，而邓显鹤试图在此谋建“船山祠”，遭遇失败，是有可能的。

邓显鹤的好友欧阳兆熊在谋划崇祀王船山。据曾国藩致欧阳兆熊的书信，咸丰元年（1851），欧阳兆熊曾请曾国藩上奏朝廷，要求王船山入祀文庙，遭拒绝，认为不可急于求成，免遭轻视，等人奏请《国史儒林传》名列第一的顾炎武先入祀文庙，则王船山可以随之。据此信可知当时的“传说”，顾炎武在《国史儒林传》名列第一，王船山名列第二。[③]

鉴于当时“传说”顾炎武排名第一，名望广大，而王船山并不知名，“湖南人”及外省推崇王船山者均以王船山、顾炎武相互比较，谓二者可以比肩。显然，“湖南人”内心上不会同意王船山排在顾炎武之后，而是要排第一。陶澍题船山祠联：“天下士，非一乡之士；人伦师，亦百世之师。”[④] 欧阳兆熊《榾柮谈屑》云：“船山先生为宋以后儒者之冠，同时如顾亭林、黄梨洲均不能及。”[⑤] 郭嵩焘撰船山祠联云：“笺疏训诂，六经于《易》尤尊，阐羲文周孔之遗，汉宋诸儒齐退听；节义词章，终身以道为准，继濂洛关闽而起，元明两代一先生。”[⑥] 郭嵩焘以王船山、朱子并列元朝、明朝独此一人，地位远在顾炎武之上[⑦]。又云：“予谓船山苦节，当时无及者。”[⑧] 王闿运题联云：“世臣乔木千年屋，南国儒林第一人。”[⑨] 谭嗣同更是说：“五百年来学者，真通天人之故者，船山一人而已。”[⑩] 谭嗣同《上欧阳中鹄书》云：“更以论国初三大儒，惟船山先生纯是兴民权之微旨；次则黄梨洲《明夷待访录》，亦具

---

① 王承佺：《〈湘西草堂记〉附识》，见《船山全书》第16册，岳麓书社1996年版，第524页。

② 王德兰：《湘西草堂图记》，见《船山全书》第16册，岳麓书社1996年版，第524页。

③ 曾国藩：《致欧阳兆熊七通》其一，见《船山全书》第16册，岳麓书社1996年版，第557页。

④ 邓显鹤：《船山先生王夫之》，见《船山全书》第16册，岳麓书社1996年版，第107页。

⑤ 欧阳兆熊：《榾柮谈屑》，见《船山全书》第16册，岳麓书社1996年版，第576页。

⑥ 郭嵩焘：《船山先生祠联》，见《船山全书》第16册，岳麓书社1996年版，第596页。

⑦ 郭嵩焘：《船山先生祠安位告文》，见《船山全书》第16册，岳麓书社1996年版，第585页。

⑧ 郭嵩焘：《郭嵩焘日记·一》，《郭嵩焘全集》第八册，岳麓书社2012年版，第120页。

⑨ 马宗霍：《船山遗书校记·湘西草堂记》按，见《船山全书》第16册，岳麓书社1996年版，第526页。

⑩ 梁启超《清代学术概论》，见《船山全书》第16册，岳麓书社1996年版，第735页。

此义；顾亭林之学，殆无足观。”① 刘人熙更是说：“自孟子以来，未有盛于王子者也。”“船山，二程也。”“三百年来，一人而已。”② 观照中国近现代史，王船山之影响远远大于顾炎武，这是后起的第一人了。

据以上所述，邓显鹤谋建船山祠，欧阳兆熊、郭嵩焘谋求王船山入祀文庙，虽暂无史料证明三者有关联，但是可以想象，理应是三人的“共识”。

（二）草创规矩

1. 创建城南书院船山祠

咸丰四年（1854），太平军攻入湘潭，邓显鹤之《船山遗书》毁版。咸丰十一年（1861），欧阳兆熊、赵文烈谋划再版《船山遗书》。在赵烈文的劝说下，曾国藩乃应允此事。同治四年（1865），金陵本《船山遗书》竣工，曾国藩亲自作序。作为曾国藩之同窗好友，邓显鹤之忘年之交，郭嵩焘有道义责任完成朋友未竟之大业。

同治九年（1870），应湖南巡抚刘崐邀请，郭嵩焘主讲城南书院。他自邓显鹤之后“接着讲”船山学，在城南书院创建船山祠。其起念之因、谋划之始，无文献稽考，已不得而知。仅在同治九年（1870）十月初十的日记说道：“妙高峰建立船山先生祠，丁濬卿倡言阻止。成静斋、龙裕亭、罗小垣竟因其言停工，亦并不一告知。经问及小园，乃稍言其略。吾以山长倡建船山先生祠，一二无识之议论屈挠之有余。不知周、程、朱、张之祭，皆由其门弟子奉祀于学以为之基，朱子文集亦屡及之。楚人好议论，而学识猥陋大率如此，可笑可叹。”③ 可知其谋划创建船山祠已久，至少要追溯到是年十月初十之前。

在十月廿二日，郭嵩焘在日记里面引述王船山之言之事，谴责省垣之人“愤世嫉俗，以成乎隐，皆克伐怨欲之流溢于不能自持”，“褊急狭隘”，“日流于愤时嫉俗”④。可能是郭嵩焘对有人阻挠修建船山祠一事的议论。

是年闰十月十一日，郭嵩焘“诣船山王先生祠，悬所撰祠联，便回拜各

---

① 谭嗣同：《上欧阳中鹄书》，见《船山全书》第16册，岳麓书社1996年版，第724页。
② 刘人熙：《刘人熙日记》，见《船山全书》第16册，岳麓书社1996年版，第875—879页。
③ 郭嵩焘：《郭嵩焘日记·二》，《郭嵩焘全集》第九册，岳麓书社2012年版，第443页。
④ 郭嵩焘：《郭嵩焘日记·二》，《郭嵩焘全集》第九册，岳麓书社2012年版，第445—446页。

处”。[①] 十一月廿四日，郭嵩焘“诣城南书院船山王先生祠安立神位，并奠谢书院及妙高峰两处土神，因留饭”。[②] 郭嵩焘撰有《船山先生祠安位告文》，可知其在相应礼乐仪轨下举行了安神位仪式。十一月三十日，郭嵩焘“为船山祠及书院名宦祠碑记二通”。[③] 据1932年12月出版的《船山学报》收录郭尺岩所藏《船山先生祠碑记》拓本，末尾有“同治九年岁次庚午冬十又一月记”[④]，可知郭嵩焘日记所言属实。此碑之刻立，最早之上限在同治十年（1871）了。据郭嵩焘同治十年（1871）四月初六日记，“意城来此补书船山祠碑”[⑤]。至少此时尚未立碑。

城南书院船山祠毁于抗战时期的文夕大火，其祭祀情况，尚待稽考史料，暂且不述说。

在此时期，郭嵩焘创作了不少称颂王船山的文、联，如《船山王先生祠碑记》《船山先生祠安位告文》《船山先生祠祭文》《船山先生祠祭文》《船山先生像赞》《船山先生祠联》等。

2. 创办禁烟公社、思贤讲舍

同治十二年（1873），九月初一，王船山诞辰，郭嵩焘拟校经堂章程，说此举是因修建曾文正公祠提出来的倡议，不可空名校经堂，应拟名思贤讲舍[⑥]。据此判断，郭嵩焘在此之前早有谋划，上限在朝廷下旨修建曾文正公祠前后。不过，此事在郭嵩焘卸任驻英法公使回国之前似无重大进展。

光绪二年（1876），郭嵩焘出使英国，在启程之前，即八月二十日，上奏朝廷，要求王船山从祀文庙。二十六日，又邮寄公信给长沙数人，详细述说奏请王船山从祀文庙之事。据王闿运《湘绮楼日记》记载，在是年十月十五日，“得筠仙公启，言王船山从祀事”[⑦]，知悉此事。郭嵩焘获知其奏疏遭反对，于光绪三年十二月初九（1878年1月11日）在英国上《部议驳明儒王夫之从祀文庙请饬部存案疏》，反驳礼部非议，重申王船山从祀文庙之理由。

---

① 郭嵩焘：《郭嵩焘日记·二》，《郭嵩焘全集》第九册，岳麓书社2012年版，第448页。
② 郭嵩焘：《郭嵩焘日记·二》，《郭嵩焘全集》第九册，岳麓书社2012年版，第454页。
③ 郭嵩焘：《郭嵩焘日记·二》，《郭嵩焘全集》第九册，岳麓书社2012年版，第454页。
④ 湖南船山学社编：《船山学报》（三），湖南师范大学出版社2009年版，第1450页。
⑤ 郭嵩焘：《郭嵩焘日记·二》，《郭嵩焘全集》第九册，岳麓书社2012年版，第473页。
⑥ 郭嵩焘：《郭嵩焘日记·二》，《郭嵩焘全集》第九册，岳麓书社2012年版，第594—595页。
⑦ 王闿运：《湘绮楼日记》第一卷，岳麓书社1997年版，第525页。

光绪四年（1878），朝廷未能同意郭嵩焘的奏请。

光绪五年（1879）闰三月，郭嵩焘回长沙。九月初一，王船山诞辰，郭嵩焘创办禁烟公社，于午刻开讲。是年，湖南学政朱逌然创办校经堂于天心阁下城南书院。光绪六年（1880），思贤讲舍在建设之中，据郭嵩焘三月二十四日、二十五日、二十九日的日记，可知思贤讲舍之创建遭遇非议[①]。十年（1884）九月初一，王船山诞辰，禁烟公社成立二周年，“会集曾文正公祠之浩园，公祭王船山先生”，之后讲学。

郭嵩焘创办思贤讲舍，专门纪念王船山，并确定每年举行王船山诞祭、会讲，立下永久法式。光绪七年（1881），正月初八，郭嵩焘拟定思贤讲舍学规十条[②]。三月十四日，郭嵩焘确定二十日为王船山安座思贤讲舍，成立之日为二十六日[③]。二十六日，大雨，思贤讲舍开馆，众人“同诣船山先生祠行礼”。之后，郭嵩焘开示诸生。不久，赴曾文正公祠行礼，召开禁烟公社会讲。郭嵩焘以禁烟公社、思贤讲舍“交相为耻，发明其说，以为君子在位则忧朝廷，退归则忧学校”[④]。是年九月初一，王船山诞辰，上午思贤讲舍祭祀王船山，中午禁烟公社开讲。郭嵩焘认为“禁烟公社与思贤讲舍相附丽”，并初定章程，每年在屈原、周敦颐、王船山、曾国藩四人诞辰举行会讲，“略志景仰先贤之意”，而“今岁开立思贤讲舍，专祀船山先生”。郭嵩焘以思贤讲舍开馆日、王船山诞辰祭祀，为春秋两次会讲，“以后当遂为定例”[⑤]。

自光绪七年（1881）开始，思贤讲舍每年九月初一举行王船山诞祭、会讲。个别年份偶有阙如。郭嵩焘在日记里面还提及定王台致祭。如光绪十五年（1889）九月初一，“是日船山祠、定王台两处祭祀，并诣行礼，英儿亦随行，因留浩园一饭。”[⑥] 光绪十六年（1890）九月初一，“是日致祭定王台及思贤讲舍致祭王船山先生，前诣行礼，即留讲舍早饭。”[⑦] 定王台九月初一之

① 郭嵩焘：《郭嵩焘日记·四》，《郭嵩焘全集》第十一册，岳麓书社2012年版，第252—254页。

② 郭嵩焘：《郭嵩焘日记·四》，《郭嵩焘全集》第十一册，岳麓书社2012年版，第344页。

③ 郭嵩焘：《郭嵩焘日记·四》，《郭嵩焘全集》第十一册，岳麓书社2012年版，第361页。

④ 郭嵩焘：《郭嵩焘日记·四》，《郭嵩焘全集》第十一册，岳麓书社2012年版，第365页。

⑤ 郭嵩焘：《郭嵩焘日记·四》，《郭嵩焘全集》第十一册，岳麓书社2012年版，第419页。

⑥ 郭嵩焘：《郭嵩焘日记·五》，《郭嵩焘全集》第十一册，岳麓书社2012年版，第398页。

⑦ 郭嵩焘：《郭嵩焘日记·五》，《郭嵩焘全集》第十一册，岳麓书社2012年版，第474页。

公祭，有待考证，姑且阙疑。郭嵩焘在光绪十六年（1890）二月十五日，记载有定王台公祭之礼①。查皮锡瑞日记，其记录有光绪三十一年乙巳（1905）九月初一“早到定王台祭祀”②。光绪三十三年丁未（1907）九月初一“到定王台秋祭”③。

查郭嵩焘日记，郭嵩焘祭祀王船山，有朱昌琳、龙璋两位湘商领袖与祭。其中，朱昌琳亦是思贤讲舍建设之办事者。

自光绪八年（1882）开始，每年正月初一，郭嵩焘率家属先叩谒祖先，其次是诣思贤讲舍船山祠、曾文正公祠行礼。翻阅郭嵩焘日记，个别年份正月初一未有记录。

光绪十七年（1891）六月十三日，郭嵩焘病逝于长沙。其后之思贤讲舍祭祀王船山之情况，有待考证，姑且不表。一般表述为至民国改元，思贤讲舍已停办。

3. 蔚然大成

光绪三十三年（1907）正月，御史赵启霖奏请将王夫之、黄宗羲、顾炎武从祀文庙。次年九月，获得朝廷批准。自此，王船山进入国家祀典、政教制度。只是说，清朝已时日不多，王船山之影响更多在江湖，而非庙堂了。

根据1915年8月20日出版的《船山学报》第一期《船山学社讲演集第一》，船山学社1914年6月14日开始会讲，“船山学社经刘先生筹备数岁，至今日始得正式成立”④。可知1914年6月14日，船山学社在思贤讲舍旧址正式宣告成立，而其谋划、筹备在此之前。据1933年5月出版《船山学报》之《船山学社大事记》，刘人熙在1912年建议创办船山学社，1913年实施了各项筹备工作⑤。此事系后来之追述，有待考证，暂不赘述。据《神州日报》1913年4月7日《发起船山学社》⑥，《时报》1913年4月10日《开办船山学

① 郭嵩焘：《郭嵩焘日记·五》，《郭嵩焘全集》第十一册，岳麓书社2012年版，第435页。

② 皮锡瑞：《师伏堂日记》，国家清史编纂委员会文献丛刊《皮锡瑞全集》第十一册，吴仰湘编，中华书局2015年版，第1976页。

③ 皮锡瑞：《师伏堂日记》，国家清史编纂委员会文献丛刊《皮锡瑞全集》第十一册，吴仰湘编，中华书局2015年版，第2240页。

④ 湖南船山学社编：《船山学报》（一），湖南师范大学出版社2009年版，第54—57页。

⑤ 湖南船山学社编：《船山学报》（三），湖南师范大学出版社2009年版，第1881—1885页。

⑥ 《发起船山学社》，《神州日报》1913年4月7日。

社》[①]，上海《时事新报》1913 年 12 月 24 日《湖南发起船山学社》[②]，可知刘人熙已在对外宣示筹办船山学社，其筹备处设在广益学校。

据 1915 年 12 月 20 日出版的《船山学报》第五期《船山先生生日释菜诗序》，1914 年已在筹备纪念王船山诞辰 300 周年，九月初一，船山学社祭祀王船山，之后同仁分韵赋诗[③]。据 1917 年 8 月 20 日出版《船山学报》第八期《凝粹堂诗》，可知公祭王船山在船山学社凝粹堂[④]。船山诞祭，诗颂船山，这是船山学社之创制新法。

1918 年春，刘人熙避乱上海，而湖南都督张敬尧派兵骚扰船山学社，继而占据思贤书局。是年，曾约农、曾宝荪兄妹创办艺芳女校，与船山学社争地。1919 年夏，张敬尧下令将船山学社迁走，房舍让与艺芳女校。七月二十日夜，军警、便衣冲入船山学社杀死社员吴灿煌、安徽客人程鹏。之后，有人不断骚扰船山学社。九月初一，恰好是王船山诞辰 300 周年，无法举行船山诞祭。九月初二，社长石广权返回船山学社，初三，补行先师王船山诞祭[⑤]。

据石广权在 1932 年九月初一王船山诞祭演讲会上说："颇忆十四年前，民国八年，为先师三百岁寿辰。广权谬任本社社长，正拟预备通告全省政学同人，为先师特伸庆祝。乃变出意外，湘督两度派兵夤夜入社，杀伤社员，鹤唳风声，本社顿成畏途，事以中止。此广权等所深引为恨者也。自民国九年以后，先师祀典，是否岁修，广权等久已离湘，亦未过问。民国十五年，曾一度恢复诞祭，而社址旋为省农会势占，遂废至今日。"[⑥] 据长沙《大公报》1926 年 10 月 8 日第 6 版《昨日船山学社举行祀典记》，可知 1926 年 10 月 7 日为夏历九月初一，船山学社举行了王船山诞祭，"至九时，各行政机关长官与各公法代表，先后莅会者，约二百人。即依照仪式首奏乐三章，次举行三献礼，后读祭文"，其后，仇鳌、贝元征等引各长官入讲堂，石广权、仇

① 《开办船山学社》，《时报》1913 年 4 月 10 日。
② 《湖南发起船山学社》，上海《时事新报》1913 年 12 月 24 日。
③ 湖南船山学社编：《船山学报》（二），湖南师范大学出版社 2009 年版，第 799—800 页。
④ 湖南船山学社编：《船山学报》（三），湖南师范大学出版社 2009 年版，第 1405 页。
⑤ 湖南船山学社编：《船山学报》（四），湖南师范大学出版社 2009 年版，第 2181—2184 页。
⑥ 湖南船山学社编：《船山学报》（三），湖南师范大学出版社 2009 年版，第 1483 页。

鳌、彭斟雉等先后作演讲[①]。长沙《大公报》之新闻报道，可证石广权提及船山学社于民国十五年（1926）举行了王船山诞祭。

1931年之前，船山学社之船山诞祭，是否每年举行，暂未考证。据1931年8月12日《呈湖南省政府改组湖南船山学社文》云："去秋，船山先师诞祭，亦竟付阙如。"[②] 可知，1931年之前船山诞祭有可能并未每年照例举行。

据鄙人目前所见史料，自1932年开始，形成了在任湖南省政府主席主祭王船山的惯例。1932年9月30日，夏正九月初一，船山学社举行王船山诞祭，湖南省政府主席何键主祭。事后，何键、陶思曾、石广权三人演讲[③]。1933年10月19日，举行王船山诞祭，何键主祭，何键、朱经农、石广权发表演讲[④]。1934年10月8日，举行王船山诞祭，何键主祭，何键、陶思曾、罗正纬等人发表演讲[⑤]。1935年9月28日，何键派湖南省政府代主席曹典球主祭[⑥]。1936年10月15日，举行王船山诞祭，湖南省政府主席何键主祭[⑦]。1937年10月4日，湖南省政府主席何键主祭[⑧]。

1938年，船山学社迁往湘潭，自此至1945年，王船山诞祭在湘潭举行，不曾荒废。周逸《覆湖南船山学社筹建委员会》云："经费艰窘之际，仍随时讲学，几度播迁，私人损失不赀，且每逢船山先师诞祭之期，祀典奉行如故。"[⑨] 其具体情况待考。

据周逸《船山学社大事记》，1946年，船山学社迁回长沙，在顺星桥北区第一小学举行王船山诞祭。自此，恢复每年王船山诞祭均由湖南省政府主席或特派代表主祭。1947年，湖南省政府主席王东原主祭。1948年，湖南省政府主席程潜主祭，今湖南图书馆藏有其祭文草稿[⑩]。1949年，湖南省政府

① 《昨日船山学社举行祀典记》，长沙《大公报》1926年10月8日第6版。

② 湖南船山学社编：《船山学报》（三），湖南师范大学出版社2009年版，第1648页。

③ 湖南船山学社编：《船山学报》（三），湖南师范大学出版社2009年版，第1681页。

④ 湖南船山学社编：《船山学报》（五），湖南师范大学出版社2009年版，第2863页。

⑤ 湖南船山学社编：《船山学报》（五），湖南师范大学出版社2009年版，第2866页。

⑥ 湖南船山学社编：《船山学报》（六），湖南师范大学出版社2009年版，第3733页。

⑦ 湖南船山学社编：《船山学报》（六），湖南师范大学出版社2009年版，第4248页。

⑧ 周逸、刘志盛补：《船山学社大事记》，刘志盛《王船山著作丛考》，湖南人民出版社1999年版，第332页。

⑨ 周逸：《木崖轩笺启》，手抄本，湖南图书馆藏。

⑩ 高金平主编，黄守愚执行主编：《成均：公祭王船山先生史料汇编（第一辑）》，香港文艺出版社2021年版，第8页。

主席陈明仁派秘书长文斌代为主祭。1950 年，湖南省政府主席王首道派副主席程星龄代为主祭①。

据湖南图书馆藏《湖南周报》之《王船山先生诞祭纪念特刊》，该刊出版于 1948 年 10 月 1 日。上有题词、感言、颂歌等②。刘志盛《船山学社大事记》1947 年条、1948 年条胪列之船山诞祭史料，仅查证《湖南周报》之《王船山先生诞祭纪念特刊》，其余暂未查证，权且不述。

1951 年，船山学社移交给湖南省文物保管委员会。自此，长沙王船山诞祭中止。

三、长沙王船山诞祭特色

思贤讲舍、船山学社之船山诞祭，已有史料可证。而于城南书院、岳麓书院、衡清会馆（试馆），有待考证。定王台九月初一之祭祀，亦有待考证，姑且付诸阙疑。就目前之思贤讲舍、船山学社之王船山诞祭，逐步形成几个特色：一是建祠纪念船山，一是行君师之礼，一是祭祀之后讲学，一是尊船山为先师，一是写释菜诗颂船山，一是题词颂船山，一是形成了省级祭祀的惯例。

（一）建祠纪念船山

城南书院、思贤讲舍、船山学社、岳麓书院、衡清会馆（试馆），均建有船山祠。《船山王先生祠碑记・编者识》云：“先师祠宇之在省垣者，自本社所承思贤讲舍专祠外，前岳麓、城南两书院暨衡清会馆，皆特建祠。”③ 据《船山学社大事记》，1932 年 8 月 28 日，开第二次董事会，周逸提议先行恢复船山祠及画船山先师遗像，预备是年船山诞祭④。之后，船山学社重建船山祠。船山学社及其船山祠毁于抗日战争时期，据周逸《复湖南船山祠筹建委员会书・附录原函》，1946 年 7 月 14 日成立了“湖南船山祠筹建委员会”，

① 周逸：《船山学社大事记》，湖南图书馆藏。

② 《王船山先生诞祭纪念特刊》，《湖南周报》社，1948 年 10 月 1 日，藏湖南图书馆。

③ 湖南船山学社编：《船山学报》（三），湖南师范大学出版社 2009 年版，第 1449 页。

④ 湖南船山学社编：《船山学报》（三），湖南师范大学出版社 2009 年版，第 1680 页。

拟恢复船山祠①。据周逸 1946 年 9 月 25 日在《长沙市民日报》发表的《抗战八年来之船山先生》一文，有“筹建船山专祠”一项②。船山祠在当时是否恢复，待考。

（二）行君师之礼

君师之礼，周礼有释奠礼、释菜礼、释币等。此为文庙、学校等处所行之礼。

郭嵩焘之公祭王船山，行释奠礼。可证诸《船山先生祠安位告文》与《船山先生祠祭文》等。《船山先生祠安位告文》云：“率诸生而释奠，荐诚悫于馨香。”③《船山先生祠祭文》云：“恭值上丁之期，并降释奠之礼。”④ 其“释奠”，是指释奠礼。只是说，《船山先生祠安位告文》是船山祠建成之后安神位行礼，《船山先生祠祭文》是春祭。据王闿运《船山公诞祭文》云：“精庐习业，慕正学于《章灵》。释奠逢秋，正灵均之初度。”⑤ 可知，此船山诞祭之礼为释奠礼。

船山学社公祭王船山，前期是行释菜礼。据 1915 年 12 月 20 日出版的《船山学报》第五期《船山先生生日释菜诗序》云：“今年九月之朔，先生生日。社集释菜，敬瞻遗像。清酤始升，笾豆有严。”据 1917 年 8 月 20 日出版的《船山学报》第八期《凝粹堂诗》之彭政枢《凝粹堂五图咏有序》云：“就凝粹堂，行释菜礼。”⑥ 以上两条均是指 1914 年的船山诞祭。

后期公祭王船山，所行何礼，有待考证。不过，既然称王船山为先师，应当是君师之礼，不是释菜礼，就是释奠礼。据《船山学社大事记》，1932 年 8 月 28 日，开第二次董事会，周逸提议先行恢复船山祠及画船山先师遗像，预备是年船山诞祭。9 月 30 日，船山诞祭，“是日礼仪最隆，用中乐。凡与祭各社员先向船山先师遗像前行三叩首礼，退入坐席。至十一时，陈设公

---

① 周逸：《木崖轩笺启》，手抄本，藏湖南图书馆。

② 周逸：《抗战八年来之船山先生》，《长沙市民日报》1946 年 9 月 25 日，转引自政协长沙市开福区委员会编：《历史的足迹——开福文史集萃》，2011 年，第 152 页。

③ 郭嵩焘：《船山先生祠安位告文》，《养知书屋文集》卷二十七，光绪壬辰（1892）刊本。

④ 郭嵩焘：《船山先生祠祭文》，《养知书屋文集》卷二十七，光绪壬辰（1892）刊本。

⑤ 王闿运：《船山公诞祭文》，转引自《船山全书》第 16 册，岳麓书社 1996 年版，第 666 页。

⑥ 湖南船山学社编：《船山学报》（三），湖南师范大学出版社 2009 年版，第 1405 页。

祭，整齐严肃。公推何主席主祭，朱、曹、张、谭四厅长及省府各委员陪祭，各社员分列两班与祭，礼成而退。”[①] 可见此次船山诞祭，在公祭王船山之前，还有每个人行三叩首之礼。

（三）祭后讲学

公祭王船山之后，同仁讲学，此为惯例。此事前已论及，姑且不赘述。但据《船山学报》之《船山学社大事记》与刘志盛《船山学社大事记》，1935—1937 年、1946—1950 年，未记录有讲学。

（四）尊称王子、先师

郭嵩焘公祭王船山，行君师之礼。至船山学社成立后，一般称“船山先生”“子王子”“船山王子”。1932 年，一般称王船山为“船山先师”。这是对尊称孔子为“先师”一事之借鉴。

（五）写释菜诗颂船山

公祭王船山之后，写释菜诗，始于 1914 年，为船山学社之所新创。稽考《船山学报》，有刘人熙、彭政枢、廖名缙、曹佐熙、刘善泽、萧昌世、憨头陀永光等人写诗。此事前已论及，姑且不赘述。

另外，1920 年，北京寒山诗社有公祭王船山并写颂诗之事。孙雄《王船山生日诗》自注云：“庚申九月朔日，招集寒山诗社诸君子同集宣南大街赣园拜船山先生生日，敬赋五古五章。”[②]《船山学报》收录有俞钟銮、丁传靖、郭曾炘等人的唱和诗[③]。

（六）题词颂船山

今湖南图书馆藏有 1947 年船山诞祭题词，颂赞王船山之学之行，如程潜、岑鑫、孙畏三、蒋伏生、胡湘皋、晏子后等人均有题词[④]。如程潜题词：

---

① 湖南船山学社编：《船山学报》（三），湖南师范大学出版社 2009 年版，第 1680—1681 页。
② 湖南船山学社编：《船山学报》（五），湖南师范大学出版社 2009 年版，第 2801 页。
③ 湖南船山学社编：《船山学报》（五），湖南师范大学出版社 2009 年版，第 2805—2808 页。
④ 程潜等撰：《王船山先生诞祭纪念诗文集》，湖南图书馆藏。

"高明敦厚，立懦廉顽。"①

（七）省级祭祀

郭嵩焘曾任广东巡抚、驻英法公使，其主祭王船山，其等级相当于1911年后之湖南省政府主席。刘人熙曾为湖南省代省长。1932—1937年、1946—1950年，均由湖南省政府主席或代主席以及主席代表主祭。孔庙祭祀，有天子或特使主祭之传统。船山诞祭，尚未有此成例。

四、长沙船山诞祭的意义

祭礼是中国礼乐文明之重，而祀典是极为重要的文化形式。《左传·成公十三年》云："国之大事，在祀与戎。"《礼记·祭统》云："凡治人之道，莫急于礼。礼有五经，莫重于祭。"其意义既在于"对越天休"，以敬畏之心实现自我超越，也在于"前后一如"，立法秩序，推崇先贤，树立榜样，激励自己，教化后人。

"文化"有追认渊源、先祖之需求，以为确认"现在"只合法性，并规定"未来"。在"过去""现在""未来"三者之关系中，追溯"过去"，可以确定"现在"的合法性；确认"过去""现在"，规定"未来"。《论语·学而》云："曾子曰：慎终追远，民德归厚矣。"祭祀先贤，也是确认"过去"，追源开来。

当时之人认为，湖南单独建省，入祀文庙仅周敦颐一人，湖南人、湖湘文化在中华文化体系之中未免处于劣势状态。王船山入祀地方之船山祠、全国性之文庙，既是进入各种层次的政教制度和祀典，也是湖湘文化在政治权力、文化话语、地方利益上争取更大空间的努力。可以说，王船山之地位与湖南人、湖湘文化在现实之地位成正比。

长沙船山诞祭，是崇祀王船山之重要祀典，为推崇船山学之重要内容、形式。前人有默会之共识，耳目而能，而今人无此文化背景则难以体会。1933年10月19日，船山诞祭之后，"陶副社长思曾导全体社员至会讲室。首

① 《王船山先生诞祭纪念特刊》，《湖南周报》社，1948年10月1日，藏湖南图书馆。

先报告举行船山先师诞祭之意义”，然后请何键、朱经农、石广权演讲，“于船山先师学说，阐发极多”①。惜乎尚未查证出此报告内容，暂时无从阐发其胜义。

检索知网之论述，一般认为长沙船山诞祭是诠释船山以建构湖湘文化的重要内容与方式，也是近现代湖湘文化崛起的原因之一。户华为认为，船山崇祀正是作为地域社会建构自身文化体系和象征系统的一种话语，近现代湖湘文化的建构很大程度上是通过船山崇祀这一独特方式和视角来展开的，“可以看出王夫之对近代湖湘文化特色和它的崛起有着重要影响。这种影响并非自发地产生，而是蕴涵在湖湘人士在当时的历史场景下对本地传统资源的有意发掘和运用过程中。湘人在弘扬船山学说，将其作为塑造、构建地方文化的有利质素同时，不断在本区域强化船山崇祀，直至使其进入国家祀典。通过利用崇祀本区域先贤船山这一特殊方式，有效地提高了自身在象征权力格局中的地位，增强了地方自信和凝聚力，地方文化建构的巨大成功又将把湖湘学术推向时代的巅峰，并在晚清政治、军事文化等领域取得令人瞩目的优势和成就”②。朱汉民认为，湖湘士大夫通过对船山思想的推崇与诠释，以实现湖湘文化的建构与发展，就能够将湖湘文化的地域性与普适性、传统性与现代性统一起来，这就是清末民初士大夫与知识群体通过诠释船山而建构湖湘文化的根本原因。③ 在张晶萍看来，长沙船山诞祭、科举分闱、编修省志、编纂诗征与文征，均是湖南文化立省的文化工程，“这些文化建构活动为近代湖湘文化的兴起奠定了基础”。④ 李烨梧认为，郭嵩焘推崇船山思想，而且在湖南首先建立船山祠，开展船山诞祭活动，并开启奏请王船山从祀文庙之先河，对于建构湖湘文化作出了重大贡献。⑤

显然，自船山学兴起以来，湖湘文化蒸蒸日上，人才辈出，在中国近现代史上书写了最为灿烂辉煌的篇章。归根结底，“王船山”作为一个文化符

---

① 湖南船山学社编：《船山学报》（五），湖南师范大学出版社 2009 年版，第 2863 页。

② 户华为：《船山崇祀与近代湖湘地方文化建构》，《湖南大学学报（社会科学版）》2003 年第 6 期。

③ 朱汉民：《船山诠释与湖湘文化建构》，《社会科学战线》2012 年第 8 期。

④ 张晶萍：《文化立省：清代湖南的文化工程和湖湘文化形象的塑造》，《湖南大学学报（社会科学版）》2013 年第 1 期。

⑤ 李烨梧：《 论郭嵩焘在晚清湖湘文化建构中的作用》，湖南师范大学 2016 年硕士论文。

号，既为广大湖南人乃至中国人提供了合法性、合理性、道德感、使命感等，也为政治权力、文化话语、各种利益等开疆拓土。长沙船山诞祭，其“追源开来”之功效，在建构“王船山”此一文化符号过程之中功不可没，是近现代湖湘文化崛起、中华文化复兴的重要原因，更是激励湖南人为中国、为世界承担责任的“永动机”。

赵必振与船山学社学缘二十年

梁颂成*

船山学社，在湖南省长沙市原小吴门旧船山先生祠。这里早先设有思贤讲舍，地址在今中山东路北侧，为一座单层三进四合院，始建于光绪元年（1875）。辛亥革命后的民国三年（1914），浏阳人刘人熙等一批文人学士，为研究明末清初唯物主义思想家王夫之（号船山）的学说，在此创建“船山学社”。1921 年，毛泽东、何叔衡曾在此创办“湖南自修大学”，目前门首悬挂的“船山学社”四字，即为毛泽东亲笔题写。

中国译介马克思主义、社会主义学说第一人赵必振，退出民国官场之后，从事教育工作，不久回到湖南。从 1933 年开始，年届 61 岁的赵必振，以湖南孔道学校教师（兼任孔道学校副校长，1947 年开始继任孔道初级中学校长）的身份，参与了船山学社的各种文化活动。赵必振参与船山学社社务活动近 20 年。1951 年，他既是船山学社的社员，同时又是湖南省文物保管委员会的成员，因此，赵必振是船山学社办理移交、湖南省文物保管委员会办理接收的见证人之一。查阅有关记载和相关文献，赵必振以船山学社社员的身份参与的主要活动及其突出贡献有以下几方面：

一、参与了与王船山相关的纪念活动，留下了对船山思想的高度评价

1934 年 4 月 8 日，船山学社召开临时董事会。出席会议的董事有杨树谷、

---

* 梁颂成，湖南常德人。湖南文理学院文史学院古代文学教授、古籍整理研究所所长、院学术委员会委员。

陈嘉会、颜昌晓、王礼培、程子枢、周逸、李澄宇、胡子清等 8 位。会议议程主要是审查彭济昌、何培基、王政诗、赵曰生（赵必振）、李先恕、李向荣、谢申岳、张有晋、王哲惠、粟戡时、刘岳仑、王延英、萧仲祁、郭向阳、邝鸿钧等 15 人的社员资格，议决一致通过，赵必振等人成为船山学社的正式社员。《船山学报》第二卷第 4 期第 5 页刊登有民国廿二年（1933）六月至廿三年（1934）三月《湖南船山学社新入社员一览表》，总共 15 位，“赵曰生（赵必振）”是 1933 年加入并参与活动，故名单中列于靠前位置。

从此以后，赵必振便参与了船山学社的各种活动。首先是自始至终参与了学社组织的“船山先师诞祭”活动。当然，因抗战爆发停办和不在长沙的数年除外。

1934 年 10 月 8 日、1935 年 9 月 28 日、1936 年 10 月 15 日、1937 年 10 月 4 日，相对应的夏历都是每年的九月初一（即船山生日。王船山生于明万历四十七年九月初一，公元 1619 年 10 月 7 日，子时），赵必振连续四年参与了船山学社组织的“船山先师诞祭典礼”。这几年的主祭者，都是船山学社名誉社长、湖南省政府主席何键。除了 1935 年这一次是派遣代主席曹典球担任之外，其余都是何亲自到场。固定的仪程是每次上午十点开始“船山先师诞祭典礼”，十二时会餐。稍事休息之后，下午一点或二点召开社员大会。每次到会的人数，除了 1937 年这一次因“七七卢沟桥事变”影响，只有“赵曰生”等“五十余人”之外，其余都是“百余人”。“船山诞祭”活动于 1938 年因抗战全面爆发而停止。

1939 年秋，船山学社社屋遭到日本飞机轰炸，损失惨重。农历九月初一，疏散到长沙之外的船山学社代理社长周逸（社长是黄昌年），在湘潭县石潭乡参照往年惯例，组织举行“船山先师诞祭典礼”，参加者有在湘潭的社员及石潭乡绅若干人。1940 年，社长黄昌年逝世，周逸继任社长。农历九月初一，社长周逸组织在湘潭的社员集会，依例在湘潭石潭乡举行了“船山先师诞祭典礼”。之后，湖南方面的抗战全面进入激烈阶段，直到日寇投降之后的 1946 年秋，船山学社领到湖南省教育厅复员费六十八万元。除举办“船山先师诞祭”八万元之外，其余六十万元补助建筑社屋三间。这一年 9 月 25 日（农历九月初一），有关当局和部分社员在长沙举行了“船山先师诞祭典礼”。

1947 年农历九月初一，船山学社组织在恢复新建的社屋中举行“王船山先生诞祭典礼”。主祭人由湖南省政府主席程潜担任，社员周逸、曹典球、仇鳌等人陪祭。1948 年农历九月初一，在船山学社礼堂举行船山先师诞辰祭祀，湖南省政府及有关人员和船山学社社员参加祭祀。省长程潜为此次活动题写了“高明敦厚，立懦廉顽”八字以赞扬王船山精神，纪念王船山诞辰 330 年，刊发在当时的“王船山先生诞祭纪念特刊”上。1949 年，周逸继任船山学社社长。农历九月初一，在船山学社举行“船山先师诞祭纪念会”，有关人员和在长沙的社员参加了祭祀活动。

1950 年 9 月 3 日，船山学社举行社务会议，讨论布置研究王船山诞辰纪念活动。出席会议的有张平子、周逸、向恺然、赵曰生等八人。议决通过编辑印行《王船山先生诞辰纪念特刊》，决定由社长周逸及李洞庭、刘通叔、赵曰生、孙畏三分别担任各个版面的责任编辑，周逸总其成。10 月 3 日，再次召开社务会议，研究王船山先生诞祭一事，参加者有周逸、李洞庭、张麓村、刘通叔、赵曰生、萧骧等十人。议决通过敬请湖南省人民政府首长于农历九月初一莅临主持王船山 332 周年诞辰祭祀。10 月初，船山学社接到毛泽东主席亲笔题写的“船山学社”四个大字，嗣将此四字制成匾额，高悬于学社前厅，以供来社参观者瞻仰。10 月 11 日（农历九月初一），船山学社隆重举行王船山诞辰 332 周年纪念大会。湖南省人民政府副主席程星龄代表省政府主席王首道主祭，陪祭的有学社社员周逸、赵曰生、陈继训、陈长簇、周道腴、胡子清、冯天柱、邓振声、张有晋、陈浴新、王啸苏、李涧庭、陈介石、刘通叔、萧骧、张麓村、张平子以及湖南省各界人士数百人。

可见，船山学社的“船山先师诞祭”活动，从中华民国时期，一直延续到了新中国“船山学社”停止活动、办理移交之时。1951 年 6 月 24 日，湖南省人民政府通知船山学社立即向湖南省文物保管委员会办理移交社址，以及所有文物、图书、文档等。7 月 15 日，湖南省人民政府文物保管委员会通知“船山学社”办理移交手续。船山学社社长周逸当即召集薛吟田、杨健、刘约真、孙畏三等人举行小组会议，一面回函湖南省文物保管委员会，一面推定戴世雄负责办理移交手续。旬月移交完毕。至此，船山学社社务活动和学社社员的日常学术活动基本停止。

1950 年 8 月 30 日，赵曰生鉴赏题跋王船山手迹本《噩梦》（原件现藏湖南省博物馆），可以视为他对王船山的总体评价。其文曰：“船山先生之学说，影响于中国者至大。清季刘艮生、欧阳中鹄、谭复生诸老辈皆沿其学，为革命之先导，故对其遗书已五刻矣，况其手泽耶？况松先生得此，宜如何珍袭藏之，幸勿为风日所损也。时公元一千九百五十年，岁在庚寅，重九前九日。后学赵曰生敬跋，时年七十有八。（钤印：赵曰生印）”题跋中认为，“船山先生之学说，影响于中国者至大”，“为革命之先导”，启发了后来的大批革命者。刘艮生即刘人熙，是船山学社的创始人，欧阳中鹄是谭嗣同、唐才常的老师，谭嗣同是赵必振敬仰的维新革命志士。字里行间，赵必振对王船山的褒扬、崇敬之情溢于言表。

二、参与了船山学社的季课阅卷活动，留下了对于考生试卷的书面评语

明清时期的学校，每月对学子进行课试，称为“月课”。船山学社借鉴这种做法，但在时间上安排充裕一些，每季度开展一次课试，故称“季课”。易新农、夏和顺在《近代藏书家王礼培》中提到：船山学社开展的季课征文活动，始于1933年，其奖金由湖南省政府主席何键私人赞助。到1934年，共举行季课两次，应征者三百多人（卷），取录一百余人（卷）。1934年6月24日，船山学社召开董事常会，一致推举颜昌晓、陈嘉会、赵曰生、胡子清、谢伯涵为季课阅卷委员，并议决刊刻“船山学社季课委员会”条戳（长型印章）一颗。本年11月16日，船山学社第三届董事会成立，同时召开了秋季季课委员会，王礼培、陈嘉会、胡子清、谢鸿熙、周逸、颜昌晓、杨树谷、张有晋等委员出席，再次公推颜昌晓、王礼培、赵曰生、杨树谷、谢伯涵为阅卷委员。

赵曰生受邀担任船山学社的季课“阅卷委员”之后，特意写了一封信给季课活动组织者、《船山学报》期刊主编周逸（即木崖先生）。其内容，除了表示感谢、谦虚的意思之外，主要谈了个人对文章评价方面的想法，一共六点：

> 夫文章美恶，实难定评，见仁见智，各异其旨。是以《太玄》草就，褒贬异辞；《中论》书成，疑信参半。孰取孰舍，莫定从违。此其一。

百宝纷罗，波斯目炫，九衢交亘，杨朱心悲。何去何从，敢云悉当？在人则多交谪，在己亦未心安。内疚神明，外滋谤议。此其二。

真赝杂陈，嗤妍并列。屡逢嫫母，则凡姿亦获登庸；久饫河鲂，则前鱼亦遭摒弃。优劣无定，随境而移。此其三。

且也神智偶清，则六辔在手；目暝意倦，则七圣皆迷。看碧成朱，回黄转绿。亦难自信，何敢质人？此其四。

或者未除我见，难绝蓬心。今古之争，汉宋之见，在胸有竹，顾肘生柳。刻舟而求，纳履难适。此其五。

而且一身之中，时具两我：昨之所是，今日又自以为非；今之所取，明日又自以为谬。方寸之地，矛盾自生。何况征之于人，讵能一致？此其六。

凡此六端，自讼莫决，辘轳万转，深惧愆尤。惟冀诸公，重加审定，纠其谬误，定其是非。庶免遗珠，咸珍拱璧。

“《太玄》草就”“《中论》书成”“波斯目炫”“杨朱心悲”“屡逢嫫母”“久饫河鲂”“六辔在手”“七圣皆迷”“在胸有竹”“顾肘生柳”“刻舟而求”“纳履难适”“方寸之地，矛盾自生”“自讼莫决，辘轳万转”等，这里所用到的成语或者典故，反映了古往今来写文章的正反两方面的经验或教训，突出世人欣赏文章的不同角度和标准，这就需要社会人们的体谅和理解，其“庶免遗珠，咸珍拱璧”的心情，亦要世所共鉴。

周逸收到赵必振的信之后，用《给木崖先生的信》为题，将它刊登在1934年9月《船山学报》第6期的“通讯”栏首位。周逸作为船山学社季课活动的组织者和《船山学报》的主编，其想借此向社会表明一种主办方会“公平公正”地对待每一位参加者的用意十分明显。至于是否为有意设计，便不得而知了。但完全能够判断，赵必振的信是代表了船山学社“季课”活动的所有“阅卷委员”的一种集体表态。

船山学社的季课考试，分“经义”“治事”“词章”三方面，实际上是一种全方位的“国学”基础知识到社会应用的整体测验。赵必振担任“阅卷委员”，其保留在《船山学报》中的季课评语共有五则：

1934 年《船山学报》第 6 期第 6—8 页。乙等第一名郭虚中课艺

"经义"《四郊多垒，此卿大夫之辱也，地广大荒而不治，此亦士之辱也义》《王者之迹熄而诗亡，诗亡然后春秋作说》二篇评语："两艺有考据，有义理，而文亦雅驯，是能合考据、义理、辞章而为一者。赵曰生批。"

1935 年《船山学报》第 7 期第 2—4 页。甲等第一名许鸿飞课艺"经义"《孔恶乡原孟距杨墨论》《周于德者邪世不能乱义》二篇评语："首艺注重一'似'字，极得题旨。盖乡愿则似忠信廉洁，杨似为己，墨似博爱，似是而非，此孔孟所以恶之距之也。次艺前半对于'周'字解释明确，方是经生家言，不是八股滥调。入后按切时事，切实发挥，皆为有关世道人心之言。赵曰生批。"

1935 年《船山学报》第 8 期第 16—18 页。正取第二名唐兆凤课艺"经义""治事""词章"各一篇《居敬而行简以临其民义》《改良学校制度平议》《三月三日续兰亭修禊序》评语："首艺法言巽语，层出不穷，尤以敬而简，则自治严；简而简，则自治疏。简用于行事上则可，简用于治己上则不可。数语极有分寸！次艺所言者确为学校制度，与泛言教育规则、教育行政者亦异。相题有识，不为浮光掠影之谈。禊序数典如悬河，滔滔不绝。若再加以抚时感事，则更佳矣。赵曰生批。"

1935 年《船山学报》第 8 期第 18—22 页。正取第三名李琼玖课艺"治事"一篇《改良学校制度平议》评语："谓今日学校制度，如欲普及，则国家之经济，与国民之经济，皆不能胜。自是实情，岂可徒为大言以欺世？所拟改良三种办法，（一）规定教科书，（二）自由教授，（三）考试升学，似颇简而易行，但道艺自当分途，不可并为一谈，始能面面顾到。似此方为根本改良，非支支节节而为之者也。赵曰生批。"

1935 年《船山学报》第 8 期第 24—25 页。正取第四名曾希固课艺"经义"二篇《经正则庶民兴庶民兴斯无邪慝矣义》《居敬而行简以临其民义》评语："首艺对于'经'字'正'字、'庶民'与'无邪慝'，次艺对于居敬、行简、临民，皆字字切实发挥，不肯一字放松。赵曰生批。"

赵必振的评语，每一则都有"赵曰生批"的署名。从此也可以看出，赵必振作为专攻“国学”的专家，其长于“经义”的特色十分突出。评价课卷也是有根有据，头头是道。切句切字，十分到位，没有一句虚语空言。

三、参与了《船山学报》的撰稿工作，留下了多篇观点鲜明的国学论文

《船山学报》，1915 年 8 月在长沙创刊，1917 年 8 月第 8 期后停刊；新第 1 期出版于 1932 年 12 月，1938 年 6 月第 15 期后停刊。由刘人熙创办，徐明谔、曹佐熙、周逸等先后编辑，先为月刊，后为季刊，属于研究型学术刊物。赵必振回到湖南之后，成为船山学社的主要成员和阅卷委员，在 1934 年第 4、5、6 期上面，在“通论”专栏，共发表国学论文 4 篇，全部署名为“赵曰生”：《读史通论》，1934 年第 4 期，第 1—5 页；《读史探微》，1934 年第 5 期，第 1—3 页；《读史纠缪》，1934 年第 5 期，第 3—8 页；《孔门后学著述考》，1934 年第 6 期，第 1—6 页。

发表在 1934 年《船山学报》第 4 期的《读史通论》，是一篇全面论述传统历史学科发展情况及其史学观念的论文。从“夫因革损益，百代各殊，非有纪之，文献散失。是故王道备，人事浃，可以垂百世之法戒者，莫具于史”讲起，然后分叙“述《尚书》以开纪传之体，作《春秋》以创编年之例，为百世史家之祖”，接述“汉兴，龙门崛起，家承世业，明乎史家之法”，“彪固后生，不明其旨，反肆讥弹，误矣”，“至唐杜佑，欲纠正晚近之谬误，追龙门之芳躅，取裁刘秩，上续谈迁，乃成《通典》”，“宋郑樵继起，敷陈古学，自成一家，继成《通志》”，“元马端临，网罗文献，包括佑樵，更成《通典》，龙门而后，孤怀宏识，仅此三人而已”，直至“清乾隆时，虽有《续三通》《皇朝三通》之作，然此宏著伟作，非集众手而成之官书，所能达其旨，貂冠狗续，实无取焉”，如此等等，赵必振以“史”为经，以“论”为纬，边叙边议，让读史者对上下五千年之史学发展概貌有一个鸟瞰式的全面了解。尤其是结尾一段，赵必振赞赏肯定了思想家龚自珍的卓绝的史识，显示了他的民族自信：

又有谓西史之纪事也，夹述夹论，为中国旧史所无。此论尤为卤莽

灭裂，是并旧史未曾寓目者。而当世所号通人，乃竟展转传述，视若南针。吾则无暇与瞽者而争五色，与聋者而辨五音矣。世之醉于欧化而忘国粹者，幸勿数典忘祖而自覆其宗。龚自珍有言曰："灭人之国者，先灭其史。"征诸近世所谓灭国之新法，龚氏于百年以前，不幸而言中。而吾国之言史学者，不待他人之灭我，而先自灭其史。此则吾惴惴然，引为大惧者也！

这里，作者猛烈地批驳了"醉于欧化而忘国粹者"的无知，指出这简直就是"数典忘祖而自覆其宗"。进而肯定了清代思想家和改良主义先驱者龚自珍的史学论断："灭人之国者，先灭其史。"反映了其高度关怀民族、国家命运的爱国激情。而赵必振所担忧的，无疑就是"吾国之言史学者，不待他人之灭我，而先自灭其史"。数典忘祖的民族虚无主义，当是作者最痛恨的史学现象。

1934 年《船山学报》第 5 期"通论"第 1—5 页，发表的《读史探微》一文，则主要是围绕"孔子之修《春秋》也，笔则笔，削则削"的议题发覆，揭示"圣人垂法万世之书，微言大义，非讲习有素，心知其意，乌容侈口而妄议"的道理。文中举出了许多值得肯定的史著优良传统，肯定了他们作为史学从业者的"史德"品质："不独圣人垂法万世之书，其谨严如是也，即乙部之史，亦莫不各有当时斟酌之苦心。或直笔以正名，或深文以见义，凡属良史，莫不皆然。"如《南史》之书崔杼，则"直笔"也；董狐之书"赵盾"，则深文也。"直笔，人所易知也，实事如斯，奋笔直书，以彰其罪，若在时移势易之后，尽人所能，《南史》之所以可贵者，在身临其境，不避刀锯鼎镬，以尽其职也；深文，则人所难知也。何以谓之为深文也？乃陈义高深之意，非深文周纳之谓也。陈义既高，而用意深远，即《春秋》所谓微言，而与实事或相悖者。"这样有理有据，需要说明的道理，豁然显现。其中分析："夫陈寿生于西晋，典午之位，承于当涂；不以正统与魏，则西晋亦不得为正统，非臣子恩其本朝之义也，此陈寿之苦心也。习凿齿生于东晋，五马渡江，仅存半壁，与刘备之栖身巴蜀相同，不以正统与蜀，则东晋亦不得为正统，亦非臣子恩其本朝之义也，此习凿齿之苦心也。"以至于后面提到的司马光、朱熹，其"秉笔者之苦心"，明确揭示，亦让人豁然开朗。

同期又有《读史纠谬》一文，赵必振认为“昔孔子之修《春秋》”，“麟经万字，彪煌千古，游夏莫能赞一辞”，都是属于圣人之法的特殊情况，而“孔子没而微言绝，七十子丧而大道乖”之后，则有“背经任意，反传违戾”之情形，于是便“传信之难”了。于是也就出现了“诸史，则三长未备，百缪丛生，欲订其讹，罄竹难纪”的情况。下面便举出了一系列的“郢书燕说”“采择失慎，疑误后生”的情形，并一一加以辩证纠谬。

1934年《船山学报》第六期“通论”第1—6页又有《孔门后学著述考》论文一篇。文章开篇说：“水精（指孔子）受命，乃作之师，觉世牖民，非文弗载。言之无文，行之不远。”这是著述的重要性。“素王述作，及门皆得与闻。”“凡《诗》《书》《礼》《乐》《易》《象》《春秋》，七十子之徒，皆与竹帛之劳。”“是故及门诸子，无不身习六艺之文。”这是圣人著述的优良传统及其传承。接着是“梦奠以还，儒分为八”和“《周礼》又称儒以六艺教民”的情况。然后落脚于“是孔门之后学，以著述传于世者，虽存什一于千百，至东京之世，尚可屈指而计也”的情景，详考“孔子卒后，七十子之徒，散游诸侯，大者为师傅卿相，小者友教士大夫，或隐而不见”等情况，最终归结为“大匠之门，终无弃材”。盖闻值得关注的是有关“庄周”的论述：“庄周汪洋恣肆，自成一家。然而上溯尼父，备极尊崇。其赞孔子也，曰配神明，醇天地，育万物，知天下，泽及百姓，明于本数，系于末度，六通四辟，小大精粗，其运无乎不在。诗以道志，书以道事，礼以道行，乐以道和，易以道阴阳，春秋以道名分。其数散于天下而设于中国者，百家之学，时或称而道之。”其结论是：“由是观之，宰我、子贡、有若、孟子之外，智足以知圣人者，其惟庄周矣！”全文最后称：“统观周秦之际，孔门后学之著述，殆满人寰。虽派别分歧，而波澜莫二。”但因“魏晋而后，日即沦亡。载览遗篇，仅存其目”，故“吾望其卫道者，幸勿以读书为玩物丧志，诋校雠、考证为破碎支离，须知文献无征，至圣所慨，狂澜澎湃，一壶千金。访逸钩沉，责在吾党”。

应该说，二十世纪三十年代在船山学社时期，是赵必振国学研究的高峰期。除了在《船山学报》发表的论文，还有在他任教的孔道学校校刊《孔道期刊》（原名《孔道月刊》）发表了《孔学通诠》《论百家之学皆推本于六艺》和《王子云先生周易浅注序》等国学研究文章。值得注意的是，前两篇专论文章都留下了以“编者识”为标志的推介评论，弥足珍贵。

《孔道期刊》第6期“论著”第1—2页刊出《孔学通诠》。原文后“编者识”称：“先生议论宽洪，仍有分寸。如治经之道，固不可持门户之见，而门户却不可不知。二语极好！”“盖学术以讲习而明，是非以辩论而正。子夏言大德不逾闲小德出入可也，孟子言人皆可以为尧舜。持此心以友天下，则绳愆纠谬，辩论之责，似亦未可少也。质之先生，当以为然。编者识。”

《孔道期刊》第8—9期合刊第17—19页，推出《论百家之学皆推本于六艺》。文后“编者识”特别提到：赵必振“现年六十有四，发青鬓黑，望之如四十许人，亦可觇其学养矣”。尤其值得注意的是，这里讲到了关于他的一则往事：“犹忆其前清在粤督署内任民政科佥事，有商人呈请一普通营业公司立案，恳其批准，袖港纸八千元为寿。先生笑曰：方将执笔准案。今如此，决不准矣！商人懊丧而去。其耿介如此！后历官辽滦财政局长、厅长，财部佥事，各大学教授。清风两袖，一钱不名。”由此可见，赵必振“身兼五长，不名一钱”的美誉，并非虚传。最后，编者还进一步评论了赵必振研究学问的勤恳、毅力、胸襟，称他“讲学最为勤恳，持大同主义，却极有界限，有毅力。九流百家，莫不导源六艺，然流极既远，则去道愈甚，界而分之，亦使学者易寻指归，不至泛滥。遵先生之说，可医狭隘；从古人之见，可免混淆，亦各有当也”。总之，一位胸襟开阔、视野独特的国学研究家的形象如立目前。

四、《国学概论》独具只眼充满自豪，高瞻远瞩议论纵横尽显大师风范

1932年4月，国民党政府为了欺骗民众，装点门面，邀集社会各界名流一百多人，在洛阳召开所谓“国难会议”。赵必振在覃振（常德同乡）的推荐下，受邀参加了会议。然而会议结果使赵必振对政局进一步感到失望，不再愿意过问政治，便回到湖南。1933年起，赵必振开始参与船山学社的活动，同时执教于孔道专修学校、中和国学专修学校。在教学中，他大力提倡国学，激励青年人的爱国热忱，并开始将讲稿逐渐编成《国学概论》一书。这是在日本帝国主义吞灭中国的气焰日益嚣张，民族危机日益严重之时形成的著作，

其为了激励国民、导扬民志、救亡图存的用意十分明显。

《国学概论》写作于抗战初期在长沙任教国学课程的时候，最迟于1936年前后完成初稿。因为1937年“七七”抗战全面爆发之后，赵必振回到了常德，主要是在常德县中（今常德市二中）、移芝中学、明义中学任教。抗战胜利之后的1946年9月，湖南私立孔道初级中学原校长任寿国因病去世，次年元月，校董事会一致推选赵必振继任校长。此时赵必振已年届75岁。有人以为他只是因名气大而“挂名”而已，可能就是个“名誉校长”，殊不知赵必振在孔道学校是切切实实地上班。湖南省档案馆所藏的“孔道学校”档案中，保存有孔道学校每学期教职员工异动情况、学生招生毕业情况的备案报表，以及例行公事的报告等，都是他签名。还有迎接上级主管部门的检查，赵必振也留了书写的汇报纲要，等等。

在孔道学校担任校长期间，赵必振将他的《国学概论》讲稿进行了整体编辑，并铅印成《国学概论》一书。对于此次的排印质量，赵必振感觉不满意，显然是计划邀请朋友校正之后，再行正式出版发行。

有一张题为“潇湘雅集”的老照片，明标摄于“丁亥正月二十五日”，丁亥是1947年。照片的第一排，正好站着在赵必振的《国学概论》封面和封二留下墨迹的两位学者，他们都是船山学社骨干社员、湖南大学教授、南社诗人，也是赵必振的朋友。一位是《国学概论》封面题签者李洞庭（李澄宇），留有印章，为前排右起第一人；另一位是《国学概论》校正人萧理衡（萧礼衡），封面上留有“礼衡先生教正 赵曰生”，这显然是赵必振亲题，特意邀请萧理衡来校正此书。而封二则有“理衡敬校”的题字，应是萧理衡在完成该书校正之后，归还给赵必振时题的表示尊敬的留言。该书虽是铅印，但排版竖行，密集无缝，排印检字讹误之处较多。萧理衡校正十分认真，所发现的错讹之处，每一处都在旁边做了更正。个别地方，还在页面天头做了简要的补充说明。这些都为我们今天的整理工作提供了方便。

还有一位同此书有直接关系的人，就是衡阳人谢森。他是为这本《国学概论》写《跋》的人。在这篇约2500字的跋文中，作者结合赵必振的生平履历，叙述了其出生、求学经历，以及早年参加自立会，事败逃亡日本，接受新思潮熏陶之后，开始从事马克思主义、社会主义学说的翻译与传播。后来随熊希龄进入北洋政府财政界，有“身兼五长，不名一钱”之誉的廉洁；接着进入教育界，担任大学沿革地理、公羊春秋、“三礼”等课程的教授，矢志传播中国传统国学。“七七”抗战爆发后，先生回到长沙，先后从事慈善、救灾、国学教育等事业。日寇逼近湖南期间，赵必振往返长沙、常德四五次，以退休之身，先后被礼聘为长沙孔道学校、常德多所中学任教。

此《跋》中特别提到：赵必振先生“今已七十有六矣”这一提示极有信息量。一是说明谢森写此《跋》的时间是 1949 年。赵必振出生于 1873 年 4 月 18 日，1949 年正是他 76 岁的时候。二是说明此书的排印出版也是 1949 年的事。同时说明，李洞庭题签也就是在 1949 年该书印出的时候；而邀请萧理衡校正，则是稍后的事了。

赵必振的《国学概论》结构整备，论辩精审，可以说是一部作者用心经营的学术著作。内容有 11 个部分，共 38 章，分别是：绪言（1 章）、中国上古（4 章）、孔子与战国时代（5 章）、嬴秦时代（4 章）、两汉（4 章）、八代（4 章）、唐暨五代（4 章）、宋代（4 章）、元明（4 章）、清代（4 章）和跋。各部分以时代为序，以四部为衡，一纵一横，纲举目张，研讨学理，苦心孤诣，在民国众多的国学概论类著述当中，绝无仅有。衡阳谢森跋云：“惧俗儒误解微言大义，特著《国学概论》，源流派别，分析极清。博而约，简而明，举出国学之重要，关系国家盛衰存亡。并以今文学为基础，胪列百家，不持门户党派之见，诋毁他人。”一语中的，洵为知言！总之，阅读赵必振的《国学概论》，一定会让你耳目一新，从中获得的不仅仅是知识的启迪，更是一种精神的享受。

赵必振的《国学概论》的立意与旨归，从其《绪言》中可以直接感受：“文化之关系于国家之兴衰存亡，如此其巨，则凡一班国民，对于祖国之学术，应如何研究探讨，发明而光大之，以自固其祖国之基础，以保存本国之民族。”“吾决非敢拒舶来之文化也，但亦决不敢将舶来之文化，移而为代替祖国之文化。假使全国之人，于祖国相传之文化，懵然不知，则国虽未亡，而其人实已自绝于炎黄之子孙，任何民族，挟其武力而来宰割中国，而彼将诊然谓他人父谓他人母而恬不知耻。悲夫！国学之不昌，则亡国灭种之祸，迫于目前而不自知。以炎黄之子孙，从此而遂沦于万劫不复之域，能不悚然而知国学之关系于国家之兴衰存亡，如此其巨乎！”赵必振的国学视野，虽只是立足于学术一隅，然而其胸襟则是如此开阔，站位确实如此之高，在当时以“尊孔读经”为旗帜的船山学社学术圈子中，确实是独树一帜。尤其是在行文中，高瞻远瞩，议论纵横，尽显大师风范。然而此非一两篇文章能够尽言，当别著专论阐释之。

1949 年 8 月 4 日，程潜、陈明仁联名发出起义通电，长沙和平解放。万象更新，人们心情舒畅。赵必振、李洞庭、萧理衡等一批国学前辈、教授都被聘为湖南文史馆首批馆员。赵必振应该是其中年岁较大的一位。他既是早期的革命者，又是翻译家、国学大师，功底深厚，德高望重。因此，船山学社的两位好友，也是湖南大学两位知名教授，一位替他题签，一位替他校正，看架势准备再版印行。只是后来赵必振年岁更大，行动已多有不便。1956 年，便以 84 岁高寿走完了极富传奇的一生。

综上所述，赵必振从 1933 年 61 岁开始，到 1951 年 79 岁的近 20 年间，积极参与了船山学社的与王船山相关的纪念活动，留下了对于船山思想的高度评价；参与了船山学社的季课阅卷活动，留下了对于考生试卷的书面评语；参与了《船山学报》的撰稿工作，留下了多篇观点鲜明的国学论文。尤其值得珍视的是，留下了一部独具只眼充满自信自豪的《国学概论》，高瞻远瞩，议论纵横，尽显大师风范，值得研究国学的人们认真学习。党的十八大以来，以习近平同志为核心的党中央高度重视中华优秀传统文化的传承发展，始终从中华民族最深沉的精神追求的深度看待优秀传统文化，从国家战略资源的高度继承优秀传统文化，从推动中华民族现代化进程的角度创新发展优秀传统文化，使之成为实现中华民族伟大复兴中国梦的根本性力量。赵必振的《国学概论》，正是站在一个独特的高度来看待中华传统文化，在众多的同类书籍中，确实首屈一指。

吴立民先生与船山学社二三事

徐孙铭*

吴立民先生是中共湖南省委统战部副部长、湖南省政协秘书长，又是中国哲学界、佛教界一位德高望重的佛学、哲学、船山学专家，于 1982 年、1989 年、1994 年连续担任船山学社第一至三届社长。这期间，吴老日理万机，于党务、政务、学社公务非常繁忙，对船山学贡献良多，笔不胜书，仅就所闻，略述如下。

一、开风气之先

船山学社成立之初，吴老继王孝鱼先生之后，即大力开展船山学讲学活动，大兴国学讲学之风。1980 年，在船山学社筹备之际，湖南省社会科学学会联合会、湖南省中国哲学史学会在省委党校请山西省船山学研究老专家王孝鱼先生（1901—1981）莅临湖南讲船山《周易外传》，于“文革”后开启了湖南省哲学界聘请著名专家讲船山学的第一课。随即请吴立民先生主讲船山佛学、道家、道教哲学。笔者作为湖南省社会科学院年轻的研究人员，有幸参与此事，并聆听吴老的《相宗络索》《愚鼓词》等的讲学。

1981 年 8 月 21 日—9 月 9 日，吴老的《相宗络索》导读讲座在湖南省政协会议室举行。《相宗络索》是船山应先开和尚之邀而作，原是佛门的《小学绀珠》启蒙读物之类，讲佛教法相唯识学的基本范畴、基本常识及转识成智

* 徐孙铭，研究员，曾任湖南省社会科学院哲学研究所所长、船山学社副社长。

的智慧。可是，在一般人看来，此“一切唯识”“十二因缘轮回生死之说”，“满纸荒唐言”，无异于天书，亦如蚊子咬铁牛，无从入口矣。一些专家看到船山先生辟佛老的言论，又读此书，有如“两位船山先生打架”，自相矛盾，旁观者也就无所适从了。而吴老采取“在教言教”的方式，实事求是地、原原本本地解读原著，以契出契，别出新解。他说：“《相宗络索》是船山先生根源唯识观心自悟禅境，为初学法相入门，画龙点睛之创作。法性离言，有说便谤。善读者，悟入离言，得最胜解，证心解脱则不负船山苦心指点，将不虚此生而受用无尽矣！”“船山先生之根本思想，乃继儒家张子之绝学而排斥佛老者也，故每自表曰：‘孰为儒者而有此哉？’其中唯识，本亦不纯，扬而破之，舍而变之，亦可谓一刀斩断，不执法执，入而能出者也。先生治学求理之真精神，于此可见。其难能可贵者，正在此也。”① 后来，吴老还谆谆教诲：“《愚鼓词释义》稿，拟提高一步，以马列主义观点批判注释。”指出：“在弄清原作基础上继续钻研，以马列主义观点和方法，对《愚鼓词》重新予以解释，则当俟之来日。”② 为船山学后继者的研究指明方向。后来，笔者在《相宗络索》、唯识哲学研究中，正是遵从这一教诲，从佛教的“证量、比量、圣言量”“三量勘同，方为究竟”（宗密大师言）与实践是检验真理的根本标准，“圆伊三点∴”与对立统一、转识成智与成就理想人格等方面，与马克思主义哲学进行会通而受益匪浅的。

二、诲人不倦

吴老的第二次船山学讲座，于1983年10月10日至20日，在湖南省社会科学院三楼会议室举行。此次讲学，主题是王夫之与道教思想研究，内容共分五讲：道教简介、丹法要旨、《楚辞通释·远游》浅析、《愚鼓词》讲略、《十二时歌》大义。吴老的讲学，从道家、道教思想发展的历史出发，结合船山钻研道教丹法著作的亲身经历和研究成果，揭示船山先生修炼内丹丹法的真切体会和做学问的奥旨。吴老肯定船山四十五岁作《遣兴诗》时已接触丹

① 吴立民：《唯识法幢，斯书为鉴》，《船山佛道思想研究》代序，湖南出版社1992版，第3、260页。

② 吴立民：《愚鼓词注释例言》，《船山佛道思想研究》，湖南出版社1992版，第269页。

法，在写作《愚鼓词》的次年（1672 年）正在炼丹功，已有不少体悟，自称“一瓠道人”，十年后著《老子衍》，“参魏伯阳、张平叔之说”，十四年后（六十七岁）完成《楚辞通释》，以内丹丹法注释《离骚经》《远游》等篇，“已尽学玄者之奥”。所以，吴老是从内丹丹法角度讲解、注释，以切合船山本义的。这种“以经注经……以先生自悟之语，释其本义”，“不拘执以求解，只由夹缝中体会真义”，是实事求是研究学问、做人的谆谆教诲。吴老还揭示“《愚鼓词》是内练丹功的实践总结，《楚辞通释·远游》则是丹功理论的系统论述”，并进一步从屈原“达生知命，非不习于远害尊生之道，而终不以易其怀贞之死”，把个人心性修养提升到养生报国的高度：“盖报国救民事大，而全身保命之事小也，此船山之所以入佛老、辟佛老也。”① 正是这种从历史实际出发，实事求是，又出入佛老，老实做人、做学问的科学探索精神，不仅能得其本来面目的真谛，也提升了学术研究的精神品位，高扬了船山先生贞生安死、报效国家的浩然正气和家国情怀，这的确是吴老治国学、船山学的一个典型范例。

1982 年 5 月，船山学社正式恢复，吴老担任首任社长，和诸位副社长、理事一起，着力恢复《船山学报》。组织船山学研究，编辑《船山全书》，大力组织讲学，培养研究人才，壮大研究队伍。1983 年 11 月，吴老写信恭请中国道教协会理事、著名道教学者王沐先生撰《远游浅释》，次年又请他作《中国道教源流与对历史的影响》的学术讲座。吴老还请中国佛教协会副会长明真法师撰写《相宗络索初探》，请董绍明先生撰写《略谈相宗络索创作的根源：唯识观心自悟禅境》的论文，并在中国社科院任继愈教授的推荐下，把著名佛学专家王恩洋先生 1960 年撰写的未刊稿《相宗络索内容提要》收入《船山全书》，附录于《船山佛道思想研究》中，供读者学习、鉴别。这些都开拓了船山学的研究视野和领域，对中青年学者打好学术功底，提升学术研究素质大有裨益。

三、海纳百川

二十世纪八十年代，船山学社吴老和学社其他正副社长（王兴国、邓潭

---

① 吴立民：《愚鼓词注释例言》，《船山佛道思想研究》，湖南出版社 1992 版，第 274—276 页。

州、冯正刚、陈远宁、周士一、唐凯麟、陶懋炳等）都积极投入联系国内外学者，收集船山著作和船山学论著、编辑《船山全书》等活动中。像武汉大学萧萐父、唐明邦教授，北京张岱年、石竣、张立文、任继愈、谷方教授，红旗杂志社方克副总编、阎长贵副总编，中华书局陈金生主任，湖南省博物馆专家程鹤轩先生，香港唐君毅、许冠山、黄秀洁，台湾罗光教授等，都由船山学社和中国哲学史学会湖南分会和他们取得联系。萧萐父、唐明邦、郭齐勇教授和武大诸多教授、研究生还联系外国学者，提供《国外学者研究王船山部分论文摘要》，包括日本高田淳、西顺藏、黑板满辉、吉田健舟、山口久和、荒木见梧、松川健二、后藤基己、小川晴久、水原重光、爱岩松男、桑山龟平，苏联布罗夫，美国陈荣捷等学者的著作，打开了船山学研究的新视界。广东汕头市公园区委宣传部莫善钊先生致信吴老，吴老写信把莫先生所提供的张西堂《王船山学谱》、张延荣《船山养浩然之气新述》等信息提供给学社同仁参考。

船山学社还派王兴国、刘志盛以及笔者，与衡阳周示行、冯玉辉、邓杭云、王鹏先生，南岳旷光辉等同志一起，访问船山遗书、逸文、文物，广泛征询、查访。我们得知衡阳十一中唐祖武先生的学生王鹏 1953 年前后发现有毛泽东青年时代批阅过的船山著作数页书稿，交唐老师，转送中央办公厅，中央办公厅即致函，向唐先生表示感谢。此信唐老师一直珍藏，在“文革”中被抄走了。我们于 1983 年 12 月 16 日向中共中央办公厅致函查询，惜未见下落。但此后，船山不少逸文陆续被收集到，如毛泽东主席关于《双鹤瑞舞赋》《致郑振铎》的亲笔信、王敔《大行府君行述》、船山《双鹤瑞舞赋》《唐钦文六秩寿言》《惜余鬓赋》等十多篇逸文、照片（均载《船山全书》第 15 册卷十《补遗》及第 16 册《传记》中），为《船山全书》的完整、准确、校勘、编辑和推动船山学的深入研究打下良好的基础。

四、呵护船山墨宝

船山遗书、遗著流落民间不少，许多学者都尽了收集、校勘、鉴定、编辑之责任，使船山著作在船山逝世三百多年后广泛传扬于世，大放异彩。湖南师大马积高教授，看到《为躬园题用念庵韵》等三篇船山逸文的校勘初稿，对“题”误作“作”，“念庵”误作“《念庵》”，“两篇五言、两篇七言”误作“五言四首”提出修正意见，指教、帮助良多。衡阳船山学校校长莫尔雅先生珍藏船山《宋论》《读通鉴论》清稿（或谓抄本），学术界、出版界多有一些争议，吴老和学社几位副社长对此十分重视，接见莫尔雅夫妇，并认真审阅书稿，赞同莫先生到北京中国社科院、中华书局、国家文化部请史树青、任继愈、李申等专家进行鉴定，亦请湖南省文化厅、文物局，湖南图书馆刘志盛，岳麓书社杨坚、胡渐逵等专家会商、鉴定，终于从船山手迹、避讳、书稿纸张、作者落款、脱文增补、与诸手稿对勘等方面进行较全面的鉴别，证实莫氏家藏船山清稿本的真实、可靠性，了却一桩长久未了的公案。这不仅对农民收藏家、船山学的忠实爱好者、积极弘扬者莫尔雅先生是莫大的鼓励和支持，也是对船山先生墨宝的极力呵护，为船山学的研究和弘传作出应有的贡献，成为文坛的一段佳话。

王兴国与船山学社、船山学研究

陈力祥[*]　颜小梅[**]

王兴国（以下简称先生），湖南株洲人，船山学社原社长，《船山学刊》原主编。先生对船山学的付出可谓大矣、甚矣。为彰显先生对船山学研究所作出的贡献，在先生80寿辰之际，对其近六十年的船山研究作一总结，特作此文，以弘先生治学之精神，彰其为船山所作出的贡献。先生对船山学的贡献，日月可鉴。他一生倾心寄情融情船山，不遗余力推荐船山，费心尽力研究船山。

先生乃船山思想研究之前辈，也是船山学形成及壮大之推动者，其对船山学之用心、用情皆化为对船山学之组织与研究中。先生对船山学之贡献可规约为三个层面：其一，倾心寄情结缘船山。其二，不遗余力推介船山：多次亲躬筹备参与纪念船山之学术研讨会而推介船山；通过重建船山学社、恢复《船山学报》而推介船山；校勘古籍、整理《船山全书》以推介船山；撰写船山学研究综述而推介船山。其三，费心尽力研究船山：对船山认识论范畴的研究；会通道家、道教，批判吸收；注重王船山与中国近现代转型的研究。作为地道的湖南人，先生以传播、弘扬、发展、推广船山思想为己任，为船山思想熠熠发光贡献了自己毕生的力量。

---

* 陈力祥，湖南大学岳麓书院教授，哲学博士，博士生导师。主要从事宋明理学、船山学研究。

** 颜小梅，湖南大学岳麓书院博士研究生，主要从事宋明理学、船山哲学研究。

一、倾心融情结缘船山

先生自中国人民大学哲学专业毕业被分配到湖南哲学社会科学研究所工作后，长期从事马克思主义哲学史、中国思想史和湖湘文化研究，多年来一直参与船山学之学术组织与建设工作，在扩大船山学影响和研究方面功劳卓著。在与船山相伴的近六十年的工作生涯中，先生研读、整理学界研究船山学的各类文献，对研究船山文献作深入剖析之余，也为其纵深发展提出了自己独到的见解，能够准确洞悉船山学研究的动向，为后辈深化船山研究做出了重要贡献。

据先生细忆，他与船山及船山学之不解之缘可追溯到1962年筹备纪念王船山逝世270周年的学术研讨会。为成功举办研讨会，在将近一年的筹备工作中，先生博览群书，广泛涉猎研究船山思想的著作，专研船山经典，为会议撰写论文；在会议举办之际，他前赴山东接待莅临会议的专家学者、为研讨会做记录、整理专家学者的讲稿等，不辞劳苦，力求精益求精。1962年的船山学术研讨会的筹备不仅为先生之后筹备船山相关的研讨会提供了经验，而且把船山之情融于毕生研究，影响着先生的学术兴趣和学术追求。

除了筹备船山的相关研讨会外，先生还积极响应恢复船山学社、复刊《船山学报》等号召，凭借其博学多才、高水平的文史哲素养，担任审阅有关船山生平、著作、思想等研究论文的编辑。在此过程中，学界对船山学术的挖掘和研究引发了先生的深思，让先生从两个维度把握着船山学术的发展，一个维度是从横向看，即学界关于船山已有的研究大致可归纳为船山哲学思想、政治思想、历史思想、美学思想、文学思想等；另一维度是纵向看，即立足当前学界已有研究成果，就船山学术在今后应如何发展提出了深刻见解。与此同时，先生一丝不苟地对待《船山遗书》的校勘工作，认真勘对其中有误的文字，力图恢复船山著作的原貌，为《船山全书》的编辑、整理出版全力以赴。在日复一日的熏陶沉淀下，先生展示了其扎实、深厚的学术功底，其对船山学术研究全局的洞悉和发展方向的高瞻远瞩蕴含着先生学术之扎实，对船山用情之深。

先生不只是船山学术研究的推动者，更是船山学术研究的实践者。一方面，他立足学界关于船山的研究成果，综述了冯友兰、张岱年、侯外庐、嵇文甫等先生对船山研究的贡献，让后辈研究者对船山学有了更清晰的了解；另一方面，先生对船山哲学、子学、史学研究颇深，他将船山置于马克思主义哲学视域的研究中，用一对对范畴构建了船山认识论体系，可谓全面而深刻，从船山对老庄思想的细节处突显出船山子学“专精老庄，入其垒，袭其辎”的特色，以及挖掘船山民族思想在中国近现代历史上的地位及被宣传的原因。先生之极深而研几引发了我们后辈如何研究船山的思考，船山思想博大精深，自成体系，但其中内容又包罗万象，故需研究者能够“入乎内而又能出乎外”，即宏观把握船山之思想体系，又能微观地阐释其思想背景、特色及发展流变。正如先生对船山学发展的展望，他希望能够从宏观和微观两方面深化船山学的发展，也即是希望既能加强船山思想体系的建设，又能将某一具体思想深化，纵向延伸，为船山学之发展添砖加瓦。先生对船山学之倾心用情寄托于筹备学术研讨会、恢复船山学社、编辑和整理船山全书、综述学界船山学研究成果等多种方式不遗余力推介船山和费尽心力钻研船山思想上，将对船山之情深化为组织和研究之深。

二、不遗余力推介船山

上文提及，先生 20 世纪 60 年代毕业便与船山学相伴，可谓船山学研究之前辈，在与船山学风雨同舟的几十年中，先生将对船山之深厚感情寄托于多种推介船山之方式上，以增强船山及船山学之影响力。自 1962 年筹备船山学术研讨会以降，先生更是多次参与纪念船山之学术活动，与诸位研究船山之学者整理、校对船山方面的古籍，致力重建船山学社、恢复《船山学报》等工作，潜精研思学界对船山学之贡献。下文将从先生着力筹备参与纪念船山学术研讨会，积极参与重建船山学社、恢复《船山学报》等工作，校勘整理船山古籍，研究学界对船山学之贡献四方面，以彰先生对船山之推介。

（一）多次亲躬筹备参与纪念船山之研讨会而推介船山

如前，据先生回顾，他与船山深度结缘于 1962 年“纪念王船山逝世 270 周年学术讨论会”，在此次学术讨论会筹备过程中，先生主要做了四项工作：

与王忠林、杨际平二位先生合著《试探王夫之的发展观》一文，赴济南迎接专家学者，担任会议期间哲学二组的记录员，整理专家学者的讲学稿。[①] 在与王、杨二先生合著的论文中，他们指出王夫之强调一切事物都是处于不断运动变化和普遍相互联系之中，并认为事物的矛盾是普遍存在的，是运动变化的原因。从马克思主义哲学的视角论述王夫之哲学中丰富的辩证法思想，充分肯定王夫之发展观的积极作用，同时也指出了他的发展观存在抽象、形而上等局限，但纵观王夫之发展观全局，将其定性为朴素辩证法。此论文最后以林国平的名义提交讨论会，并收集在于1965年中华书局出版的《王船山学术讨论集上册》。[②] 关于当年学术研讨会的盛况，先生在回忆他充当哲学二组记录员时有过一段论说，当时研讨会上，学者们各抒己见，纷纷阐发对船山认识论的见解，还记录下了对后来船山研究影响深远的一番讨论。冯友兰先生当场拿出太平洋本《读四书大全说》，摘出其中“格物致知”的言论，对照朱熹的思想，得出了船山“心”“理”关系与朱熹如出一辙，并未超出朱子认识的结论。关锋先生同样引述此段，认为船山虽未将“格物”“致知”问题处理得很好，但基本上正确解决了两者的关系，并相较程朱，存在新变化。萧萐父先生认为冯、关二位的讨论牵涉到对船山哲学的根本评价，总体而言，他认为船山之“理”区别朱子之“理”，充分肯定船山“主观反映客观”的唯物主义立场。[③] 先生通过这一细节让大家感受到当年研讨会开展得如火如荼，同时也启示着研究船山的后继者应将船山与朱熹之关系、船山与宋明理学之继承与发展，作为后续船山学研究的重要论题之一。

1980年6月，湖南省中国哲学史学会筹备小组探讨了王船山研究的相关问题，建议在船山逝世290周年之际举办学术研讨会，先生应相关方面指示起草了1982年召开王船山学术研讨会的报告。同年12月在韶山举办的湖南省高等文科科研座谈会上，省内著名学者如林增平、姜书阁、羊春秋、马积高等先生表示对研讨会的支持，同时建议重建船山学社和复刊《船山学报》，

---

① 王兴国：《我与船山和船山学》，《船山学刊》2015第4期。

② 湖南省哲学社会科学学会联合会、湖北省哲学社会科学学会联合会合编：《王船山学术讨论集》（上册），中华书局1965年版，第135—151页。

③ 王兴国：《我与船山和船山学》，《船山学刊》2015第4期。

先生便写了船山学社简介，供相关领导参阅。[①] 据先生回忆：1982 年的“纪念王船山逝世 290 周年学术讨论会”相较 1962 年举办的讨论会而言，收到的会议专著、论文等数量更多、种类更丰，研究领域也更广泛，不再仅局限哲学、史学、政治等，而拓宽到了美学、逻辑学、文学、民族观等领域，且在原有研究上有所深化。其讨论主题相较上次更加明确，即船山思想是否具有启蒙性质以及其与宋明理学是何种关系，主题之明确也体现着研究中更注重船山思想之形成、发展变化之过程，因而在方法上要更加注重科学，坚持实事求是。[②]

为进一步明确船山之思想及其在中国传统文化中的地位，1992 年在衡阳市召开了主题为“王船山与中国传统文化和社会主义精神文明建设”的主题研讨会，如先生所言，此次会议最大的特点即是船山主要思想领域一系列专著的出版，其研究内容更加深刻而全面，除却之前研讨会所涉及的政治、哲学、史学等，还包括经济思想、教育思想、伦理思想、佛道思想、诗学思想等诸多新领域。[③] 先生还列举了陈远宁、谭承耕、唐凯麟、张怀承、吴立民、徐孙铭诸位先生的研究，从不同领域和不同层面微观上展示了学界研究船山之成果，并将船山之基本精神及其历史地位置于整个中华传统文化之中，从宏观上把握“船山之魂”，以及辩证地评价了船山守旧与趋新并存的历史地位。为使研讨会讨论之问题更加深化，先生在其论文中总结了会议存在争议的四个问题：船山思想的阶级属性以及船山是否是启蒙思想家的问题、船山与宋明理学之关系（即理学或者是反理学）、船山爱国主义思想与民族主义思想的评价、船山历史观问题之评价。[④] 先生将此次研讨会讨论主题之深化、研究问题之争议以及船山学发展之展望写成综述，发表在《中国社会科学》上，既简明扼要地概括了当前船山学研究的现状，又为今后船山学研究提供了可研究的视角和方向。

为纪念船山逝世 310 周年，2002 于衡阳举办了“船山学与现代文明”的主题研讨会，先生撰写了《船山学研究四十年之回顾》一文，回顾了前三次

---

① 王兴国：《我与船山和船山学》，《船山学刊》2015 第 4 期。

② 王兴国：《船山学研究四十年之回顾》，《船山学刊》2002 年第 4 期。

③ 王兴国：《船山学研究四十年之回顾》，《船山学刊》2002 年第 4 期。

④ 王兴国《纪念王船山逝世三百周年学术讨论会综述》，《中国社会科学》1993 年第 2 期。

研讨会相关的研究成果。先生认为四十年来，船山研究最显著的成就即是“船山学”的初步形成，“船山学”最初是由方克立先生于1982年《船山学的回顾与展望》一文中提出：船山学作为一门以王船山的学术思想和生平活动为研究对象的专门学问。[①] 先生认为船山学之初步形成具体体现在以下五个方面：重建船山学社、成立船山学会，恢复出版《船山学报》并更名为《船山学刊》，编辑和整理出版《船山全书》，出版了一大批船山生平和思想的专著，对船山思想的一些学术问题进行了比较深入的探讨。而且先生认为四十年来，船山研究最大的特点即是“宏观—微观—宏观”，此次研讨会上出现的新变化有四点：一是出现了有关船山思想的总结性的研究，二是注重船山各思想间的内在联系，三是将船山某一思想置于其历史发展背景中深入挖掘其学术价值和贡献，四是从更宏观的视野探讨前几次研讨会中出现的有关船山的争议性问题。[②] 先生在此次讨论会上的回顾从宏观上展示了自1962年以来的船山发展成果，综述了学界关于船山研究的现状及新变化，还将此次学术会议论文编成了《船山学新论》，为学界深化船山研究、壮大船山学做出了重要的贡献。

（二）重建船山学社、恢复《船山学报》而推介船山

如前文所言，应学界著名专家重建船山学社的建议，先生撰写了船山学社的简介，船山学社于1982年5月8日重建，吴立民先生任社长，先生和陈远宁先生任副社长。船山学社最初名曰思贤讲舍，其为学之旨是“自重以为立身之本，讲求礼法以为接人应务之方，亲师取友以求共学之益，读书务实以立为学之程”[③]。后刘人熙将其改为船山学社，整理船山著作、宣传船山思想及学说。1951年后，船山学社停办，直至1982年才恢复。在学社重建后，先生及诸位学社同仁以弘扬船山学为学社宗旨。据先生叙述，成立初期要尽量少受所谓“历史问题”的影响，抵住“左”的压力。自1994年任社长以来，先生致力于学术理念之纯粹及学社团结，以提高学术质量、组织学术会

① 方克立：《方克立文集》，上海辞书出版社2005年版，第622页。
② 王兴国：《船山学研究四十年之回顾》，《船山学刊》2002年第4期。
③ 郭嵩焘，梁小进主编：《郭嵩焘全集》（第11册），岳麓书社2018年版，第365页。

议、加强学术交流为目的，推动船山学术研究的进步和繁荣。① 在先生和诸位学者的努力下，船山学社在推动船山全面、科学研究方面功不可没，一方面表现在船山生平、著作及相关资料更加完善，研究领域更加宽广，并出现了多学科协同发展的现象；另一方面在船山研究中注重运用科学的方法和新的理论范式进行研究。② 在先生之带领和提倡下，以实事求是的态度展示船山学术的“真实”面貌，推动船山学的系统化、体系化。

除了重建船山学社外，先生及各学社成员还倡议恢复《船山学报》，在他们的努力下，1983 年恢复《船山学报》，并更名为《船山学刊》。自 1984 年至 1989 年，先生担任学报主编，出版刊物 14 期，因当时编辑部没有专职编辑，故先生不仅负责稿件的终审，还需分担一定的编辑任务，在每次的刊物校对中，先生都斟词酌句，严把刊物质量。据先生在《〈船山学刊〉百岁生日颂》中回忆：当时开设有“船山佚文”“船山哲学”“船山史学”“船山文学”“原著注释”“船山生平与师友研究”等专门栏目，在实事求是原则的指导下，全面、科学地研究船山生平、学术源流及其思想发展流变及历史地位，以求建构科学、完整的学术思想体系。③ 1989 年，相关部门在整顿刊物时，以一个单位不能办两份刊物为由停办了《船山学报》，先生当即向省里相关部门和领导写报告，并请有关领导多方呼吁和协助，最终同意每年出一期船山研究专刊。后在多方努力下，1991 年有关部门同意学报复刊，并改名为《船山学刊》。此后 1993 年至 2009 年，先生担任《船山学刊》的执行主编和编委会副主任。先生不但要审稿，把控刊物质量，还要编稿。2010 年至 2014 年前后，先生虽没有担任主编了，但是应编辑部邀请，为提高学术质量，先生还继续担任责任编辑，二审稿件，严抓刊物质量。正因为先生长期参与学报和学刊的编辑、审阅工作，故对船山研究的现状及其发展之欠缺了如指掌。《船山学刊》在先生及诸位同仁及各专家学者的共同努力下，在船山思想体系、船山思想新领域研究、船山在湖湘文化及中华文化中的地位、船山与宋明理学之关系、船山与西学思想之比较等方面都有深化和拓展，但在思想源流、

① 王兴国：《我与船山和船山学》，《船山学刊》2015 第 4 期。

② 王兴国：《〈船山学刊〉百岁生日颂》，《船山学刊》2014 第 2 期。

③ 王兴国：《〈船山学刊〉百岁生日颂》，《船山学刊》2014 第 2 期。

师友关系、著作和观点考证及思想体系研究方面存在局限。[①] 从先生之前瞻可看出，船山研究需要采用更科学的方法，如加强其著作时间、地点及观点本身的考证，推动船山学研究之真实、深入发展。也正是通过此种途径，先生在推介船山及船山学方面，其功卓著。

（三）校勘古籍、整理《船山全书》而推介船山

在船山学社研讨会如火如荼开展之余，船山古籍的整理也被提上了日程。1982 年湖南省古籍整理出版规划会确定将《船山全书》列入古籍整理出版规划，先生担任编委会办公室副主任。在校勘、整理古籍过程中，先生主要做了如下工作：一是和陈远宁先生从船山 12 世孙王鹏处得到王敔所写的《大行府君行述》抄件，为船山之生平、思想研究提供了新材料，经过二位先生之校勘，此材料最后发表于《中国哲学史》。二是和刘志胜、徐孙铭先生去国家图书馆校对了文津阁本《四库全书》中船山《诗经稗疏》《书经稗疏》等著作。完成此任务后，又去中华书局协商，将王孝鱼等人点校完而未出版的船山著作转让给岳麓书社事宜。最终，中华书局将 24 种船山点校稿本转让给了岳麓书社《船山全书》编辑委员会。与此同时，与马宗霍之子马雍协商，将马宗霍《船山遗书校记》手稿本复印给船山全书编委会。三是和张铁夫先生向王鹏借阅并复印其祖传王船山之《张子正蒙注》和《读四书大全说》抄本，由于此版本之《张子正蒙注》相较其他版本更真实、完备，故整理全书之际便是以此本为底本，兼采其他本子之长，而《读四书大全说》也成为校勘全书之参考本。四是先生非常重视对船山佚文、佚诗之搜集与整理，并请提供者将其发现过程、内容一一撰文，共收录佚文、佚诗等 31 篇。[②] 先生在文中虽只是简单回顾，但可想而知过程之漫长、艰难，他对船山著作版本的搜集、对比、整理，和校勘古籍对船山全书之整理大有裨益。

（四）撰写船山学研究综述而推介船山

先生哲学功底深厚，又长期从事船山研究，故对学界船山学之现状有清

---

① 王兴国：《〈船山学刊〉百岁生日颂》，《船山学刊》2014 第 2 期。

② 王兴国：《我与船山和船山学》，《船山学刊》2015 年第 4 期。

晰认识。他通过综述诸位学者对船山研究之贡献，以清楚地显示当前船山研究之主题。也正如先生在其他文章中所总结的，大体可规约为如下几个主题：船山之民族思想、船山之哲学体系、船山与宋明理学之关系、船山是否为启蒙思想家、船山及其学术之历史地位、船山及其学术之基本精神等。

在《清末民初船山学论述评》一文中，先生针对戊戌变法前后学者对船山思想利用和研究情况，从夷夏之辨、民主思想、哲学思想和历史地位四个方面进行了剖析和评述。船山“华夷之辨”之思想在清末为维新派和革命派反清提供了思想来源，虽然两派对其运用理解不一，但都只将船山“夷夏之辨”用来反清，并未将它运用于中外关系，直至后来杨昌济先生将传统“夷夏之辨”转变为现代爱国主义。在论及民主思想时，先生以梁启超、章太炎对待黄氏《明夷待访录》和王氏《黄书》的不同态度为引子，对“船山思想是否为民主主义”提出了自己的见解，就船山所谓之“民权”思想实质是中国儒家传统民本思想，并非西方所倡“自由、平等”云云。在理解和运用船山哲学思想上，先生认为研究比较深入的分别是谭嗣同、杨昌济和梁启超，谭嗣同以“器体道用”反对“中体西用”；以船山动静之辩证思想反对隔绝、闭关，提倡“一多相容”，肯定“理欲合一”。杨昌济以传统中国哲学比之培根经验哲学，更多地将船山哲学视为科学的认识方法。梁启超以顾亭林和王船山做对比，认为亭林方向接近“科学”，船山方向接近“哲学”。在船山思想历史地位的评价上，先生总结了“理学”（唐鉴、曾国藩、郭嵩焘等）和“反理学”（梁启超等）两种说法。[①] 虽然当代学者研究船山较清末民初学者更深入，但先生认为对船山研究的主要理论框架并未超出以上四方面，故可在这些学者研究基础上做更深入的探讨。

在《简论冯友兰先生的船山研究》一文中，先生从船山哲学思想与宋明道学关系、船山与程朱“心、理”论述、船山是否为启蒙思想家三方面综述了冯友兰先生对船山研究的独特见解。首先，在船山哲学思想与宋明道学关系的问题上，冯先生的观点前后有所修正：前期，他认为船山是属于反道学阵营，后期则明确否定船山是反道学，而且将他视为后期道学的主将，与前期道学集大成朱熹并驾齐驱。先生认为冯先生观点前后虽有变化，但其不变

① 王兴国：《清末民初船山学论述评》，《船山学刊》1994 第 1 期。

之处是将船山放于道学历史中分析。其次，先生在船山与程朱“心、理”论述上总结了冯先生的观点：船山“人心”“道心”之论与朱熹并无二致，都坚持“人心”之上有“道心”，“道心”（仁、义、礼、智）统帅“人心”（私欲杂念），但船山只反对陆王之“心即理”，而不曾跳出朱子之藩篱，故船山之“以心循理”不能视为反映论，而仍保留有程朱理学唯心之残余一面。最后，在船山是否为启蒙思想家问题上，从冯先生将黄宗羲定义为新时代的先驱，而将船山定义为旧时代的总结的不同评价中，先生认为冯先生虽未明确地将船山排除在启蒙思想家之外，但据其评价，船山未被列入启蒙思想家之列。①

在《张岱年先生对船山学的贡献》一文中，先生从船山哲学范畴、船山哲学体系、船山历史地位三方面精准而动态地评述了张先生对船山学研究所作之贡献。先生认为张先生在新中国成立前研究中国哲学呈现出以问题为中心的研究特点，研究船山也不外如是，从船山之唯气论、辩证法、致知论等概念出发，构建新唯物论体系。据先生评述，张先生在新中国成立初期从马克思主义理论出发，研究船山唯物主义思想形成的社会背景、船山思想与资本主义萌芽的关系、船山唯物主义思想的基本内容。自改革开放以来，张先生更加侧重船山之历史地位和积极、主动哲学精神之研究，认为船山虽未能提出反理学的口号，但已经突破了理学的局限。②

在《侯外庐先生对船山学的贡献》中的第一部分，先生概述了侯先生通过唯物史观方法分析了船山所处社会性质、变革中的阶级关系、启蒙思潮特点，并将船山明确界定为中国早期启蒙思想家。文章第二部分，先生引侯老“船山之学，涵淹六经，传注无遗，会通心理，批判朱王（对朱熹为否定式的修正，对王阳明为肯定的扬弃），中国传统学术，皆通过了他的思维活动而有所发展，他的方法则是近代的”③ 一段总概船山之学术地位，并通过分析侯老的论述，揭示了船山“六经责我开生面”的科学精神体现在摒弃佛老二氏之世界观而吸收其方法论和继承古代唯物主义思想（主要是王充）两个方面。先生精炼的总结为现代学者在宋明儒学与佛老、船山与佛老、船山与王充思

① 王兴国：《简论冯友兰先生的船山研究》，《船山学刊》1996 年第 2 期。
② 王兴国：《张岱年先生对船山学的贡献》，《船山学刊》2007 年第 1 期。
③ 侯外庐：《船山学案》，岳麓书社 1982 版，第 7 页。

想之异同等方面开辟了新的研究视角。文章第三部分，先生详细地展示了侯老关于船山絪缊生化论、运动观、认识论和知识论、人性论、道器观和社会史观的思想体系，揭示了侯老以马克思主义观点研究船山哲学的先河。①

在《嵇文甫先生对船山学的贡献》一文中，先生从政治、哲学、历史三方面详尽地介绍了嵇文甫先生对船山学的贡献。先生肯定嵇老在政治思想方面有四点贡献：为顺应五四时代需要，突出宣传船山人道主义思想；全面、高度评价了船山之民族主义和爱国主义；以个案研究的方法首倡船山有别申、韩和黄老的新政术论思想研究；从船山贱商主张和非平等自由思想将其阶级属性定为封建地主。在哲学方面，先生概述了嵇老关于船山哲学地位之论述：船山哲学源自横渠、东林学派、庄释各家、晚明考证与“质测”之学等，是宋明道学之“扬弃”，是程朱陆王基础上的“否定之否定”，肯定其唯物主义的基本立场，但认为其含有诸多唯心主义杂质，并将船山哲学理论之根本归纳为“天人合一，生生不息”。在历史观方面，先生概述了嵇先生关于船山古今因革论、朝代兴亡论、华夷文野论的历史观，并指出船山历史观之性质是自然唯物主义而非历史唯物主义，其史学方法为经世之学和历史联系时事。②先生紧密结合嵇先生的专著和论文，系统而精炼地总概了嵇先生对船山研究的贡献，为现代学者精细地研究船山的学术渊源、政治思想和方法论做出了重要贡献。

综上，先生亲躬筹备纪念船山的学术研讨会、重建船山学社，恢复《船山学报》、校勘古籍，整理《船山全书》、撰写船山学研究综述，借助研讨会、学社、学报等阵地不遗余力推介船山及其研究成果，以增强其影响，并通过学界之论述为实事求是地探索船山思想之渊源、思想内涵及体系、后世影响等提供了参考余地，开辟了可研究的视角。

三、费心尽力研究船山

除了筹备船山的相关会议、重建船山学社、恢复《船山学报》等方式推

① 王兴国：《侯外庐先生对船山学的贡献》，《船山学刊》2004 年第 4 期。

② 王兴国：《嵇文甫先生对船山学的贡献》，《船山学刊》2018 年第 1 期。

介船山研究外，先生更是深刻钻研船山，在船山认识论、子学和历史思想方面说理透彻，见解独到。

（一）关于船山认识论范畴的研究

为响应1982年王船山逝世290周年学术研讨会，黄洪基、陈远宁、王兴国三位先生共同商议撰写《王船山认识论范畴研究》，于此项工作中，先生执笔“一与多”“名与实”“知与行”“天道与人道”“有穷与无穷”五个章节，以及全书的编辑、订正等工作。在撰写船山的这些范畴时，他对范畴本身的发展史做了梳理，阐释了船山对这些范畴的论述，彰显了船山对传统之传承与创新。先生认为船山对具体与抽象、个别与一般关系的认识可理解为“居一统万，合万皆一”，客观世界是“一与多”的统一，故而在认识上应坚持“多学”与“一贯”的认识方法，多学识涵养进而一以贯之，反对“执一”“逐物”，割裂“一”与“多”的关系。[①] 在“名实”关系上，船山坚持“名从实起，依实定名”，反对“循名责实”“惜名废实”“以名戕实”“重名不重实”，但同时他认为名实相符需要“与物交”，认真观察客观事物，“名”虽从“实”生，但对事物的认识总是处于不断发展的过程，即应注意“名随实变”，非偏重某一方，而要交相为用。[②] 在“知行”关系上，船山认为“知行”当属不同范畴，强调“知行有别”，反对“知先行后”和“知行合一”，而坚持“知行相资并进”，相互渗透，但同时也强调两者地位不同，认为“行可兼知”，而“知不可兼行”。[③] 天道与人道实质即是客观规律性与主观能动性的关系问题，先生在古代天道与人道关系基础下，论述了船山之天人关系可归为“天人有别，人可相天为功”，强调天人有别，反对天人感应，但人可发挥其主观能动性，成就自身。总言之，船山之天人论述坚持天道于人道之优先性，即人不可强天以从人，但可在遵守客观规律的前提下充分发挥人之主观能动性。[④] 在“有穷与无穷”范畴上，先生认为其实质即是论述真理之相对与绝对问题。就主客而言，认识对象如“道”“物”是无穷的，而人之

① 王兴国等：《王船山认识论范畴研究》，湖南人民出版社1982年版，第183—201页。
② 王兴国等：《王船山认识论范畴研究》，湖南人民出版社1982年版，第202—223页。
③ 王兴国等：《王船山认识论范畴研究》，湖南人民出版社1982年版，第224—245页。
④ 王兴国等：《王船山认识论范畴研究》，湖南人民出版社1982年版，第246—268页。

认识知能是有限的，故人之认识不可一蹴而就，而是一个螺旋式上升的过程。人之认识不断发展、深化得益于人之认识器官和认识能力之“日新”，通过“日习日成”，人之知识储备和知识结构才能够不断深化，对世界的认识才能够由浅入深、由偏向全，从横纵两面延伸，故在认识过程中切忌“速成”“不作为”。[①] 先生通过五对范畴的梳理和阐释，对船山哲学中个别与一般的关系、认识能力、认识过程、认识过程中的规律性与主观性、认识对象之无限性与认识能力之有限性从唯物主义视角做了阐释。

（二）会通道家、道教，批判吸收

船山非常重视子学研究，且会通道家、道教。先生通过与傅山子学之比较，挖掘出了船山子学研究之特色。就子学成果而言，两者都颇为丰富，但相较而言，傅山子学涉及面更广，船山子学更为精一，主要是老庄研究。相较傅山重辟谷，吴立民先生和先生认为船山更重道家、道教之“内丹”修炼，从其自称“一瓠道人”，于《遣兴诗》《广遣词》中不少丹语，以内丹丹法注释《离骚经》《远游》等著作即可看出船山于道家、道教之“丹法”情有独钟。道家道教之身体观对船山“珍生”“贵身”的思想也产生了重要的影响。虽然船山精通老庄思想，但是对其态度则是“入垒”“袭辎”，即精细地研究老庄思想正是要了解其世界观和方法论，应对道家道教之挑战，批判吸收其中可通儒家“圣道”之方法。而老庄思想可通“圣道”之方法有二：其一是批判和改造其世界观，以唯物主义阐释“万物生于有，有生于无”，认为万事万物有生有灭，其成则为“有”，其毁则为“无”，从“无”生“有”即是本体之“幽”显“明”的过程。二是吸收和改造其方法论，吸收老庄思想中丰富的辩证法思想，以辩证的视角构建自身的哲学体系。[②]

（三）注重王船山与中国近现代转型的研究

先生认为船山思想、著作的流传及研究与中国近代史是相伴而行的，在近代大体经历过三个阶段：著作流传刊布期、思想复活期、研究学术化期。

---

① 王兴国等：《王船山认识论范畴研究》，湖南人民出版社 1982 年版，第 269—287 页。

② 王兴国：《傅山与船山子学思想之比较》，《船山学刊》2008 年第 4 期。

船山著作得以流传和刊布首要归功曾氏兄弟以金陵书局的名义刊刻《船山遗书》，其次当属郭嵩焘创思贤讲舍和彭玉麟创建船山书院宣传、推崇船山。船山思想复活于甲午至五四时期，革命派和改良派都大力宣传船山，将其思想作为革命或者改良的武器，并将船山与黄宗羲、顾炎武等并列为明清三大家，大大提高船山在思想史上之地位。在此期间，杨毓麟、谭嗣同大力推崇船山之民族思想，刘人熙等人成立船山学社并出版《船山学报》，积极宣传船山思想，罗正钧之《船山师友记》、皮锡瑞之《经学历史》等对复活船山思想都起到了积极的推动作用。五四时期至新中国成立是船山思想学术化时期，这一时期的船山研究比较趋向客观化，其一是重刊《船山遗书》；其二是王孝鱼《船山学谱》、张西堂《王船山学谱》、张岱年《中国哲学大纲》等拓宽了船山研究之面向；其三是从政治、哲学、道德、历史等角度研究船山思想。而在复活时期的船山思想更是对近代社会产生了极大的影响，主要表现在其民族思想推动了民族意识的觉醒，其经世实学思想对辛亥革命前后一代人如谭嗣同、禹之谟等人产生了影响，其辩证法思想影响到了谭嗣同、杨昌济、毛泽东等人的思想。虽然船山在近代受到极大的推崇，但先生认为近现代对船山的推崇，其目的各有不同，曾氏兄弟、彭玉麟、郭嵩焘等推崇的是理学家王船山；谭嗣同、章太炎、章士钊推崇的是船山之民族主义思想；现代是从哲学、史学和文学三方面推崇船山，而当代则是将船山视作启蒙思想家。① 基于以上，先生认为研究船山应本着实事求是的原则，从更全面、更精准的视角把握船山之思想。

先生费心尽力研究船山思想，在认识论方面，以对立范畴构建认识论体系；在子学方面，会通老庄，钻研道教，吸收其方法论，改造其世界观；在船山对近现代影响问题上，秉承实事求是原则，理清对船山推崇的不同目的，始终秉承实事求是的原则，力求全面、深刻地阐释船山思想。

四、简单的结语

综上，先生对船山之用情可见一斑。他对船山学之贡献也是有目共睹，

① 周发源等主编：《船山学刊百年文选》（史学卷），岳麓书社 2015 年版，第 276—286 页。

大致可概述为以下三方面：其一是倾心寄情融情船山。先生对船山之情倾注于推介、研究船山思想上，并用其毕生的精力探索、钻研。其二是不遗余力推介船山。先生通过筹备和参与纪念船山学术研讨会、积极参与重建船山学社、恢复《船山学报》、校勘整理船山古籍、研究学界对船山学之贡献等方式推介船山及其学术思想，力求增强船山及其学术思想的影响力，吸引更多的学者关注、研究船山。其三是费心尽力研究船山思想。先生在认真钻研船山思想过程中，构建了船山认识论体系，吸收了老庄方法论，改造其世界观，以通儒家之“圣道”。在船山对近现代影响的问题上，先生逐一分析船山在近现代被推崇的原因，见解独到，研究深入。先生凭借其扎实的学术功底和多年来对船山学之斟酌，综合了学界关于船山学的研究成果，认为应从生平、师友、著作、思想渊源、思想及影响、研究方法、各阶段之特点、国外研究现状、当代学者对船山之研究、船山学未来发展之展望等十几个方面来完善船山学之发展，使之系统化、体系化。[①] 同时，他也认为船山学未来之发展需从三方面加强：从宏观看，要追溯船山思想的历史渊源，探讨船山学研究之方法与范式，加强对船山在世界史和人类史上地位之研究；从中观看，要加强船山之师友研究，深化船山思想体系和船山学之研究；从微观看，要重视对其著作和观点之考证，挖掘新思想、新观点，全面、科学地把握船山之著作与观点。[②] 今年乃王兴国先生80寿辰，短短一文虽未能周详地道尽先生几十年来为船山学之壮大和弘扬所做的努力，但先生对船山学的贡献光照后人，为后人之楷模，也为湖湘文化之光大奠定了坚实的基础。

---

① 王兴国：《关于船山学学科建设的两个问题》，《船山学刊》2006第4期。

② 王兴国：《深化船山研究，开拓船山学的新生面——纪念〈船山学刊〉创刊90周年》，《船山学刊》2005年第4期。

船山学社、岳麓书社与《船山全书》

夏剑钦*

船山学社是浏阳学者刘人熙于1914年6月14日创建的，其前身是郭嵩焘创立于1881年的思贤讲舍。学社旧址位于今长沙市开福区中山东路。今存两进院落，砖木结构，内有庭院、讲堂和多间厢房，是在1938年长沙“文夕大火”后，就着船山学社剩下的一片残垣，于1954—1956年修复的。因1921年8月，中共湖南地方组织的筹建人毛泽东、何叔衡、易礼容利用船山学社的房屋及经费开办了以培养革命干部为宗旨的“湖南自修大学”，故按旧址在船山学社内，复原陈设了毛泽东、何叔衡的卧室和湖南学生联合会办公室、自修大学图书馆，修复了自修大学东门和讲堂等，门额“船山学社”四字系毛泽东手迹。

刘人熙（1844—1919），字艮生，四十岁以后号蔚庐，学者称蔚庐先生。清道光二十四年（1844）正月初九生于浏阳西乡枨冲小桃源。光绪三年（1877），34岁的他中进士，任工部主事，分管农田水利。从光绪五年（1879）起，他开始逐日写日记，五十年持之以恒，很少间断。也就在这一年，他获读王船山《周易外传》，方知船山学问之博大精微，“直契邹鲁、濂溪，横渠以来，一人而已”①。从此以后，他便终身服膺、倡导船山学，以此启示后学。光绪十三年（1887），他在坊间购得王船山《四书训义》一部三十八卷，是湘潭王氏守遗经书屋刻本，完整如新。他惊喜之余，嘱门生王芝

---

* 夏剑钦，编审，曾任岳麓书社社长、船山学社副社长。

① 萧骧：《刘人熙先生学术事迹简述》，湖南图书馆藏稿本手迹，第4页。

祥筹资印行，并亲自作序，以飨学者。

光绪二十七年（1901），清政府开始议行新政，各省自设大学堂、课史馆。浏阳李兴锐巡抚江西，电邀刘人熙担任江西大学堂总教习，兼任课吏馆馆长，刘人熙欣然应聘。次年秋，他赴广西任课吏馆馆长兼营务处会办、法政讲习所监督。光绪三十三年（1907）回湘，任湖南中路学堂监督，湖南教育总会会长。辛亥革命后，任湖南都督民政司司长，电促王芝祥策动广西巡抚陆荣廷宣布广西独立。1912 年 8 月，湖南举办国会议员选举，贿买选票，丑态百出。刘人熙默察人心，静观时局，“窃恐革命党人以义始而以利终”，于是年冬辞去民政司职务。他笃信船山学说是救时的良方，决意筹办船山学社，以昌明正学，挽救时局。筹备工作进行了两年，经报请省议会决议，每年拨款四千元“以崇正学”。学社于 1914 年 6 月 14 日正式成立，公推刘人熙为第一任总理（社长）。他于次年又筹备创办《船山学报》，于 1915 年 8 月 20 日发行第一期，至 1917 年 8 月出版了 8 期。所刊文章，皆本船山之学说引申发挥，为弘扬船山学术和爱国思想，砥砺国人承担社会责任，振兴中华民族，推动思想解放，发挥了重大作用。与此同时，他还花了大力气搜集出版船山未刊手稿，筹办船山大学、船山图书馆等，为传播船山学术思想、开启民智、振兴中华而竭尽全力，直至 1919 年正月初五在上海病逝。

本文为叙述船山学社、岳麓书社搜集整理船山著作，而最终集大成出版《船山全书》，有必要从 20 世纪 80 年代船山学社的恢复、岳麓书社的创建开始叙述，然后重点叙述《船山全书》的编纂体例、版本资料收集、存世版本以及新编《船山全书》的特点及其获奖、修订等要事逸闻。

一、船山学社的恢复与重建

1978 年 12 月，党的十一届三中全会掀开了新中国改革开放和经济建设的新篇章。在思想大解放的热潮中，湖南的学术文化和出版事业迎来了灿烂的春天。

1980 年 6 月 2 日，著名船山研究专家王孝鱼（1900—1981）应湖南省社会科学联合会邀请来长沙讲王船山的《周易外传》，当天上午在中共湖南省委党校开讲。趁此机会，湖南省中国哲学史学会筹备小组于当天下午成立，卢枫、黄洪基、唐凯麟、王忠林、王兴国为小组成员，推湘潭大学的卢枫任组长，黄洪基、王兴国任副组长。6 月 7 日下午，筹备小组在省委党校专题讨论王船山研究问题，建议在 1982 年王船山逝世 290 周年时，举行一次大型的学术研讨会。11 月 21 日，根据湖南省社会科学院和省社科联有关领导指示，王兴国负责起草关于 1982 年召开纪念王船山逝世 290 周年学术讨论会向中共湖南省委的报告。12 月 26 日至 30 日，由湖南省教育厅和省社科院联合主持的湖南省高校文科科研座谈会在韶山召开。会上，省内著名学者林增平、姜书阁、羊春秋、马积高等都对 1982 年召开纪念王船山逝世 290 周年学术研讨会表示热烈支持，并建议要逐步恢复船山学社和《船山学报》。会后，省社科院李楚凡副院长要王兴国写一个船山学社简介，以供有关领导参阅。

王兴国是 1962 年中国人民大学哲学系毕业后，回湖南一年就有幸参加筹备和召开湖南、湖北两省学者纪念王船山逝世 270 周年全国高规格学术研讨会的青年学者，对船山学术与人品十分推崇。于是，在 1981 年 3 月 14 日由中共湖南省委宣传部长屈正中主持的船山研究座谈会上，省社科院院长王兴久提出要成立一个 1982 年王船山学术讨论会筹备小组的同时，提出要恢复船山学社。

1981 年 11 月 27 日，重建船山学社筹备小组成立并召开第一次会议，由吴立民任组长，王兴国、陈远宁任副组长。1982 年 5 月 7 日，在长沙召开的船山学术讨论会上，通过选举产生了船山学社理事会。理事会推选吴立民任社长，王兴国、邓潭洲、冯正刚、陈远宁、周士一、唐凯麟、陶懋炳为副社长，王兴国兼秘书长。刘寿祺为名誉社长。5 月 8 日下午召开船山学社重建大会，中共湖南省委书记董志文、省人大常委会副主任王含馥、副省长程星龄、省政协副主席谷子元等领导出席会议祝贺。

二、岳麓书社的创建与《船山全书》编委会的成立

1981 年 11 月，湖南省出版事业管理局报请中共湖南省委宣传部、省编制委员会和国家出版事业管理局，要求在原湖南人民出版社历史编辑室古籍组的基础上，成立一家以古籍整理出版为主的专业出版社。1982 年 1 月 21 日，国家出版事业管理局以〔82〕出版字第 46 号文件，正式批准同意成立岳麓书

社，主要负责整理出版湖南地方古籍、古典著作普及读物和研究古籍的学术著作。

1982 年 2 月 1 日，中共湖南出版局党组决定梁绍辉任岳麓书社副社长兼副总编辑，主持全社工作，赵端才任副社长。根据中共中央《关于整理我国古籍的指示》精神，1982 年 4 月 26 日至 28 日中共湖南省委宣传部在长沙召开湖南省古籍整理出版规划会议。出席会议的有本省各院校古籍专家、学者、社会科学学术团体代表、省直属有关厅局的负责人共 110 位，共同商定湖南地方古籍整理出版规划，成立了由省委宣传部副部长车文仪任组长的湖南省古籍整理出版规划小组，确定《船山全书》《魏源全集》《曾国藩全集》《左宗棠全集》等为湖南省古籍整理出版重点项目，并积极申报，使上述四大全集均列入了国务院古籍整理出版规划小组第一批规划项目。岳麓书社作为湖南省古籍整理出版规划领导小组的办事机构，负责组织联络，承担出版任务。

12 月，中共湖南省委办公厅批复湖南省出版局《关于成立王船山全集编辑委员会的请示报告》，指定屈正中为编辑委员会主任，车文仪、姜书阁、李楚凡、吴立民为编委会副主任，羊春秋、马积高、宋祚胤、雷敢、颜克述、杨坚、王兴国、陈远宁为委员。编委会办公室主任杨坚，副主任王兴国。这表明，船山学社的主要领导成员都参加了《船山全书》编委会。批复中还有编委会顾问：张岱年、任继愈、侯外庐、萧萐父、周谷城、黎澍、张舜徽、杨伯峻、程千帆、周大璞。

担任编委会主任亦即《船山全书》主编的杨坚（1923—2010），字公强，浙江绍兴人。1949 年 3 月考入北平华北大学政治学院参加革命工作，8 月南下湖南宁乡县任文教助理，1952 年 4 月调湖南省文化局，任社会文化科科员。1969 年起入五七干校。1975 年调入津市文化馆任编辑工作。1979 年 5 月调入湖南人民出版社，即从事《郭嵩焘日记》的整理编校，使郭氏历咸丰、同治、光绪三朝长达 37 年且夹有英语汉字对音的“天书”200 万字日记能出版飨世。1983 年 1 月调入岳麓书社，5 月被评为编审。

肩负船山著作全集整理重任的杨坚，此时虽已年届花甲，但深知兹事体大，较之他编校《郭嵩焘日记》更艰难：不仅内容涵盖中国传统文化的经、史、子、集四部，且文字极古奥艰深，流传版本复杂难断。于是他在调入岳麓书社之前，即开始搜索船山著作历代刻印传抄情况，草创《王夫之全集整理工作发凡》一文供编委参考。1983 年 3 月编委会举行第一次会议，确定书名为《船山全书》，全部著作按四部分类排列，并认为《王夫之全集整理工作发凡》一文可作为全书编纂体例的基础。议定全书编委会的工作为：发凡起例，搜访版本，辑集佚稿，组织校点，担任补校并终审定稿。参加办公室工作者除杨坚、王兴国正副主任外，先后还有李传书、刘柯、胡渐逵、徐孙铭、刘志盛、陈戍国、边仲仁、吴普生。

三、船山有关资料的搜寻，船山著作刻本、钞本的搜集复印以及全书的封面设计

在《船山全书》编委会成立后的一两年中，对于船山著作版本的搜集出力最多的是王兴国、徐孙铭、刘志盛和杨坚，足迹涉及北京、西安、兰州，深入衡阳农村。

早在 1982 年 10 月 15 日，船山学社副社长王兴国、陈远宁在赴衡阳落实王船山学术讨论会的准备工作时，从船山十二世孙王鹏处得到王敔所撰的《大行府君行述》抄件，共 4100 余字，较之清同治四年（1865）金陵刻本《船山遗书》卷首之《姜斋公行述》2200 余字，以及刊于光绪十九年（1893）王之春《船山公年谱》卷首之《行述》1600 余字，不仅字数多了 2000 多，且涉及船山“孤忠”志节的文字更详尽。此件原题《大行府君行述》，下署“敔述”二字，系民国六年（1917）船山八世孙德兰在《王氏五修族谱》竣事后“于竹花园古箧内觅得老谱敔公所刊原牒”，“照抄无讹”，由王鹏复印。王德兰在抄件上加按说：“上系原谱敔公所作《行状》……为乞潘师作传，述事最详。”

此件经王、陈二位校勘标点，发表在《中国哲学史研究》1983 年第 3 期，该刊还同时发表了他们所写的《研究王船山生平思想资料的一个重要新发现》一文，于船山研究影响很大。《大行府君行述》是王船山逝世十四年后王敔所作的第一个传记，也是记述船山生平事迹和志节风貌最为全面和可靠的第一手资料。王德兰按语所云“潘师”即潘宗洛（1657—1716），字书原，江苏宜兴人。康熙三十七年（1698）进士，四十一年（1702）至四十五年

(1706)任提督湖广学政，于康熙四十三年(1704)莅衡阳开考取士时，延聘俊才入幕帮助校阅试卷，王敔应邀参加了阅卷。由此乃知有船山，求读船山的著作，并详细询问王敔，要他写出其父船山的生平事迹，以便为之作传付史馆。王敔为了让老师对父亲的生平、著作和志节等有一个全面的了解，便认真思索而写了这篇述事非常详细的《大行府君行述》。末署："时康熙乙酉孟冬，不孝敔泣记。"潘宗洛回武昌后，一边读王敔送给他的《张子正蒙注》《楚辞通释》及《思问录》内外篇，"把玩不能释手"[①]，一边品读王敔的《大行府君行述》而作《船山先生传》。这是清廷官员第一次为船山作传，既介绍船山的生平、志节，且列举船山著作达30种，最后归纳出船山乃"前朝之遗臣，我朝之贞士"的结论。《船山先生传》末"康熙乙酉八月既望"，则比王敔署"康熙乙酉孟冬"的刻本《大行府君行述》还早了两个月。这些情况在至今珍藏在湖南省社会科学院图书馆的《楚辞通释》完好刻本中的《船山先生传》中都记载得很清楚。[②]

1983年6月15日至23日，船山学社副社长王兴国与理事刘志盛、徐孙铭一起到北京，为《船山全书》的编纂办了三件大事：一是到北京图书馆善本部校对了收入文津阁本《四库全书》的船山著作《诗经稗疏》《书经稗疏》等；二是与中华书局协商，将王孝鱼等先生已校点的船山著作书稿转让给岳麓书社，竟获支持，共转让了24种著作的校点稿；三是到中国社会科学研究院历史所找马宗霍先生之子马雍协商，将马宗霍的《船山遗书校记》的手稿本复印，供编校《船山全书》参考。

1984年11月14日至18日，船山学社副社长王兴国与理事张铁夫赴衡阳县，再次找船山十二代孙王鹏，借到并复印了其祖传的船山《张子正蒙注》和《读四书大全说》抄本。其中《张子正蒙注》抄本的字迹为正楷，体势端严凝重，点画结构一丝不苟，笔致与传世之船山手迹《显考武夷府君行状》《显妣谭太孺人行状》《自题墓石》《传家十四戒》及《噩梦》等完全相同，

---

① 潘宗洛：《邗江王氏家谱序》，署"康熙四十有四年……提督湖广学政翰林院检讨宜兴潘宗洛撰"。见《船山全书》第16册，岳麓书社1996年版，第522页。

② 杨坚因当时未能借到湖南省社会科学院图书馆所藏湘西草堂镌本《楚辞通释》，《船山全书》第16册《传记之部》所录之潘宗洛《船山先生传》便据同治金陵刻本排印，还为末署"康熙己酉"当作"乙酉"作了考订。

其为船山手迹无疑。笔者于1992年校点《船山全书》第12册之《张子正蒙注》时，遂认定并经杨坚主编同意，采用此珍贵手抄本为底本。抄本末页有“乙丑孟春月下旬丁亥成，庚午季夏月重订”小字一行。乙丑孟春月下旬丁亥为康熙二十四年（1685）正月二十七日，是年船山六十有七，庚午季夏月为康熙二十九（1690）六月，时船山已七十二岁。进而发现，用此抄本去校读湘西草堂本、刘氏钞本及其以后各印本，自王敔于康熙三十一年（1692）腊月抄录副本而导致湘西草堂开始的跳行脱落（每跳一行少17个字）以及为避清讳而改字等情况，均历历在目，毋容置疑。从而导致此本之后的印本、钞本等脱文竟有40余处，240余字。这就使岳麓版《张子正蒙注》的质量陡然提高，真正恢复了船山原著的本来面目。

关于湖南省内馆藏船山著作版本的搜集、复印工作，主要是两大项：一是湖南省博物馆收藏了船山著作的手抄本11种，60多册，3200余页，内容包括船山的重要哲学、史论著作《周易内传》《周易外传》《尚书引义》《春秋世论》《读通鉴论》和《宋论》等。这些抄本系王介之五世孙，即船山五世从孙王嘉恺、王嘉怡于乾隆年间所录，1951年湖南进行土地改革时，湖南省文物管理委员会派人在邵阳县东乡太平曾家收到的，十分珍贵。这11部著作的手抄本由省博物馆免费提供，《船山全书》编委会办公室李传书负责复印。二是湖南图书馆所藏船山著作历代刻本和衡阳刘氏钞本，则由岳麓书社编辑、《船山全书》编委会成员刘柯负责联系复印。

通过两年时间的勤奋工作，船山著作的书目、版本已大部搜齐，辑佚工作也已开展，各地发现船山佚文，皆知先向《船山学报》投稿发表，由杨坚关注并及时收录。在杨坚的统筹规划下，船山著作已定人校点，个别著作已开始复审，这些都有赖岳麓书社首任领导梁绍辉及《船山全书》编委会办公室全体同人之力。

1984年5月，湖南省出版局实行机构改革，岳麓书社领导易人，编委会办公室被撤销，随后省古籍整理出版规划小组亦不复存在，全书草创伊始后的纷繁事务便全落于杨坚一人之身。幸好有湖南省出版局李冰封局长、黎维新副局长及其后刘李纯副局长等的大力支持，如印刷厂须注意排印质量，纸张公司须存储一色的封面用纸等，杨坚的请示报告都得到批示执行，原办公室边仲仁、吴普生等继续协助杨坚的编务工作。直至1988年秋，岳麓书社三度易长潘运告上任，才引起重视而派胡渐逵协助杨坚。而社外的王兴国、徐孙铭二位则一如既往，始终扶持。

全书编辑工作除版本甄选、文字编校均由杨坚审慎从事外，装帧设计之讲究亦颇费周折。如最为关键的“船山全书”四字，杨坚先拟集船山先生亲笔，于是遍翻手迹，在《噩梦》一书中采集四字，但形体偏长，“拼拢观览，未见稳贴”。“乃请书法篆刻家杨德云先生为集碑帖中字，自汉《曹全碑》至隋《龙藏寺碑》，凡十数，均不惬意，最后始集唐李邕《麓山寺碑》字”，才感到“雄健严整”①，且北海太守李邕刚强激烈、屡忤权贵，字如其人，也与船山先生的“刚肠嫉恶”性格颇为吻合。后以《麓山寺碑》中所集“船山全书”四字，经王诚龙编审、姜铁山副编审配色设计，经胡颖副编审勤慎实施于全书各册，最后竟获得了“装帧素雅，落落大方”的普遍赞誉。于是，筹备多年的《船山全书》在1988年出版了第1、2册和第10册，开启了船山著作出版史上的新篇章。

四、清代至民国刊行的船山著作存世版本

《船山全书》新编伊始，杨坚即花极大精力进行船山著作传世刻本、抄本的调查了解和收集工作，随后即在1988年出版的《船山全书》第1册的《船山全书序例》作简要叙述，并在1996年出版的第16册《杂录之部甲》的“编辑出版之属”具体列举清代自王敔湘西草堂本以来的船山存世版本。这是他与各书校点者最后选定各书底本的基础，至关重要，故有必要专题论列清代至民国时期船山著作存世的刻本与排印本如下：

（一）镌“湘西草堂藏板”的船山遗书刻本

船山一生著作繁富，存世与佚著一起共一百余种，四百余卷，但他对于自己著作的态度，却如其绝笔诗所云，是“荒郊三径绝，亡国一臣孤；霜雪留双鬓，飘零忆五湖；差足酬清夜，人间一字无”②，即自己一生作为明朝遗

① 杨坚：《船山全书编辑纪事》，《船山全书》第16册，岳麓书社1996年版，第1464页。

② 王敔：《大行府君行状》，《船山全书》第16册，岳麓书社1996年版，第76页。

民终身不剃发、不应世，力避“身隐名扬”，宁可无一字留在人间，所以生前没有刊行[①]。加之他“贫无书籍纸笔，多假之故人门生，书成因以叙之，其藏于家与子孙言者无几焉”[②]，所以他于康熙三十一年（1692）去世后，其子王敔所收藏保管的著作并不多。但王敔毕竟是能继承其父名山事业的学者，船山在世时和去世后，他都一直为父亲著作的搜集、保管、誊抄和整理、编校、补正、注释等作了大量的工作。这从传世的王敔湘西草堂刻本的各书封面、序、跋、题识及所署撰著、纂注、校梓等项目，都足以证明王敔是整理、校刊、保存船山著作的第一人。

对此，杨坚在1988年的《船山全书序例》中说：“三百年来，最早为清康熙年间，船山之子王敔，于船山殁后，在衡阳湘西草堂校刻遗书，约十余种，其书至今犹有存者。”[③] 显然，这是一个不太具体的概述。至1996年的《杂录之部甲》列举“湘西草堂本”（清康熙、雍正时期）的注释中，则由“约十余种”已增至“凡二十七种”，并具体列举了书名：“湘西草堂所印船山遗书，存世得见者，有湖南省社会科学院图书馆、湖南图书馆所藏之《王船山先生书集》，含《老子衍》《庄子解》《楚辞通释》《张子正蒙注》《俟解》五种；又《落花诗》《和梅花百咏》《洞庭秋》《雁字诗》《仿体》《愚鼓歌》《南窗漫记》等小册七种；又上海图书馆所藏之《五十自定稿》《七十自定稿》两种。未见而根据文献知已刊行者有：王敔所记之《六十自定稿》；曾载阳、曾载述所识之《夕堂永日绪论》及《经义》两种；王之春《船山公年谱》书末所载之《春秋世论》《四书稗疏》《四书考异》《思问录》等数种；及近人孙殿起在其《贩书偶记》中自述所见之《周易大象解》《周易稗疏》两种。又清代禁书目录所开之《夕堂戏墨》《船山鼓棹》《五言近体》《七言近体》等皆当指印本。合计湘西草堂所刊船山著作迄今可以指称者凡二十七种。”[④]

上述湘西草堂本27种刻本，是船山先生逝世以后的40年中，即清康熙

① 据刘志盛、刘萍《王船山著作丛考》，王船山于明崇祯十六年（1643）25岁时曾刻印《漧涛园初集》，但未见传本。

② 王敔：《大行府君行状》，《船山全书》第16册，岳麓书社1996年版，第74页。

③ 杨坚：《船山全书序例》，《船山全书》第1册，岳麓书社1988年版，第25页。

④ 杨坚：《湘西草堂本注一》，《船山全书》第16册，岳麓书社1996年版，第395页。

三十一年（1692）至雍正九年（1732）王敔逝世时止，湘西草堂先后刊刻的船山著作，显然还不包括杨坚一直未能见到的至今保存在湖南省社会科学院图书馆珍藏的康熙四十八年（1709）湘西草堂刻本《楚辞通释》《庄子解》单刻本各一部。因为要在这两种单刻本之后的康熙五十五年（1716）王敔六十岁时，从游诸子及姻友才捐资刊刻合刊本《王船山先生书集》五种。由于清朝文网的逐渐严密，王敔虑患思危，在合刊时抽掉了一些直接暴露言志作品的内容，如单刻本《楚辞通释》中的《序例》《九昭》及张仕可的《序》、潘宗洛的《船山先生传》，在合刊本中便都没有了。故曾经见过并将湖南省社科院藏本与湖南图书馆藏本《庄子解》《楚辞通释》相互比较核对鉴定的刘志盛先生，在其《王船山著作丛考》中，一方面肯定“王夫之于清康熙三十一年（1692）逝世后的三十年中，刊刻印行的船山著作约有二十八种”①，一方面综合自己的意见与“有人认为”的鉴定，“据此认定王敔在湘西草堂刊刻船山遗书时，先是一种一种地刻印，然后将几种单种本的书板汇集成套，重新修补增订印刷，统一集装成《王船山先生书集五种》行世”②。

笔者有幸于2017年5月某日到省社科院图书馆借阅《庄子解》《楚辞通释》单刻本和包含此二书的合刊本《王船山先生书集五种》，经与馆方专定一起比对鉴定，认为单刻本与合刊本的字体、字款完全相同，只是单刻本字迹清晰，无断板痕迹，而合刊本字迹模糊，有板裂痕迹，显然刘志盛“据此认定”的意见是对的，湘西草堂本船山著作刊本至少有28种。这也说明，学界说船山逝世后“身世寂寞”，著作不显，直至清嘉道年间的邓显鹤出而撰《王夫之传》，才得以与顾炎武、黄宗羲比肩并列，“而船山始显”③ 的说法，显然有失偏颇。殊不知清初文网专制尚不甚严密时，王敔已在门人与姻亲好友的帮助下，刊刻了28种船山遗书，其手稿、副本或刊本已在入湘的学政、考官、巡道等士人中产生了巨大影响，出现了开创和传承船山学的第一代学人。诚如刘志盛先生所言：“这是清代刊行王夫之著作的第一

① 刘志盛、刘萍：《王船山著作丛考》，湖南人民出版社1999年版，第9页。

② 刘志盛、刘萍：《王船山著作丛考》，湖南人民出版社1999年版，第15页。

③ 王闿运：《邗江王氏族谱叙》：“至道光时，始得邓南村表彰之，求其遗书及其族人……而船山始显。”引自《船山全书》第16册，岳麓书社1996年版，第663页。

个黄金时期。”①

（二）《四库全书》本

乾隆三十七年（1772）清廷议定修《四库全书》，各省督抚、学政搜求“本朝士林宿望”遗籍。经湖南巡抚刘墉采进船山著作，著录六种，存目两种，查禁九种。但乾隆帝摒除不了满、汉畛域的私见，一边在保存古书，一边又在销毁古书。凡是涉及明末清初的史迹而稍于清廷不利的，乾隆及其馆臣都把它们烧毁，能够留下一个书名的，则列在所谓“存目”之中。如船山的《尚书引义》，因引申《古文尚书》之义而发挥船山自己的哲学、政治思想，便不能收刻入《四库全书》，而列入“存目”。

约乾隆五十四年（1789）殿本刊成，刊入文渊阁四库全书本的船山著作如下：

《周易稗疏附考异》；《尚书稗疏》；《诗经稗疏附考异叶韵辨》；《春秋稗疏》。《尚书引义》，经部《书》类存目；《春秋家说》，经部《春秋》类存目。

（三）湘潭王氏守遗经书屋本《船山遗书》

清嘉庆年间，有衡阳翰林马倚元刻于汇江书室的船山著作10余种，称《汇江书室本》。此版今虽不存，但据邹汉勋于道光二十年（1840）的《致邓湘皋学博书》：“知而农先生于先生卒后未十年，虎止先生已刊行十余种于湘西草堂，后乃有汇江书室之刊，即往岁衡阳马硕坡诒先生之本。此刻似有十余种，而此处惟有《春秋世论》及《四书稗疏》。《四书稗疏》尚在先生行箧；闻卷端有船山著述总目多至七八十种，不知是何等名号?”② 由此书信可见，邓显鹤、邹汉勋当时均见过汇江书室刻本的船山遗书，且听邓显鹤说卷端列有船山著作达七八十种。

道光十九年（1839），寓居长沙城南的邓显鹤因友人欧阳兆熊的介绍，接见并接受船山七世孙王世全送来的船山诗集，谋刻“先生六世孙承佺具藏先生各种遗书”。邓显鹤大喜过望，第二年春便在长沙开雕，请邹汉勋担任校

① 刘志盛、刘萍：《王船山著作丛考》，湖南人民出版社1999年版，第11页。

② 邹汉勋：《致邓湘皋学博书》，引自《船山全书》第16册，岳麓书社1996年版，第412页。按：此信中所言“于先生卒后未十年”不知所据，有误。

雠，邀欧阳兆熊、罗汝怀、袁芳英等人协助编校，于1842年在长沙刊成《船山遗书》18种，151卷。这就是书牌为“道光廿有二年湘潭王氏守遗经书屋刊”本的《船山遗书》。卷首载邓显鹤所撰《船山著述目录》，计五十二种，分别注明“已见”“未见”，如：“凡经部二十二部。已见二十部，都一百六十四卷；未见二部，无卷数。”① 可见这是继清初王敔刊印船山遗书以来，第二次大规模系统地编印船山著作。

（四）衡阳学署本《船山遗书子集五种》

道光二十八年（1848）分巡衡永郴桂道俞焜主持，主事者实为衡阳县学教谕郭孔岚。据孔《跋》可知，王敔湘西草堂刻书《老子衍》《庄子解》《楚辞通释》《张子正蒙注》《俟解》等《王船山先生书集五种》的雕板，在雍正九年（1731）王敔逝世后移藏于衡阳学署的“临蒸黉舍”，因“岁久漫漶，多脱简，读者苦之”，便购置善本，详校补刻，而改名为《船山遗书子集五种》。杨坚先生认为这次补刻的版本，“其最大价值为《老子衍》卷首有船山《自序》一篇又附记一段，为草堂本所无”②。这就进一步说明王敔合刊子书五种时，也像合刊《楚辞通释》一样，为避文网之祸而抽去了某些篇章，而当时流传的单刻本《老子衍》还完整地保存了船山《自序》等。

（五）金陵节署本《船山遗书》

这是晚清重臣曾国藩、曾国荃兄弟集资在安徽安庆、江苏南京设局校刊的《船山遗书》。曾氏兄弟聘请湘潭欧阳兆熊董其事，南汇张文虎、仪征刘毓崧等人分任校雠，自清同治三年（1684）在安庆开始筹备，后迁到南京曾国藩任总督的金陵节署，于同治四年（1865）10月竣工，收书56种，共288卷。光绪十三年（1887），衡阳船山书院又以相同版式补刻6种，10卷，附在全书之后，共为62种，298卷。后者又另称《衡阳补刻本》。

金陵节署本《船山遗书》得到曾国藩的高度重视，不仅校阅《礼记章句》《张子正蒙注》《读通鉴论》《宋论》及《四书》《易》《诗》《春秋》诸

① 邓显鹤：《船山著述目录》，《船山全书》第16册，岳麓书社1996年版，第408页。

② 杨坚：《船山遗书子集五种》注一，见《船山全书》第16册，岳麓书社1996年版，第417页。

经稗疏等117卷，订正讹脱一百七十余处，还托人从文渊阁代抄船山的《稗疏》，认真改正邹汉勋在王氏守遗经书屋本中的“增删撺易”，所以其校勘质量是相当高的。但由于曾氏的政治把关，为避清讳，却又造成了有损古籍整理质量的重大缺陷。据杨坚统计：“金陵本有此类白匡及个别墨格凡九百九十处、二千二百三十二字，其窜改、删削之迹，亦不时可见。”①

（六）《船山学社》《船山学报》本

辛亥革命后，清朝封建统治制度被彻底推翻，文字禁网被扫除，大大促进了船山著作的编辑整理出版印行，而真正具有版本意义的新刊船山著作，是船山学社社长刘人熙搜罗，由《船山学社》刊行的六种书。即民国四年（1915）船山学社本《搔首问、愚鼓词笺合刊》，含《搔首问》《愚鼓词》两种；民国六年（1917）船山学社本《船山古近体诗评选》排印本，含船山《古诗评选》《唐诗评选》《明诗评选》三种，系首次公世之本。民国四年（1915）至五年（1916），《船山学报》第一期至第六期及第八期连载《箨史》，也是首次公之于世的船山著作。民国四年（1915）至五年（1916）《船山学报》第一至八期连载未完的《子王子四书授义》，是《四书笺解》的另一种版本，也都收录入新编的《船山全书》。

（七）上海太平洋书店本《船山遗书》

这是民国二十二年（1933）上海太平洋书店铅字直排的《船山遗书》，收船山著作70种，358卷。1930年3月，陈铭枢、谭延闿、胡汉民、于右任、何键、冯玉祥、章士钊等30人发起重刊《船山遗书》，由上海太平洋书店的浏阳人张秉人主其事，浏阳李英侯、张吉吾与平江李蕴平担任编辑校勘。此书于1930年3月开排，至1933年11月竣工，分装80册。其内容较同治四年（1865）金陵刻本多了12种，较光绪十六年（1890）衡阳船山学院增补金陵本则多6种，是收录船山著作种数最多的版本，且因开本小，方便阅读与携带，而发行量很大。

① 杨坚：《船山全书序例》，《船山全书》第1册，岳麓书社1988年版，第27页。

五、新编《船山全书》的特点

经杨坚苦心搜集、精编精校的《船山全书》，于1988年单本印行时，即已确定其最大的特点是王船山著作收录之“全”。其时已确定《船山全书》16册之总目，其中第1—15册为王船山本人的著作，按经史子集四部排列，含船山存世著作73种，371卷；第16册为附录，收船山传记、年谱及有关杂录等研究资料。其收录之全，可谓达到了空前的程度。对此，杨坚后来在第16册的《船山全书编辑纪事》中，不无自信地说：“本书作为金陵本《船山遗书》与太平洋本《船山遗书》后之第三部船山全集，其显著之优点当为业已搜齐迄于九十年代初发现存世之全部船山著作，诸如《四书笺解》《箨史》等成部述作，《礼记章句序》《放妾皎归田》等书中佚篇，以及其他辑集于《诗文拾遗》中之零散篇什，约计二十万字，均属前两部全集所未有。”① 实际上是比收书最大的太平洋《船山遗书》多收了三类佚稿：第一类是已刊行的著作中，因各种原因而被删落了的篇章，计有《礼记章句序》一篇、《诗广传》四篇、《读通鉴论》五篇等；第二类是未经收录的成部著作，计有《四书笺解》十一卷、《箨史》一卷、《惜余鬒赋》一卷等；第三类是其他集外零星撰述，计有传、记、叙、跋、歌、辞、铭、联等五十余篇，新编为《拾遗》二卷。

第二个特点是依据可信的船山手稿和旧抄、旧刻，订正前两部全集中的白框、墨格、窜改、删削，恢复了船山著作的原貌。诚如杨坚所言：“其次则为全部著作除个别例外，均系合阅所有版本，并充分利用前人校勘成果而后定稿，借此检阅三百年来船山著作之写刻印制情况，加以比较鉴定，而于各种著作之编校后记中记述之。其尤足快意者，则为此次编校获睹大量船山手稿、王敔家刻以及衡阳刘氏、邵阳曾氏两家旧钞，据以填补由金陵本作俑、经太平本沿袭之二千余字讳隐白匡，并以订正其他删改，从而纠正历史造成之缺陷，恢复船山著作之真貌。”②

① 杨坚：《船山全书编辑纪事》，《船山全书》第16册，岳麓书社1996年版，第1487页。
② 杨坚：《船山全书编辑纪事》，《船山全书》第16册，岳麓书社1996年版，第1487页。

第三个特点是全书采用标点符号，对所有著作系统编排，有的还加标题点明大意。即杨坚所说："全书施用标点符号，较之前两部全集之并无句读，整板一块，实为一大进步。又如《读通鉴论》《宋论》，两书一千余篇，均加标题点明大旨，亦为前两部全集之所无，而有利于广大读者阅读应用。"①

故全书出版至1991年，即已收到学界教授的好评。如北京大学张岱年教授于1991年11月2日来信说："《船山全书》校勘精细，印刷精美，实为近年不可多得的新印古籍，嘉惠士林，功德无量！"② 北京图书馆馆长任继愈先生于1991年1月7日来信说："这次的全集，可以说是最完备的版本。岳麓版《船山全集》可以传世。"③

第四大特点就是全书除前15册系船山著作外，杨坚同志还广泛收集船山传记、年谱、杂录等有关船山的各种资料，辑为第16册以供读者阅读船山著作和研究船山之重要参考。此书字数达117万，大都是杨坚一人苦心搜索后一字一句手录于湖南图书馆、湖南社科院图书馆等多家图书馆的，可见其为全书完善之艰苦卓绝和良苦用心。其时省图书馆、社科院图书馆均为杨坚专设了工作室，杨索书后即一边研读，一边录其所需。他中午也不休息，就将自己关在工作室里，一个馒头一杯开水作午餐，吃完又手书不止，直至馆方人员下班。所录蝇头小字，后又整理誊抄为书稿，其书稿纸丛集足高二尺，当时发稿至出版科，让人咋舌称奇。

此书分三大部分，首"传记之部"收谱牒之传、史馆之传、私家著述及方志之传共11篇，作者自王敔、潘宗洛、余廷灿以迄当代清史研究者。其中王敔《大行府君行述》除收船山八世孙德兰所抄"老谱敔公所刊原牒"祖本及德兰之跋语外，还附载金陵本《船山遗书》卷首之《姜斋公行述》与王之春《船山公年谱》卷首之《行述》，用以说明王敔作状始末及后世删削妄改情况。又邓显鹤所撰，则既收其原载《楚宝》道光九年（1829）重刊本之《王夫之》，又载其原载《沅湘耆旧集》之《船山先生王夫之》。

次"年谱之部"，收同治初刘毓崧著《王船山先生年谱》及光绪中王之

① 杨坚：《船山全书编辑纪事》，《船山全书》第16册，岳麓书社1996年版，第1488页。
② 杨坚：《船山全书编辑纪事》，《船山全书》第16册，岳麓书社1996年版，第1467页。
③ 杨坚：《船山全书编辑纪事》，《船山全书》第16册，岳麓书社1996年版，第4769页。

春所撰之《船山公年谱》。“刘氏为金陵本《船山遗书》之编校者，其谱以考订绵密见长。王谱晚出，其所据船山著作及其他资料有刘所未见者，可补刘谱之不足。”

“杂录之部”分量最重，达1057页，分甲乙两部分。甲为《编辑出版之属》，辑湘西草堂本以来各种船山著作版本之序跋题记；乙为《记叙研究之属》，辑船山生前友好赠答及后人记叙咏叹、论说研究之作，共收约二百家。最后还录载《清代方志抄》与《中国大百科全书条目抄》两组资料。在所录研究著作中，如嵇文甫《王船山学术论丛》达83页，论说了《船山哲学》的轮廓，侯外庐《中国思想通史》第五卷第一编第二章《王夫之的思想》，达106页。如此杂录巨制，皆由杨坚采录编校。

从1985年至1993年，杨坚的大部分时间花在图书馆里，为了笔录资料或查证一个字一段引文，奔波于各图书馆之间。1993年秋，杨坚在湖南图书馆查阅资料的返程中，遭车祸骨折，卧床达一年之久，《船山全书》第15册的校勘，就是在病榻上完成的。

六、《船山全书》的获奖和修订再版

杨坚严谨、细致、勤奋地工作及其“以身殉书”“十年磨一剑”的奉献精神，引起了局社领导的重视和岳麓书社员工的钦敬。笔者久已钟情船山并为船山学社常务理事，于1993年3月接任岳麓书社社长后，为“加大投入，加快进度”推进《船山全书》的编校和印制，决定暂停1988年以来的单册零星付印，而改为整套装箱印制发行，以适用读者购书和市场的需求。1994年，笔者与副社长曾果伟一起按照省出版局和出版协会的要求，认真撰写上报杨坚申报“韬奋奖”的材料。1995年11月，经国家新闻出版总署和全国出版工作者协会评选，杨坚获第四届“中国韬奋出版奖”，享受国务院发给的政府特殊津贴。

1996年10月，《船山全书》16册全部出齐，各书除加印配套零数书之外，整套印制1200套，受到船山研究者的欢迎，学界反应热烈。认为《船山全书》自1982年年底着手整理，至此已整整15年，其时间之长、工作量之大、质量之高、出版印制之精，在船山著作出版史上是首屈一指的，在全国的古籍整理中也是不多见的。该书于 1997 年 8 月获第三届国家图书奖。

为向读者负责，1996 年出版的《船山全书》第 16 册末尾刊载了全书第 1 至第 15 册勘误表，汇集各方所指正与编者自行翻阅发现的错误，包括目录、正文中的文字、标点以及校记中的错误缺失等。虽然详明，但于读者仍十分不便。全书成套发行后，又陆续收到读者来信指出错误，全书的编校质量问题遂引起学界与社领导的关注与重视。2003 年，丁双平任岳麓书社社长，决定将全书修订再版，并请已离休多年的杨坚回社担此重任。2005 年，杨坚又邀笔者协助审读第 9 至 13 册。孰料正值全书即将修订告竣之时，2010 年 3 月 16 日，杨坚不幸因病辞世。杨坚去世后，全书的扫描、校改以及进一步规范体例等未竟的工作，则由岳麓书社湖湘文库项目部承担。

归纳起来，这次修订大致做了如下四个方面的工作：

（1）辑佚补遗。全书初版以后，陆续发现了几篇失收的船山佚文，计有千乘堂倪氏四修族谱收录的《麦园记》、滋德堂均陂刘氏三修宗谱收录的《昆映府君墓志铭》和《龙太君墓志铭》。此外，第 10 册《读通鉴论》卷二十二唐玄宗第六论《放姜皎归田》，初版（包括通行各本）仅存残文 116 字，此次据旧钞本补脱文 378 字，使《读通鉴论》版本更臻完善。

（2）择优更换个别底本。第 12 册所含八种的《识小录》《搔首问》，原以金陵本为底本，此次修订均改用新发现的湖南图书馆藏衡阳刘氏钞本，明显优于后来的包括金陵本在内的各本。

（3）正讹补漏。通过重新核对底本发现初版文字上的讹误与缺漏，然后进行正、补，是这次修订工作的主要任务。通过核对，发现各书存在的讹误多寡不一，多者如第 9 册《说文广义》，因原稿抄写错漏与排版致误而失校者，有误将“女几山”作“女兒山”，“如推排状”作“如推排然”之类十数处，而“从”排作“從”则百余处。又原稿抄漏，如《宋论》原据船山手稿抄漏“光宗亦是人也，而心亦动”等情况，以及原第 16 册《勘误表》中的错漏，这次修订均予以正、补。修订本印行后，笔者又将原第 14 册《楚辞通释》杨坚所录湘西草堂本《王扬绪、王扬绪跋》文中的 148 个空格，据湖南省社科院藏本补入该本电子版，以臻完善。

（4）编辑体例的进一步规范。一是某些特殊字形的标准化，如猺、獞等，规范为瑶、僮。二是杨坚对大量校注文字做了悉心修订，从而表述更为精准。

经过精心修订的《船山全书》，自2011年再版以后，更受广大读者欢迎，也必将为船山著作的传布和船山学研究的昌盛发挥更大的作用。

【附录】

抗战八年[1]来之船山学社

周　逸

湖南船山学社自经八年离乱，在今日能与道谊至契之老社友劫后重逢，欣慰无已。吾辈初心结社，乃共倡民族主义，敬仰船山先师之人格，设立讲学机构，组织学术团体，倡明绝学，挽救人心，百世相砺，千秋共勉。惟值时局变化，社员星散，不能时会一堂，共谋发展，今幸日月重光，百废待兴。逸尝感于国家存亡，本在政教；风俗良善，责在师儒。由此而论，本社亟应筹商复员，而在复员之初，特先将抗战八年来之船山学社略为报告于下。

一、辗转迁徙

民国二十六年（1937）卢沟祸起，本社社址近小吴门铁路，为避免轰炸计首将社中书籍迁寄老城隍庙万休僧处；是年冬由该处迁至湘潭城内老君殿侧郭社员梓宇先生处；次年春 3 月，由该学舍迁至板石巷憩园；是年 7 月，又由憩园迁至石潭岳冲石灰塘；是年 12 月由石灰塘迁至十八亩冲周伯景公祠，住五年；三十二年（1943）冬由伯景公祠迁至石潭镇慈善堂黄道生药局内。次年 5 月敌犯湘潭，余先择社中书籍，分寄门人萧春林、夏耀榆等家，余避难岳冲龙潭咀某农家；旋举涟南乡方上桥后清水塘周遇清家，住年余；至三十四年（1945）秋，我国胜利，敌人退去，旋由清水塘又迁至石潭镇萧

① 从“九一八事变”算起，中国是十四年抗战。此处为保留文章原貌，仍使用“抗战八年”的说法。

宝和店内，以便往返长潭谋恢复。时探各社友仍星散不能集议，至三十五年（1946）2月晋省谋复员，见社宇被炸，社址集土如山，砖断瓦零，徘徊返顾，感慨徒增，债台已高，无法发展，幸是年秋，领得湖南省教育厅复员费国币68万元，此时除办船山先师诞祭8万元外，余60万元补助建筑社屋三间。总之，辗转迁徙，用费甚巨，债台甚高，如欲恢复原状，非赖政府之大力维持不可。

二、战时工作

自民国二十七年（1938）秋迁至乡间时，派门人（均系高小校长及中学教员）分班至石潭各处宣传，加强抗战力量；二十九年（1940）秋，省督学刘卧南先生赴各地视学，便道至社视察（时住十八亩冲周伯景公祠），称余有毅力，故于次年1月起，增加补助费每月100元，每年共法币1200元整。至三十二年（1943），又增加100元整，每年共2400元，现在生活程度高，每年国币2400元实等于无也。

三、社员捐献

民国三十五年（1946）夏历五月二十二日，收湖南大学胡校长春藻先生送来中央救济湘灾捐款57100元整（社中当书收据交胡君，系逸经手），社章曾载凡社会入社，社金1元，每年各社员纳常年金1元，自民国二十一年（1932）改组以来，至今未曾纳过年金，即纳年金，亦属寥寥，社中经济困难，不可言宣。

四、办理登记

自民国三十五年（1946）夏历正月十二日晋省，拟筹备复员，十七日于坡子街大懋银行开幕日，晤何芸樵、谭常恺、易书竹、何元文、曹孟其诸先生，后晤梁竞魂、王仲厚、黄士衡、何祇存、廖祐初、柳敏泉、何特循、仇亦山、任寿国诸先生；凡与同人谈及社务进行，均谓先从土地登记入手，曹子谷先生主张登记尤力，遂呈请长沙市政府，并用同人联名，申请登记有案。

五、契约图书

船山学社与曾文正公祠及艺芳女校于民国二十一年（1932）订有划界契约图案，原本各一份俱存；社中书籍，除去年稍搬运一部分回社外，余者现存湘潭。

六、公私损失

（一）本社长沙旧址永恒全部被炸毁，除书籍先迁出外，器具荡然无存，惟木刊对联七幅及旧太师椅一堂，保存无损。总之，社中什物，百分之九十在长沙，百分之十在湘潭沦陷时损失。（二）周逸为公，前后九年，私人损失甚巨。

七、选举社长

民国二十九年（1940）本社黄社长子舆逝世，理应再选社长继任。因时局变化，社员星散，未便集议，以致函各社友，如陶思曾、胡子靖、陈会、王礼培、颜日峣、王季果、李洞庭、黄赞元，诸君复书咸以此时不集会，社长当然推君，社务偏劳，同人甚感，逸以艰苦之际，势不容辞。当时在湘潭，随地讲学，随时训练学生（各小学教员及高中以上学生，中学教员）协助政府抗战，并著有民族史诗一卷（见载报章），振兴民族。至书籍之保存，私人之损失，负贷之巨款，朝夕竞竞，八年颠沛流离，神疲力竭，加以材力绵薄，学识谫陋，不堪久任。今幸河山光复，亟应选举社长，俾卸仔肩，而资发展，进追无他，卫道而已。

八、今后应办事业

甲、恢复社宇；乙、开讲演会及继印学报；丙、筹募经费；丁、搜集船山先师未印遗书；戊、拟办船山学院并拟先办补习学校；己、筹建船山专祠；庚、筹建船山图书馆。

［辑自《长沙市民日报》，民国三十五年（1946）9月25日］

毛主席革命策源地之一

——船山学社之过去与现在*

周　逸

【整理者按】此为民国年间船山学社社长周逸所撰写的船山学社简史的纪念文章，现由徐孙铭录入电脑、校勘整理，以飨读者。原文有手稿、油印稿两种，本文以手稿为底本，与油印本参校、增补而成。全文有毛主席在船山学社领导长沙泥木工人革命、苏联学者访问船山学社等重要史实，尤其是“此处是毛主席故乡，领导中国人民革命策源地，名垂万世，永宜保存”的论断，更值得我党、湖南省委、湖南省人民政府和各界同仁的关注，并发扬光大。

一、船山学社之简史

伟大的中国人民领袖毛主席故居湖南船山学社，［而］是毛主席革命策源地②，现在已成为名闻全国的一个地方（了）③，（它）④是一个比较进步的学术（研究）⑤集团。从社的历史来看，从（社在经过八年抗战与）⑥解放前后

---

* 本文由徐孙铭于2021年11月10日根据周逸手稿为底本录入，并参照油印稿，校勘、补充而定。原稿大约作于1959年七一前后。出处待查。油印稿标题原为“毛主席故居，船山学社的过去和现在（为中国共产党成立三十八周年纪念会而作）”，复印件括号内此十八字用墨涂去，依稀可以辨认。

② “而是……地”一句，油印稿无。“而”疑衍。

③ “了”据油印稿补。

④ “它”据油印稿补。

⑤ “研究”二字油印稿无。

⑥ 括号内九字油印稿无。

活动来看，始终都保持着光荣革命[①]传统。这里也就是学社历史乐得光荣可贵而难能的一点，也就值得介绍一番的[②]。

溯船山学社于满清统治时代，正是同治五年（1866）已[③]有基础，辟地长沙小吴门外，近铁路东站之所谓曾文正公祠侧，为讲学机构，以《论语》“见贤思齐焉”之意，名为[④]思贤讲舍，是为表扬明末遗贤民族[⑤]思想家衡阳王夫之先生[⑥]反满精神而设立的（一个研究学术团体）[⑦]。当时历史情势，内受封建统治者压迫［与剥削］[⑧]，外受帝国主义的侵陵，而成千累万的劳动人民生活真牛马之不若。所以，知识分子慨然都有改造社会的企图。船山学社就在这样的历史条件下诞生与长成，首由郭嵩焘创办，组合上层和知识分子，共同研究和发扬船山学说，在思想上给反动满清统治一种沉重的打击，采着沉默态度。到了辛亥革命后第三年（1914）方由浏阳蔚庐先生刘人熙等，以夫之先生隐居时别号船山，遂定名为船山学社。

本着夫子宏博六经生面、民族精神、人兽畛域之说，并承邓显鹤先生校刊王氏遗书之远志，郭筠仙先生创立讲舍之宏规，多方维护，拨资举办，划清地址，并经立案，庶昭慎重。大概的说，自清末至民初很多的革命分子，都与这个组织发生过密切关系的社友、从事革命者，如龙研仙、龙仁成、叶戡时、余兆龙、阎鸥飞、仇亦山、刘揆一、刘道一、萧传祁、曹伯闻、曹子谷、柳聘农、李金山、刘清安、饶梓匀等，社务主要是讲学，发行过船山学报，曾出刊《船山学报》八册，后由周逸主编，自壬申至戊寅 1932—1938，共出刊 15 厚册，皆存图书馆，社员共有 161 人。[⑨] 创办过船山中学。并设立经学讲习会、对于各种思想都公开或个别研究过。一九一九年派过中学生六人赴法国加入勤工俭学班，旋分赴英比各国……[⑩]。

---

① “革命”二字油印稿无。

② 此句油印稿作“这里请让我把社的历史简单介绍一下。”

③ “同治五年（1866）已”油印稿改为“在满清时代就”。

④ “辟地……见贤思齐焉”一句，油印稿压缩为“原名”二字。

⑤ “遗贤民族”油印本改为“清初”。

⑥ “衡阳王夫之先生”油印本改为“王船山”。

⑦ “一个研究学术团体”油印本无。

⑧ 括号内三字油印本无。

⑨ 内一段 38 字原脱，据油印本补。

⑩ 空格三字原有涂改，看不清。此段“1919 年……”油印本作。

二、毛主席与船山学社之关系

当一九一八年之先后[①]，正是毛主席将毕业于长沙城南第一师范学校之时候。由于他求知欲[②]望异常活跃，接受力发达坚强[③]，除了学校正业课程外，还不时从事访问[④]长沙各名流学者，虚心请教，冀得汇合[⑤]些新知识。因此，[毛主席常][⑥] 在星期日。

这天，欢喜前来船山学社听讲。和他接近的人，无不[⑦]佩服他学识渊博，和诚挚态度。这个时候，马克思主义因毛主席之传导，渐渐在许多人脑海中起了充分[⑧]作用，而研究起来。[到了][⑨] 一九二一年，毛主席凭着他的组织天才和毅力，最喜欢参加各种[⑩]社会活动，群众都欢迎他。船山学社也请他来接办，并推举何叔衡同志充当社长。毛主席（当）[常] 在社内创设自修大学，组织很多青年群众，从事[⑪]马克思主义学习，就是要[⑫]把这个学社作为革命的知识分子集聚的地方，好[⑬]做革命的工作。一九二二年，正当夏天，长沙泥木工人因要求增加工资不遂，全体罢工，要向政府交涉，又苦于没有人领导，内中几个积极分子袁福清、任树德等，晓得马克思主义者 [的] 毛主席一定会帮助他们，就一次两次的来到船山学社寻找毛主席接洽[⑭]，最后决定，毛主席自己扮作工人代表，领导他们去请愿。当日 [时] 的反动政府伪省长赵恒惕，被毛主席代替工人表说的一篇话，竟驳得无言可答，只得答应了工

① “当一九一八年之先后”，油印本作“1918 年的前后”。
② “由于他求知欲望”油印本作“因他的求知欲”。
③ “接受力发达坚强”，油印本无。
④ “从事访问”油印本作“去拜访在”。
⑤ “冀得汇合”油印本作“想得些”。
⑥ 此四字据油印本补。
⑦ “无不”油印本作“都”。
⑧ “充分”油印本无。
⑨ “到了”据油印本补。
⑩ “各种”油印本无。
⑪ “从事”油印本无。
⑫ “就是要”油印本无。
⑬ “好”油印本无。
⑭ “寻找毛主席接洽”油印本作“找毛主席接头”。

人［的］要求，［将］泥木工人工资，增加到每个工为①三角四分。工友们得胜回来，极端欢喜，特到船山学社门前，大喊了一阵胜利的口号。此乃毛主席组织工人领导革命的开始，也就是后来大革命的先声。同时，群众都认为船山学社是一个很好的学术团体，一个革命历史意义的胜地②。

三、解放前后的船山学社

这时候，毛主席的革命活动，大为反动政府所忌惮，因此向船山学社横行压迫，勒令停办一切机构，最后竟把学社大门都封闭了。直到 1925 年，方由前社长石广权和现任社长周逸设法恢复。在湖南大革命的 1927 年，社内仍集合不少同志参加了工作，自此以后，本着原来的革命作风，迈步前进，绝对没有松懈一点。到长沙将要解放的时候，船山学社更成了国民党反动派严密注意的地方。当有大汉奸余孽曾约农凭借他高祖国藩封建势力，一再企图侵占社方产权，消灭船山学社名义，经过了周社长的艰苦斗争，才保全了这个富有革命历史的所在地，又为着掩护革命青年在做地下工作和追求进步知识［分子］，约有萧家实（中共湖南省委行政科）、黄铁城（内蒙古）、唐珂（浏阳县教育科）等，也经过社方多次应付与成全，直到长沙解放，船山学社算是重见天日了。一天天在进步着，一天天为各方重视着。去年端午日北京文化部对外文化联络事务局局长萧三同志，偕其夫人某女士（苏联人）及其同志某某等十余人来社访问，座谈良久，并摄影多张而去，（内有一张刊载第四期《新观察杂志》）。随于六月二十八日，又有莫斯科大学法律系副主任阿斯楷洛夫来社参观。本年三月九日，苏联某大学的中国文学系费德林偕斯哲等同志来社参观时，因看见礼堂外面贴有周社长所撰写的联语“我们读王船山遗集，痛恨满清异类锄非树先声，道在六经，真堪景仰。此处是毛主席故乡，领导中国人民革命策源地，名垂万世，永宜保存”异常重视，特将该联并社长本人一并拍影而去，至今时有访问或参观者，不胜记述。

还有一件最难得的欣慰事，去年农历九月初一，值船山学社照例举行船

① “每个工为”油印本无。

② “同时……胜地”，此句油印本无。

山先生的诞生［三百四十周年］纪念时，恰巧接到由北京寄来的毛主席亲自写的“船山学社”四个字，现在制成匾额高悬社内。这是毛主席的故居，是毛主席领导人民革命的策源地，我们希望不仅被社会看做单纯的文物来保存就算了事，实在的还需要各方有力人士把社务发扬光大起来，跟着毛主席前进。今当中国共产党建国十周年国庆纪念日，特以此作为献礼。

青年毛泽东与船山学社之关系钩沉

朱迪光

当代有些论文和著作经常会谈到青年毛泽东与船山学社的关系，有的说毛泽东经常去船山学社听讲，有的说毛泽东利用船山学社创办湖南自修大学。其历史真相到底如何，我认为是值得认真研究，避免老是人云亦云，以讹传讹。从已出版的资料来看，可信并且有这方面资料的，主要是两种著作：一是杨昌济的《达化斋日记》，一是《毛泽东早期文稿》。其他的材料多是见于一些人的回忆文章。我们根据以上材料考察青年毛泽东与船山学社的关系以及船山学社对于青年毛泽东成长的影响。

一、青年毛泽东与船山学社的关系

考察毛泽东与船山学社就不得不考察刘人熙、杨昌济、石广权等人对毛泽东的影响。

《毛泽东早期文稿》多次提到刘人熙。毛泽东于1916年7月18日在《致萧子升信》中说：

> ……程、陶纵其部下，在距城某地大战两昼夜之久，设无刘公出而维持，早已焦烂不可收拾矣。……都督今数易矣，又有易人之说。当独立时，认汤为督，旋逐去之，欢迎陆荣廷。陆未至，而曾代。及程潜至，又不得不下台，遂公举浏阳，军官、参议员、公民团及各绅商，通电列

名者数十百人也，旋忽相惊以伯有。[1]

毛泽东又于1916年7月25日在《致萧子升信》中说：

……弟校校长委彭政枢，学生大愤，欲拒之而未能。刘、吴长者，而所为如此，皆暴徒之过。刘与谭组安书云“度日如年”，盖实语也。[2]

由上可知，青年毛泽东对刘人熙是很佩服的，有人望，是长者，能为湖南稳定作出贡献。这主要是政治方面的，于学术，尤其是于船山学社没有一字提及。

杨昌济（1871—1920），字怀中，湖南长沙人，曾在湖南维新派创办的时务学堂学习，[3] 后至日、英等国留学，回国后任教湖南省立第一师范学校、北京大学。[4] 从《达化斋日记》所记来看，杨昌济阅读过王船山的许多著作，如《读通鉴论》《宋论》《读四书大全说》《诗广传》《春秋家说》《春秋世论》《周易内传》等。[5] 杨昌济与船山学社有着密切的关系，有人曾介绍杨昌济入船山学社，他并未答应，但也出席过船山学社活动。[6] 1914年6月14日

① 中央文献研究室、中共湖南省委《毛泽东早期文稿》编写组：《毛泽东早期文稿》，湖南人民出版社2008年版，第39—40页。

② 中央文献研究室、中共湖南省委《毛泽东早期文稿》编写组：《毛泽东早期文稿》，湖南人民出版社2008年版，第44页。

③ 张平子：《从清末到北伐军入湘前的湖南报界》云：“《湘报》，创办于戊戌变二月（一八九八年三月）为湖南报纸的创始。……时务学堂的学生，如蔡艮寅（蔡锷）、黄颂銮、辜天佑、张伯良、许崇勋、曹典球、杨昌济、谢功肃等也都时有论著在该报发表。”（《湖南文史资料选辑》第1集，湖南人民出版社1981年版，第67页）

④ 王啸苏：《前长沙县教育会会长杨怀中先生传》云：“先生长沙杨氏，名昌济，怀中其字。世居清泰乡仓，少补县学生，旋以岁试第一名〈庠〉［廪］饩。时值清季政变，知非治科学无以自立，乃毅然弃举子业，游学日本，入高等师范六年，垂卒业矣，以欧洲学生监督蒯光典得入英国勒伯定大学，习文学三年，得授学士。复居柏林一年，民国〈元〉［二］年返湘。当道欲任为教育司，辞不就。任学校教授五年，旋北京大学校长蔡元培聘为文科教授，主讲教育学及伦理学，教月病卒。”（王啸苏：《前长沙县教育会会长杨怀中先生传》，杨昌济：《杨昌济集》（下），湖南人民出版社2008年版，第1276页）

⑤ 杨昌济云：“即取王船山《读通鉴论》《宋论》中凡高帝、光武、太宗、太祖卷中者，亦依次细解一过。”（杨昌济：《达化斋日记》，《杨昌济集》（上），湖南人民出版社2008年版，第469页）《达化斋日记》中记载杨昌济读王船山著作之处甚多，在此不一一引述。

⑥ 杨昌济云：“胡子靖介绍余入船山学社，余颇为踌躇。因担任学校功课颇无暇日，一切党会均不愿插身其间，因一入会即须费精神目力也。但第一次开讲，当往一亲刘先生之丰采耳。”（杨昌济：《达化斋日记》，《杨昌济集》（上），湖南人民出版社2008年版，第505—506页）

船山学社开讲，《达化斋日记》有云："今日至船山学社，刘艮生先生白须飘拂，唇红异常。"① 杨昌济先生于船山思想研究主要在三个方面。一是对《读通鉴论》的研究。杨昌济说：

吾尝分《读通鉴［论］》为三大类：一曰世界的理想，国家的主义，三曰个人的精神。第一类又分二子目：曰世运，曰礼教。究古今之变，通天人之际也。第二类又分二子目：曰立法，曰行政。第三类又分二子目：曰启天良，曰练心才。余最重个人的精神，又重行政与世运，因立法之事，今昔情势不同，船山所论多有已成明日黄花者。礼教之事，以今日之眼光观之，亦有不免属于迷信者，吾人当分别观之。②

杨昌济认为船山的《读通鉴论》主要有三个方面的内容，可以细分为六个子目，其中最重的是"个人的精神""行政""世运"三个方面的内容。"立法"与"礼教"均不符合现代的需要。

二是对王船山民族主义的继承与创新。杨昌济云：

学社以船山为名即当讲船山之学。船山一生卓绝之处，在于主张民族主义，以汉族之受制于外来之民族为深耻极痛，此是船山之大节，吾辈所当知也，今者五族一家，船山所谓狭义之民族主义不复如前日之重要，然所谓外来民族如英法俄德美日者，其压迫之甚非仅如汉族前日之所经验，故吾辈不得以五族一家，遂无须乎民族主义也。③

杨昌济强调船山思想的精华就是他的民族主义，这是我们必须明白而且应该继承的。可贵之处，杨昌济不仅提出要继承王船山的民族主义，而且还给民族主义以新的解释：五族一家的民族主义并要反抗外来民族英、法、俄、美、日的压迫。这是杨昌济的贡献。最后，杨昌济提醒国人要警惕日本的图谋。他说："余前在日本东京高等师范学校听其西洋历史讲义，谓中国人与罗马人同，惟宝爱其文化，虽外人入主其国，苟不伤其文化，即亦安之。私心

① 杨昌济：《达化斋日记》，《杨昌济集》（上），湖南人民出版社 2008 年版，第 506 页。
② 杨昌济：《达化斋日记》，《杨昌济集》（上），湖南人民出版社 2008 年版，第 646—647 页。
③ 杨昌济：《达化斋日记》，《杨昌济集》（上），湖南人民出版社 2008 年版，第 512 页。

揣测，谓日人不怀好意，颇有继满洲人入主中国之思想，此吾国人所当深念也。”①

三是将船山思想应用于教育。杨昌济曾明确地说要用王船山思想教育学生，他说：“又本学年所讲不限于西洋之伦理学说，中国先儒如孔、孟、周、程、张、朱、陆、王及船山之学说亦间取之。”② 《论语类钞》为杨昌济所编的修身讲义，其中除了分类抄录《论语》语录外，还引用船山之说，并附以己意发挥。如《立志》中有云：“王船山谓豪杰而不圣贤者有之矣，未有圣贤而不豪杰者也。《论语》中如此等语言，可以见圣人之精神矣。道德教育，在于锻炼意志。”③ 杨昌济鼓励学生到船山学社听讲，他说：“阅熊、萧二生日记，知船山学社切实讲船山所著之书，此事深惬鄙意。刘艮老之绪论亦甚平实，青年肯往听讲，必有益也。”④ 在给学生所拟的修身问题亦有“王船山重个人之独立，能举其说与”。⑤ 毛泽东是杨昌济先生的学生。杨昌济非常看重毛泽东，对他关爱有加。杨昌济说：“毛生泽东，言其所居之地为湘潭与湘乡连界之地，仅陋一山，而两地之语言各异。其地在高山之中，聚族而居，人多务农，易于致富，富则往湘乡买田。……余因以农家多出异材，引曾涤生、梁任公之例以勉之。毛生曾务农二年，民国反正时又曾当兵半年，亦有趣之履历也。”⑥ 青年毛泽东对杨昌济亦是非常崇拜，他在与友人的信中多次提及杨昌济。毛泽东于1920年6月7日在《致黎锦熙信》中说：“先生及死去了的怀中先生，都是弘通广大，最所佩服。”⑦ 毛泽东后来还说：

> 给我印象最深的教员是杨昌济，他是从英国回来的留学生，后来我同他的生活有密切关系。他教授伦理学，是一个唯心主义者，一个道德高尚的人。他对自己的伦理学有强烈的信仰，努力鼓励学生立志做有益于社会的正大光明的人。我在他的影响之下，读了蔡元培翻译的一本伦

---

① 杨昌济：《达化斋日记》，《杨昌济集》（上），湖南人民出版社2008年，第512页。
② 杨昌济：《达化斋日记》，《杨昌济集》（上），湖南人民出版社2008年，第674页。
③ 《船山全书》第16册，岳麓书社1996年，第811页。
④ 杨昌济：《达化斋日记》，《杨昌济集》（上），湖南人民出版社2008年，第568页。
⑤ 杨昌济：《达化斋日记》，《杨昌济集》（上），湖南人民出版社2008年，第591页。
⑥ 杨昌济：《达化斋日记》，《杨昌济集》（上），湖南人民出版社2008年，第644页。
⑦ 中央文献研究室、中共湖南省委《毛泽东早期文稿》编写组：《毛泽东早期文稿》，湖南人民出版社2008年版，第431页。

理学的书。我受到这本书的启发，写了一篇题为《心之力》的文章。……杨昌济老师从他的唯心主义观点出发，高度赞赏我的那篇文章。他给了我一百分。①

杨昌济先生重王船山思想并用船山思想教育学生，因此，青年毛泽东受其影响对船山思想有研究并有所遵行。

与船山学社有关又对青年毛泽东影响的还有另外一人。其人名石广权，其时既为湖南省立第一师范学校教师，又兼职为船山学社社长之一。毛泽东于1915年夏在《〈明耻篇〉题志》中说：

此文为第一师范学校教习石润山先生作。先生名广权，宝庆人。当中日交涉解决之顷，举校愤激，先生尤痛概，至辍寝忘食，同学等爰集资刊印此篇，先生则为序其端而编次之，云云。

《救国刍言》亦先生作。②

综上所述，虽无直接材料证明，但青年毛泽东在师友的影响下去过船山学社听讲可能是事实。李锐记其事说：

毛泽东在学校时，常在星期日去船山学社听讲船山学术。明亡之后，遗民学者王船山、顾炎武及颜习斋等，痛心于理学清谈误国，都提倡经世致用的"实学"学风。颜（习斋）李（恕谷）学派讲求的习行哲学，毛泽东也是很倾慕的。曾国藩刊行《船山遗书》之后，研究船山学术在湖南尤成为一时风尚，毛不例外。③

李锐的说法只能作为旁证。

二、船山学社对于青年毛泽东成长的影响

毛泽东于1913年考入湖南省立第四师范学校，读预科。这一年他二十

① 毛泽东：《回忆杨昌济》，杨昌济：《杨昌济集》（下），湖南人民出版社2008年版，第1278页。

② 中央文献研究室、中共湖南省委《毛泽东早期文稿》编写组：《毛泽东早期文稿》，湖南人民出版社2008年版，第10页。

③ 《船山全书》第16册，岳麓书社2011年版，第889页。

岁。1914年四师合并于湖南省立第一师范学校，毛泽东始为湖南省立第一师范学校学生。这一年，船山学社正式成立。1914年至1921年中国共产党成立这七年时间正是青年毛泽东成长最重要的时期。这一时期，毛泽东接受西式学校的正规教育，经历了旧学向新学转变，旧文化向新文化，个人成长与改造社会，旧民主思想的追求到共产主义的追求等几个阶段。因此，船山学社对青年毛泽东成长的影响就不能简单概括为有或者没有，而需要作具体的分析。

船山学社对于青年毛泽东的影响主要是三个方面：一是船山学社有助于青年毛泽东研习船山思想。船山学社的成立是处在青年毛泽东仍然注重旧学但也渴望新学的重要转变时期。毛泽东于《讲堂录》（一九一三年十月至十二月）中说：

> 白沙事迹，详《明儒学案》。宋元多理学之士，有《宋元学案》。①

又于《致湘生信》中说：

> 于是决定为学之道，先博而后约，先中而后西，先普通而后专门。……昔吾好独立蹊径，今乃知其非。
>
> 又《明耻篇》一本，本校辑发，于中日交涉，颇得其概，阅之终篇，亦可得新知于万一也。
>
> 复启者，适得高等师范信，下期设招文史两科，皆为矫近时学绝道丧之弊。其制大要与书院相似，重自习，不数上讲堂，真研古好处也。②

毛泽东于《讲堂录》（一九一三年十月至十二月）中说：

> 有雷同性，无独立心。有独立心，是谓豪杰。③

毛泽东又说：

---

① 中央文献研究室、中共湖南省委《毛泽东早期文稿》编写组：《毛泽东早期文稿》，湖南人民出版社2008年版，第525页。

② 毛泽东：《致湘生信》，中央文献研究室、中共湖南省委《毛泽东早期文稿》编写组：《毛泽东早期文稿》，湖南人民出版社2008年版，第6—7页。

③ 中央文献研究室、中共湖南省委《毛泽东早期文稿》编写组：《毛泽东早期文稿》，湖南人民出版社2008年版，第525页。

> 王船山：有豪杰而不圣贤者，未有圣贤而不豪杰者也。圣贤，德业俱全者；豪杰，歉于品德，而有大功大名者。拿翁，豪杰也，而非圣贤。
>
> …………
>
> 孟子所谓豪杰，近于圣贤，曰：陈良楚产也，悦周公、仲尼之道，北学于中国。北方之学者未能或之先也，乃所谓豪杰之士也。曰：待文王而后兴者凡民也。若夫豪杰之士，虽无文王犹兴之类是也。
>
> …………
>
> 有一时之正义，如君臣奴隶之类；有万世之通义，如仁义礼智信以及天心民意之类。[①]

研习理学、研习船山思想进而形成自己的独立思想，由此可见船山学社、船山思想对青年毛泽东的影响。

二是船山学社、《船山学报》便于毛泽东了解时事，参与爱国活动。

毛泽东于1915年夏在《〈明耻篇〉题志》中说：

> 此文为第一师范学校教习石润山先生作。先生名广权，宝庆人。当中日交涉解决之顷，举校愤激，先生尤痛概，至辍寝忘食，同学等爰集资刊印此篇，先生则为序其端而编次之，云云。
>
> 《救国刍言》亦先生作。[②]

刘人熙作为船山学社的总理，他的政治态度和政治行为也影响了毛泽东。刘人熙不满于国民党的争权，倾向于袁世凯政权也就是当时的执政当局，刘人熙担任了政府的官职；但刘人熙对袁世凯的支持是有限度的。刘人熙没有支持袁世凯称帝，查《船山学报》无一篇文章谈及称帝，但在《船山学报》第八期《救败九策》一文中刘人熙多次申说了共和独立重民权之思想。刘氏说："国以民成，因民为治。民愚则国不能独智，民弱则国不能独强。"[③] 又说："去君主之世及则知中国非一姓之私产，爱国之心自深。国民非一姓之家

① 中央文献研究室、中共湖南省委《毛泽东早期文稿》编写组：《毛泽东早期文稿》，湖南人民出版社2008年版，第531—540页。

② 中央文献研究室、中共湖南省委《毛泽东早期文稿》编写组：《毛泽东早期文稿》，湖南人民出版社2008年版，第10页。

③ 《船山学报》（三），湖南师范大学出版社2009年版，第1355页。

奴，独立之谋必固。”[①] 刘氏还说民国是去专制世及之私。这样的观点是不可能支持袁世凯称帝的。刘人熙还反对丧权辱国，主张卧薪尝胆，强国复仇，所以他说：“以为自五年始宜准公私团体，开五九纪念会，下半旗以表卧薪尝胆之真心。”[②] 这些对于参加船山学社活动的毛泽东来讲应该是有所影响的。

三是船山学社在组织社团方面对毛泽东也有所帮助。

毛泽东自 1915 年至 1920 年，或与同学组成课外哲学研究小组、一师湘潭学友会，或发《征友启事》找志同道合的朋友，或与人成立新民学会、工读同志会、自修大学、创建社会主义青年团等。毛泽东热衷于建立社团主要是受当时的风气的影响，也来自他自身提高和改造社会的追求，还受到船山学社的影响。其明证就是在 1920 年 6 月 7 日的《致黎锦熙信》中提出“另立自修学社”。[③] “学社”一词应是直接从“船山学社”移用而来。

船山学社对于毛泽东建立社团方面的帮助最大的就是湖南自修大学的建立。如何创建一种新的学习体制，提高自己以及志道合之朋友是青年毛泽东考虑很久的大事。青年毛泽东对一般的学校教育很不满意，他在 1915 年就说“而于学堂科学，尤厌其繁碎”“学校分数奖励之虚荣，尤所鄙弃”。[④] 对于那种与古书院相似，重自修的学校，毛泽东非常歆羡，他说：“适得高等师范信，下期设招文史两科，皆为矫近时学绝道丧之弊。其制大要与书院相似，重自习，不数上讲堂，真研古好处也。”[⑤]

现实社会很难找到适合自己成长发展的学校，因而青年毛泽东萌生自己创制一种学校或学习模式。他于 1917 年 8 月 23 日在《致黎锦熙信》中说：

> ……现届毕业不远，毕业之后，自思读书为上，教书、办事为下。……弟久思组织私塾，采古讲学与今学校二者之长，暂只以三年为期，课程则以略通国学大要为准。过此即须出洋求学，乃求西学大要，归仍

① 《船山学报》（三），湖南师范大学出版社 2009 年版，第 1366 页。

② 《船山学报》（三），湖南师范大学出版社 2009 年版，第 1356 页。

③ 中央文献研究室、中共湖南省委《毛泽东早期文稿》编写组：《毛泽东早期文稿》，湖南人民出版社 2008 年版，第 431 页。

④ 毛泽东：《致湘生信》，中央文献研究室、中共湖南省委《毛泽东早期文稿》编写组：《毛泽东早期文稿》，湖南人民出版社 2008 年版，第 7 页。

⑤ 毛泽东：《致湘生信》，中央文献研究室、中共湖南省委《毛泽东早期文稿》编写组：《毛泽东早期文稿》，湖南人民出版社 2008 年版，第 7 页。

返于私塾生活，以几其深。怀此理想者，四年于兹矣。[①]

毛泽东又于1920年3月14日在《致周世钊信》中说：

我想我们在长沙要创造一种新的生活，可以邀合同志，租一所房子，办一个自修大学（这个名字是胡适之先生造的）。我们在这个大学里实行共产生活。关于生活费用取得方法，约可定为下列几种：

（1）教课。（每人每周六小时乃至十小时）

（2）投稿。（论文稿或新闻稿）

（3）编书。（编一种或数种可以卖稿的书）

（4）劳力的工作。（此项以不消费为主，如自炊自濯等）

所得收入，完全公共。多得的人，补助少得的人，以够消费为止。我想我们两人如果决行，何叔衡和邹泮清或者也会加入。这种组织，也可以叫做“工读互助团”。这组织里最要紧的是要成立一个“学术谈话会”，每周至少要为学术的谈话两次或三次。

以上是说暂不出洋在国内研究的活（话）。但我不是绝对反对留学的人，而且是一个主张大留学政策的人。我觉得我们一些人都要过一回“出洋”的瘾才对。[②]

工读团是毛泽东的一种难以实现的梦想，既而决定办自修大学。他于1920年6月7日在《致黎锦熙信》中说：

……工读团殊无把握，决将发起者停止，另立自修学社，从事半工半读。同住都有意往俄，我也决去，暂且自习，一年半或二年后，俄路通行即往。……先生及死去了的怀中先生，都是弘通广大，最所佩服。[③]

① 中央文献研究室、中共湖南省委《毛泽东早期文稿》编写组：《毛泽东早期文稿》，湖南人民出版社2008年版，第76页。

② 中央文献研究室、中共湖南省委《毛泽东早期文稿》编写组：《毛泽东早期文稿》，湖南人民出版社2008年版，第429页。

③ 中央文献研究室、中共湖南省委《毛泽东早期文稿》编写组：《毛泽东早期文稿》，湖南人民出版社2008年版，第431页。

有许多人认为毛泽东利用船山学社组建湖南自修大学。[①] 杨金鑫《青年毛泽东与近代湖湘文化》一书引美国斯图尔特·施拉姆的话云："自修大学设在船山学社，这决非一个偶然的枝节问题；恰恰相反，它可以被看作日后在毛泽东领导下所形成的中国革命道路的象征。因为自修大学虽然极其强调新思想尤其是马克思主义，但也非常重视中国的文化传统，其中特别包括像王夫之这样的持批判态度的唯物主义和民族主义思想家。中国共产党许多未来的干部，都是这个学校的学生，毛泽东在参加那里举行的各种讨论会的过程中，继续为'马克思主义的中国化'奠定基础，而'马克思主义中国化'正是他后来在理论上和实践上的最大成就。"[②]

三、结语

综上所述，青年毛泽东与船山学社是有着密切的关系。这种关系可以分为前后两个阶段，第一阶段，毛泽东是船山学社的仰慕者，前去船山学社听过讲，精神上也受其影响，但不是船山学社社员。当时船山学社社员均是社会名流。[③] 后一阶段，由于船山学社受限于上层名流多趋于保守，与毛泽东求新求变，重实践，重民众的崇尚不相符合，关系有所疏远，但用其场地等资源开展革命活动，又使船山学社与中国共产党领导的新民主主义革命有了无法否认的关系。

① 逄先知：《毛泽东年谱（1893—1949）》（修订本）"1921 年 8 月中旬"后之"同旬"条说："和何叔衡创办湖南自修大学。自修大学是在船山学社董事会总理仇鳌社长贺民范支持下，利用船山学社社址和经费创办的。贺民范为首任校长，毛泽东任指导主任，负实际领导责任。"（逄先知：《毛泽东年谱（1893—1949）》（修订本），中央文献出版社 2013 年版，第 84 页）

② 杨金鑫：《青年毛泽东与近代湖湘文化》，湖南师范大学出版社 1998 年版，第 249—250 页。

③ 《开讲》（六月十四日说："……而一时耆彦胜流，莫不毕集。"《船山学报》（一），湖南师范大学出版社 2009 年版，第 55 页。

大　事　记

王兴国　邓胤龙

民国元年（1912）

浏阳刘人熙（谭嗣同的老师），字艮生，号蔚庐，中华民国成立后任湖南民政司第一任司长，建议创设船山学社，被推为首任社长。

民国二年（1913）

经多方努力，准予继承小吴门旧思贤讲舍、思贤书局为船山学社社址。

民国三年（1914）

6 月 14 日，湖南船山学社正式宣告成立，确定社章，公推刘人熙为船山学社总理。同年公推桂阳彭政枢、泸溪廖名缙为社长、分任主讲。刘人熙在船山学社发表演讲。杨昌济等人出席演讲会。杨昌济在《达化斋日记》中写道："今日至船山学社，刘艮生先生白须飘拂，唇红异常。吴凤生先生自岳麓冒雨渡水至，亦可谓高兴者。"

6 月 24 日，杨昌济在日记中讲船山民族主义思想，参见《达化斋日记》。

7 月 31 日，船山学社集会欢迎彭政枢、廖名缙就职。同年秋，接收旧思贤讲舍，永为社址。

民国四年（1915）

设两级别小学于思贤书局，彭政枢兼任校长。社长廖名缙去职赴京。公推邵阳石广权继任主讲。同年秋，刊发《船山学报》，先后以益阳曹佐熙、徐明谔为编辑主任。该年发行学报第一期至第五期。刘人熙在《船山学报叙意》中写道："《船山学报》何为而作也？忧中华民国而作也。……船山之学，通天人，一事理，而独往独来之精神，足以廉顽而立懦，是圣门之狂狷，洙泗之津梁也……愿广船山于天下以新天下。"揭橥了《船山学报》创办的宗旨与价值追求。

民国五年（1916）

1 月 20 日，发行《船山学报》第 6 期。

4 月，湖南船山学社北京分社筹备就绪。主持人为东大陆通讯社社长张秋白，总编辑为金葆光等四人，5 月 1 日起在《大陆民报》上开辟"船山学库"专栏。

夏，船山学社总理刘人熙先生受湘桂军民公推为湖南省都督，兼民政司长。大总统黎元洪任命刘人熙为湖南督军，继而任命其为湖南省长。

秋，刘人熙辞去省长职务，入京，任总统府顾问。石广权赴京就教育部聘，任编撰。大总统黎元洪颁发"正谊明道"匾额一方，悬诸船山先生祠堂。

民国六年（1917）

4 月，发行学报第 7、8 期。

8 月，已编辑稿件第 9、10 期，却无力付印。

春，开办船山中学校，彭政枢兼任校长。

冬，刘人熙招石广权回社。

民国七年（1918）

春，总理刘人熙避乱赴沪。社中辍讲。石广权旋亦赴沪。

秋，贝允昕为船山学校校长。

民国八年（1919）

2 月，船山学社总理刘人熙在上海病逝，享年 76 岁。

夏，湘督张敬尧令限本社他迁，以社舍为艺芳女校校址。社长彭政枢、校长贝允昕据理力争，无果。

秋，贝允昕辞职，公推石广权为社长兼任校长。七月初石广权自沪返社。湘督军张敬尧中夜纵兵入社，杀社员吴灿煌及客程鹏。社呈请张督，详陈设社意旨，及继承前思贤讲舍缘由，请查照民国二年（1913）北京大总统府发交国务院分行湖南督署维护本社原案，撤销前限社迁移原令，社校各自办学，暂准划墙为界。

民国九年（1920）

石广权社长兼校长去职，何叔衡继任船山学社社长兼船山中小学校校长，积极开展社、校活动。

冬，湖南共产主义小组建立，小组成员何叔衡、贺民范都是船山学社的中坚力量。船山中学学生少，经费不支，因而毛泽东、何叔衡、贺民范等建议停办，改设自修大学，作为湖南共产主义小组成员学习、宣传马克思主义的园地和从事革命活动的机构。

民国十年（1921）

贺民范任湖南船山学社社长。仇鳌任船山学社董事会总理。

4月，毛泽东等草拟了《湖南自修大学组织大纲》。

7月，中国共产党第一次代表大会以后，毛泽东寓居船山学社，同何叔衡、贺民范一道主办湖南自修大学。贺民范以船山学社社长名义，兼任湖南自修大学校长。毛泽东手书“湖南自修大学”校名，悬挂于船山学社大门口。

民国十一年（1922）

贺民范继任船山学社社长，兼任湖南自修大学校长，船山中学校校长。仇鳌仍任船山学社董事会总理。是年，新编《湖南船山学社图书目录》问世。

9月，毛泽东、何叔衡等共产党人，为适应青年知识分子和青年工人的要求，于船山学社内附设“补习学校”，为中国共产党培养青年干部。

11月，毛泽东代表自修大学校董会，致书中国共产党创始人之一李达，邀请他任湖南自修大学学长。

12月，李达偕同夫人抵达长沙，担任学长职务。是年，湖南省学生联合会设在船山学社内。

民国十二年（1923）

4 月 12 日，湖南自修大学校刊《新时代》月刊创刊号出版发行。

11 月 10 日，湖南都督赵恒惕以“所倡学说不正，有碍自由”为由，查封了湖南自修大学和附设补习学校。船山学社随之停止活动；毛泽东、何叔衡等主要领导人也暂时离开了船山学社。

民国十三年（1924）

1 月至 9 月，湖南船山学社被赵恒惕派人封闭，社务活动全部停顿。

10 月至 11 月，船山学社前社长石广权和社员周逸，呈请当局准予恢复船山学社，并开展社务活动。

民国十四年（1925）

冬，在石广权和周逸等人的积极推动下，正式恢复社务活动。

民国十五年（1926）

春，船山学社召开社员会议，公推刘伯远（刘人熙长子）接办湖南船山学社，后改为船山中学校。

民国十七年（1928）

萧仁峰接任船山中学校校长。船山学社社务依然处于半停顿状态。

民国十八年（1929）

恢复湖南船山学社组织机构，萧仁峰任船山学社社长兼船山中学校校长，彭清黎任董事长兼讲演部和编辑部主任。本年筹办《湖南船山学社杂志》。

民国十九年（1930）

是年，萧仁峰、傅绍岩先后任船山学社社长，彭清黎继任学社董事长。

5 月，《湖南船山杂志》（又名《船山杂志》）创刊号出版发行，为月刊，直到该年 11 月，共出版 7 期。编辑部主任由彭清黎兼任，编辑有萧仁峰、曾天阳等。

民国二十一年（1932）

12 月，续刊《船山学报》第 1 期，又名《湖南船山学报》，是继《船山杂志》后的又一研究船山学刊物。石广权撰有《续刊船山学报弁言》，言及船山“坚苦精卓，远挹微言，高踞群流，毅然以六经生面之开自任”，“生明清鼎革之交，匿踪荒山，食薇茹辛，自号姜斋。《黄书》一篇，洞抉三畛，人禽彝夏，防戎蚁隄。三古典制，形诸《噩梦》、春秋大义，周易精言，读史幽忧，说诗沈切。凡诸缵述，独辟町畦，心印横渠，精深博大”。续刊的《船山学报》矢志“为先哲存一脉精诚”，也即是“为群伦消无限沴戾”。本期刊有陶思曾《船山先生诞日讲演一》、何键《船山先生诞日讲演二》等文章。

民国二十二年（1933）

5 月、10 月、12 月，续刊《船山学报》第 2 期、第 3 期、第 4 期。刊有郭嵩焘《船山祠祭文》、曾国藩《王船山遗书序》等文章。

民国二十三年（1934）

5 月、9 月，续刊《船山学报》第 5 期、第 6 期。

民国二十四年（1935）

2 月、6 月、9 月、12 月，续刊《船山学报》第 7 期、第 8 期、第 9 期、第 10 期。续登《相宗络索》，刊有黄巩《船山黄书原极演义》《船山黄书古仪案制演义》《船山黄书大正篇演义》等文章。

民国二十五年（1936）

4 月、10 月，续刊《船山学报》第 11 期、第 12 期。刊有周逸笺注的《思问录 · 内篇》等文章。

10 月 15 日，举行船山先师诞祭典礼。

民国二十六年（1937）

3 月、11 月，续刊《船山学报》第 13 期、第 14 期。续登周逸笺注的《思问录 · 内篇》及有关文章。

10 月 4 日，船山先师诞祭典礼举行，同日，船山学社附设暑期经学讲习会学员编辑出版了《王船山先生生日特刊》，湖南省政府主席何键题写了刊名。

民国二十七年（1938）

黄昌年继任船山学社社长，陶思曾连任副社长。

3 月，船山学社转至湘潭办公。

6 月 15 日，续刊《船山学报》第 15 期出版发行。刊登湘籍名人著作较多。

是年，续刊《船山学报》第 16、17 期和 18 期均编辑定稿，因抗日战火延及湖南，学社经费困难，无法付印成书。

民国二十八年（1939）

周逸为代理社长。

秋，船山学社屋遭到日本飞机轰炸，学社损失惨重。

10 月 13 日，代理社长周逸在湘潭县石潭乡参照往年惯例，举行船山先师诞祭典礼。

民国二十九年（1940）

9 月，黄昌年逝世，公推周逸为船山学社社长。

10 月 1 日，社长周逸组织在湘潭的社员集会，依照常年惯例，在湘潭石潭乡举行船山先师诞祭典礼。

是年，日寇飞机轰炸长沙城，学社社址第二次被炸，房屋家具全毁。周逸社长在湘潭举办抗日讲演会，以及抗日戏剧演出等。

民国三十年（1941）

周逸与在湘潭的部分社员集会，主持王船山爱国民族思想讲座，鼓动全国人民坚持抗日斗争。

民国三十一年（1942）

周逸与部分在湘潭的社员坚持抗日宣传活动。

10月10日，周逸和在湘潭的社员集会，举行船山先师诞祭典礼。

民国三十二年（1943）

周逸与部分社员仍在湘潭乡间坚持抗日宣传活动。

民国三十三年（1944）

5月，日本军队进犯湘潭，学社图书分寄肖春林、夏秋榆家。周逸避难湘潭县岳冲龙潭咀农民家。

民国三十四年（1945）

9月13日，日本无条件投降后，日军从湘潭退走。周逸多次奔走于湘潭、长沙间，谋求早日恢复船山学社社务活动。

民国三十五年（1946）

2月，周逸至长沙筹划恢复船山学社的活动。同月，在长沙办理船山学社土地登记手续。

6月21日，学社收到湖南大学校长胡庶华送来中央济湘捐款五万七千一百元。

秋，船山学社领得湖南省教育厅复员费六十八万元。除办船山先生诞祭八万元外，其余六十万元补助建筑社屋三间。

9月25日，有关当局和部分社员在长沙举行船山先师诞祭典礼。

民国三十六年（1947）

春，船山学社增建房屋二间。

10月14日，在学社恢复新建的社屋中举行王船山先生诞祭典礼，湖南省政府主席程潜主祭，社员周逸、曹典球、仇鳌等陪祭。

民国三十七年（1948）

8月，社长周逸主持加建礼堂一大间，以供开会讲演用。

10月1日，《湖南周报》辟专版刊出《王船山先生诞祭纪念特刊》。

10月3日，在本社礼堂举行船山先师诞辰祭祀，湖南省政府及有关人员和船山学社社员参加祭祀。湖南省政府主席程潜为王船山诞辰题写“高明敦厚，立懦廉顽”八字。

民国三十八年（1949）

8月，学社临时加设刺绣缝纫班，绣斯大林肖像一幅，祝贺其七十寿辰。

1950年

6月19日，文化部对外文化联络事务局局长萧三一行十余人来船山学社参观访问。

6月28日，湖南省军管会交际处十余人陪同苏联莫斯科大学教授法律系副主任阿斯凯诺夫和夫人一行来学社参观访问，阿斯凯诺夫高度赞扬王船山的爱国民族思想。

9月3日，学社举行社务会议，讨论布置研究王船山先生诞辰纪念，决定编辑出版王船山先生诞辰纪念特刊。

10月初，船山学社接到毛泽东主席亲笔题写的“船山学社”四个大字，将此制成匾额，高悬于学社前厅以供来社参观者瞻仰。

10月11日，船山学社隆重举行王船山诞辰三百三十一周年纪念大会。湖南省人民政府副主席程星龄代表省政府主席王首道主祭，陪祭的有船山学社社员以及湖南省各界人士数百人。

1951年

6月24日，湖南省人民政府通知湖南船山学社立即向湖南省文物保管委员会移交学社社址，以及所有文物、图书、文档等。于7月15日移交完毕，自此船山学社社务活动和学社社员的日常学术活动基本停止。

1953 年

中央政务院颁发文物保护条例，湖南船山学社被列入全国重点文物保护单位之一，归湖南省文化局管理。

1954 年

根据文物保护条例，湖南省文化局拨款五万元重建湖南省船山学社社址。湖南省委、省政府指示："船山学社要尽可能恢复到 1938 年 11 月长沙文夕大火以前的原貌。"

1956 年

修复的船山学社将近竣工时，湖南省人民政府文史研究馆陈文骏函请毛泽东主席再为新建的船山学社题额。毛泽东主席接信后，又题写了"船山学社"四字寄来长沙。现毛泽东的两次亲笔题字，均妥善地保存在船山学社。

1957 年

湖南省文化局将湖南船山学社社址委托给湖南省中山图书馆（即现在的湖南图书馆）代为保管。社内陈列了一些有关船山学社和湖南自修大学的文物展品，未公开对外，仅接待了少数外宾和国内有关人士。

1962 年

11 月 18—26 日，纪念王船山逝世 270 年学术讨论会在长沙市召开，来自北京、上海、广州、河南、湖北及湖南省 100 余位学者共同出席会议，研讨船山思想。会议及前期讨论会还邀请知名学者潘梓年、吕振羽、嵇文甫、关锋、冯友兰、金灿然、杨荣国、谭戒甫、谢华、吴泽、吴传启、徐旭生、林聿时、吴则虞等到会指导。

1964 年

湖南省文化局将湖南船山学社拨交长沙市文化局代管。在"文化大革命"中，船山学社由长沙市革命纪念地办公室管理，同时修整陈列室，增加陈列展品，公开对外开放，接待参观者。嗣后长沙市纪念办公室撤销，长沙文化局又将船山学社交给清水塘纪念馆管理，现归长沙市博物馆管理。

1972 年

5 月，台湾成立船山学会。萧天石在《“中国船山学会”缘起》中对船山的思想和学术地位做了很高的评价：“明末清初大儒王船山先生，为近代世界学术史上有数之伟大学人。”

1975 年

中华书局先后出版王船山《读四书大全说》《读通鉴论》和《张子正蒙注》等著作。7 月，湖北人民出版社出版《王夫之著作选注》。

1977 年

湖南人民出版社出版《王夫之哲学著作选注》。

1980 年

6 月 2 日上午，著名船山研究专家王孝鱼（1900—1981）应湖南省哲学社会科学学会联合会邀请来长沙讲王船山的《周易外传》，下午湖南省中国哲学史学会筹备小组成立。

6 月 7 日下午，湖南省中国哲学史学会筹备小组在湖南省委党校专题讨论王船山研究问题。会上建议在 1982 年王船山逝世 290 周年时，举行一次大型的学术研讨会。

11 月 21 日，根据湖南省社会科学院和湖南省哲学社会科学学会联合会有关领导指示，王兴国起草关于 1982 年召开纪念王船山逝世 290 周年学术讨论会向中共湖南省委的报告。

12 月 26—30 日，由湖南省教育厅和湖南省社会科学院联合主持的湖南省高等院校文科科研座谈会在韶山召开。会上，省内著名学者林增平、姜书阁、羊春秋、马积高等都对 1982 年召开纪念王船山逝世 290 周年学术研讨会表示热烈支持，他们还建议要逐步恢复船山学社和《船山学报》。会后，李楚凡副院长要王兴国起草船山学社简介，以供有关领导参阅。

1981 年

3 月 14 日，中共湖南省委宣传部屈正中部长在湖南省政府第一招待所主持王船山研究座谈会。会上学者们就国内外船山研究现状、我省目前研究计划、船山研究队伍的组织、船山研究资料的整理、船山著作和研究著作出版问题发表了许多建设性意见。屈部长指出，要抓住王夫之研究推动湖南学术。省委很重视 1982 年纪念王船山逝世 290 周年学术讨论会，我省应该拿出比较好的文章。湖南省社会科学院王兴久副院长则提出要成立一个 1982 年王船山学术讨论会筹备小组，吸收有关方面同志参加，请省委宣传部负责同志挂帅；研究要组织力量，准备根据课题需要，组织一部分同志脱产研究；要恢复船山学社。

6 月 9—11 日，湖南省中国哲学史学会开会，主要就中国哲学史研究方法问题进行讨论。会上还研究了船山研究的组织机构问题。经过讨论，认为还是沿袭船山学社这个名称好。

11 月 27 日，重建船山学社筹备小组成立并召开第一次会议，由吴立民任组长，王兴国、陈远宁任副组长，会上商定了即将召开的船山研究作者会的有关问题。

12 月 1—2 日，重建船山学社筹备小组召开研究船山论著作者会议。这次会议主要是确定湖南作者提交纪念王船山逝世 290 周年学术讨论会的论文选题，同时就《船山全书》出版和船山学社恢复的有关问题进行了讨论。

1982 年

4 月 6—11 日，重建船山学社筹备小组成员王兴国、陈远宁赴衡阳，了解衡阳方面船山会议筹备工作进展情况。湘西草堂和船山墓得到修缮。衡阳市博物馆正在积极筹备船山陈列室，王兴国、陈远宁与博物馆负责人讨论了陈列方案。

4 月 26—28 日，湖南省古籍整理出版规划会议在长沙召开，重建船山学社筹备小组的成员大部分都参加了这次会议，会上确定将《船山全书》列入《湖南省 1982 年至 1990 年古籍整理出版规划》。

5 月 5—8 日，湖南省船山学术讨论会在长沙召开。这次会议主要是为 11

月份在衡阳召开的全国性王船山学术讨论会作论著准备，同时重建船山学社。5月7日上午选举产生了船山学社理事会，理事会推选吴立民任社长，王兴国、邓潭洲、冯正刚、陈远宁、周士一、唐凯麟、陶懋炳为副社长，王兴国兼秘书长。刘寿祺为名誉社长。5月8日下午召开船山学社重建大会，中共湖南省委书记董志文、省人大常委会副主任王含馥、副省长程星龄、政协副主席谷子元等领导出席会议祝贺。

8月，以船山学社名义编印《王船山研究参考资料》，其内容主要是由武汉大学教授萧萐父先生出面组织翻译和编辑的若干国外和港台学者研究王船山的论文摘要和刘志盛先生等人编的国内外研究王船山论著目录。

9月9—10日，由船山学社主持召开船山学术座谈会，准备参加全国船山会的论著作者就船山学术研究中有关问题进行讨论。

9月19—22日，学社副社长王兴国、陈远宁赴武昌，与正在武汉大学参加研究生答辩的萧萐父、李德永、唐明邦（武汉大学）、李锦全（中山大学）、方克立（南开大学）、钟兴锦（武汉水利电力学院）商讨即将召开的全国王船山学术讨论会事，除湖南、湖北双方介绍了各自筹备情况之外，还就有关学术问题及会议如何开法进行了讨论。

10月15日，学社副社长王兴国、陈远宁在赴衡阳落实王船山学术讨论会的准备工作时，从船山十二世孙王鹏处得到王敔所写的《大行府君行述》抄件。经过王兴国、陈远宁的校勘标点，此件发表在《中国哲学史研究》1983年第3期，该刊还同时还发表了他们所写的《研究王船山生平思想资料的一个重要新发现》一文。

11月9—16日，在王船山逝世290周年之际，由湖南省社会科学院、湖南省哲学社会科学学会联合会、船山学社共同召开的王船山学术思想讨论会在衡阳举行。出席会议的有著名学者任继愈、张岱年、冯契、石峻、赵俪生、方克、萧萐父、林增平、姜书阁、何兆武等。

12月，中共湖南省委办公厅批复湖南省出版局《关于成立船山全书编辑委员会的请示报告》，学社的主要领导成员都参加了船山全书编委会。

1983年

5月10—18日，学社副社长王兴国与学社理事刘志盛、徐荪铭、旷光辉等受船山全书编委会委托，在衡阳收集有关船山佚著佚文，并去南岳后山寻访考察当年船山活动的遗迹，先后参观了涌几、方广寺、黑沙潭、续梦庵遗址及王夫之父母墓碑。这次考察的结果写成《南岳船山古迹访问记》，以王盛、徐辉的笔名发表于《船山学刊》1984 年第 2 期。

6 月 15—23 日，副社长王兴国与理事刘志盛、徐苏铭受船山全书编委会委托，赴北京收集、校对船山著作。

7 月 4 日，中共湖南省委宣传部给湖南省社会科学院发出《关于重办〈船山学报〉的批复》，文称："《关于重办〈船山学报〉的请求报告》收悉。经研究并报请省委领导同志批准，同意你们重办《船山学报》。重办《船山学报》所需经费可在湖南省哲学社会科学学会联合会的经费内列支，如原预算不足，可由社联统一提出，报请省人民政府解决。"

7 月 5 日，学社副社长王兴国致信中国社会科学院历史研究所研究员黄宣民（侯外庐学术助手），委托他请侯外庐先生为《船山学报》题写刊名。

7 月 19 日，船山学社和湖南省中国哲学史学会两会理事会开会，研究《船山学报》如何创办的问题及下半年学术活动计划。

8 月 19 日，王兴国起草关于"关于重办《船山学报》中若干问题致湖南省社会科学院党组的报告"，其中涉及刊物宗旨、举办单位、编辑部组成、经费等问题。

9 月 6 日，《船山学报》编辑部开会研究第 1 期稿件。

1984 年

3 月 30 日，《船山学报》1984 年第 1 期出版。学报由湖南省社会科学院、湖南省哲学社会科学学会联合会、船山学社主办，主编为王兴国，副主编为陈远宁、邓潭洲。中共中央顾问委员会常委王首道为刊物题词，著名学者侯外庐题写刊名。

4 月 27—29 日，学社开社员会，讨论船山启蒙思想与爱国主义问题，进行换届选举。邓潭洲兼秘书长。

8 月 31 日，日本学者高田淳、原岛春雄来长沙，学社副社长王兴国、陈远宁接待，并讨论高田淳一行去衡阳县王船山旧居参观事。

9 月 25 日，《船山学报》1984 年第 2 期出版。这期发表了船山佚文佚诗 4

篇。开辟了关于船山爱国主义和启蒙思想的争鸣、青年论坛等专栏。

11 月 14—18 日，学社副社长王兴国与理事张铁夫赴衡阳县找王船山十二代孙王鹏，借阅和复印其祖传王夫之的《张子正蒙注》和《读四书大全说》抄本。后经专家鉴定《张子正蒙注》为船山手迹，成为《船山全书》校勘此书之底本。其《读四书大全说》抄本为此书之第七卷，含《论语》之《季氏》《阳货》《微子》《子张》《尧曰》五篇，成为《船山全书》校勘此书的参校本。

1985 年

3 月 25 日，《船山学报》1985 年第 1 期出版。此期发表船山佚文 4 篇。新设船山师友研究专栏。是月，《王船山学术思想讨论集》由湖南人民出版社出版。该论文集是 1982 年召开的纪念王船山逝世 290 周年的讨论会的论文汇编，共收论文近 40 篇，由王兴国、陈远宁、邓潭洲主编。

8 月 16 日，为了《船山学报》重新登记发证，以湖南省社会科学院名义向湖南省出版事业管理局和省委宣传部写了一份《关于加强〈船山学报〉管理的意见》。分管学报的领导人是湖南省社科院副院长兼湖南省哲学社会科学学会联合会副主席李楚凡，湖南省社科院副院长陆魁宏，船山学社社长、省委统战部副部长吴立民。湖南省社会科学院哲学研究所所长王兴国兼学报主编。

10 月，学报出版 1985 年第 2 期。这期学报发表船山佚文 2 篇，其他各种论文、评论、消息 20 多篇。

1986 年

1 月 8 日，苏联科学院哲学研究所高级研究员布洛夫教授夫妇访问长沙，学社副社长王兴国、邓潭洲以及秘书长徐荪铭与之座谈，主要内容为我方介绍船山研究情况，布洛夫则介绍苏联哲学研究情况（布氏曾出版《十七世纪中国思想家王船山的世界观》一书）。

4 月，学报出版 1986 年第 1 期。

6 月 3—5 日，船山学社与湖南省中国哲学史学会联合召开年会。中心议题是中国哲学史与船山研究如何深入，及学会换届选举。

10月30日，学报出版1986年第2期。这期发表船山佚文2篇，论文、资料约30篇。

11月17日，船山学社和湖南省中国哲学史学会联合召开正副社长、理事长和正副秘书长会，研究明年活动计划。

12月5日，学社副社长王兴国等接待日本东京大学教授知田知久一行3人，知田讲了两个问题：1. 战后日本中国思想史研究——现状与问题；2. 战后日本先秦道家研究。我方介绍了船山研究及中哲史研究的现状。

1987 年

3月20日，学社副社长王兴国等接待英国牛津大学东方学院讲师、哲学博士伊思·麦穆伦，并与之座谈有关船山哲学思想。23日，麦氏在湖南省社会科学院会议室作学术报告，题为《王夫之与新儒学传统》。

5月30日，学报1987年第1期出版。这期发表船山佚文佚诗各1篇，论文、资料等20多篇。

10月20—22日，由船山学社、湖南省中国哲学史研究会、衡阳市博物馆、衡阳市社科联共同发起召开的王船山学术讨论会在衡阳市举行。与会专家54人，收到论文22篇。会议的中心是如何认识王船山的政治伦理思想。

12月25日，学报1987年第2期出版。这一期刊登了改组后的学报编委会及编辑部成员名单，编委会主任委员：王驰；副主任委员：吴立民、李楚凡、陆魁宏；委员：何鹄志、龚建昌、王兴国、邓潭洲、陈远宁；主编：王兴国；副主编：邓潭洲、龚建昌、陈远宁；编辑：李汉武、陈书良、徐荪铭、张铁夫。这一期发表船山佚文2篇，论文等20多篇。

1988 年

4月25日，学报1988年第1期出版。这期发表船山佚文1篇，佚联2幅，其他论文、注释、消息等30余篇。

10月5日，学报出版1988年第2期。这期发表论文、注释和评论20多篇。

11月7—8日，船山学社、《衡阳师专学报》编辑部、湖南省中国哲学史研究、《船山学报》编辑部在衡阳联合召开王船山与中国近现代学术讨论会。

与会学者还就1992年船山逝世300周年国际学术研讨会如何筹备进行了初步讨论。

是年，筹备多年的《船山全书》由岳麓书社开始出版了第1、2、10册，这是船山著作出版史的一大盛举。

1989年

4月30日，学报1989年第1期出版。这期发表船山佚诗1首，论文、注释评介等20多篇。

6月20日，船山学社与湖南省中国哲学史学会联合召开理事会，到会者20人，讨论本年年会事。

8月18—19日，船山学社召开船山学术讨论会。这次会议主要是围绕如何筹备1992年船山逝世300周年学术研讨会进行讨论。学社进行了换届选举，理事会略作调整。

10月中旬，闻省里已将《船山学报》列入压缩刊物之一，湖南省社会科学院、湖南省哲学社会科学学会联合会有关领导和学报正副主编等为此奔走各方，向省长、省委副书记记刘正和省委宣传部部长夏赞忠等省领导及有关部门呼吁，陈述保留学报的理由。此番努力虽然未能挽救学报被撤销的命运，但是得到省委通知：《船山学报》停刊后，由《湖南社会科学》不定期出版船山研究专刊，由湖南省哲学社会科学学会联合会负责出版经费。

11月30日，学报出版1989年第2期，也是最后一期。这期发表船山佚诗1首，论文、注释、通讯20多篇。在《停刊启事》中，回顾了本刊自1984年复刊以来，为研究王夫之的学术思想、研究湖湘文化和中国传统文化，作出了一定的贡献，得到学术界的好评。并说明，湖南省有关部门已作出安排：《船山学报》停刊后，将由《湖南社会科学》杂志不定期出版船山研究专刊。

1990年

2月12日，社长吴立民告诉副社长王兴国、陈远宁：他曾见到时任中共湖南省委宣传部副部长文选德，谈及《船山学报》被停刊事。文选德说下半年或第二年可以打报告申请复刊。

4月25日上午，学社副社长王兴国与时任省委宣传部副部长刘时平和湖南省哲学社会科学学会联合会副主席李楚凡谈《船山学报》复刊事，他们赞成由船山学社先打报告。下午，副社长王兴国、陈远宁即与社长吴立民商量《船山学报》复刊及1992年王船山学术研讨会事。

5月3日，南怀瑾的湘籍弟子、台湾达摩学院张尚德一行来长沙访问，湖南省社会科学院和船山学社联合接待。

5月7日，学社副社长王兴国代湖南省哲学社会科学学会联合会起草向湖南省新闻出版局的《〈船山学报〉复刊申请报告》。

6月18日，湖南省新闻出版局向国家新闻出版署发出《关于请求批准〈船山学报〉复刊的报告》（1990年37号文），请求批准《船山学报》从下半年起复刊。

9月19日，船山学社与湖南省中国哲学史学会联合开主要负责人会，商量1992年王船山学术讨论会事。

12月17—18日，学社在衡阳召开船山学术思想讨论会，主要研究1992年船山学术讨论会的准备事宜。会后，以湖南省社会科学院和船山学社名义向中共湖南省委写关于1992年王船山逝世300周年时召开学术研讨会的报告。

1991年

湖南省哲学社会科学学会联合会第三次代表大会，讨论通过了新的章程，将“湖南省哲学社会科学学会联合会”更名为“湖南省社会科学界联合会”（简称“社科联”）

2月初，湖南省社科联副主席李楚凡、船山学社社长吴立民、副社长陈远宁向中共湖南省委副书记杨正午、省委常委沈瑞庭汇报1992年王船山学术讨论会有关筹备工作，他们指示：“由省社科联牵头，积极筹备，把会议开好。”

3月19日，湖南省社科联党组书记肖浩辉主持会议，拟定关于纪念船山逝世300周年学术讨论会的报告和筹备领导小组的名单，由湖南省社会科学界联合会、湖南省社会科学院、衡阳市人民政府、船山学社四个单位领导分别签署意见上报。随后，就会议经费、出版船山研究著作、恢复《船山学报》及邀请国内外学者名单进行磋商。

湖南省新闻出版局在上年向国家新闻出版署发出1990年37号文后，未见国家新闻出版局的反馈，于是又报送了1991年19号文。

7月2日，国家新闻出版署向湖南省新闻出版局发出（91）新出期字第759号文件称："湘新出报（1990）37号文与湘新出报（1991）17号文均悉。经研究，同意湖南省社联创办《船山学刊》（刊号：CN43—1190/C），公开发行。希严格按照所定宗旨出刊，遵守期刊管理规定，注意提高刊物质量。请予办理登记。"

《船山学刊》由湖南省社科联主办。经湖南省社科联党组批准，学刊由龚建昌任主编，王兴国、陈远宁任副主编。

7月，《湖南社会科学》出版"船山研究专刊"，这是湖南省有关部门关于《船山学报》停刊后，由《湖南社会科学》不定期出版船山研究专刊指示的落实。

10月11日，湖南省社会科学界联合会召开《船山学刊》座谈会，就如何办好学刊进行讨论。中午，学刊编辑部开会，决定当年先出1期。

12月，《船山学刊》（复刊）创刊号出版。改名后的《船山学刊》由湖南省社会科学界联合会主办。编辑委员会主任：肖浩辉；副主任：罗小凡；委员：龚建昌、唐凯麟、王兴国、陈远宁、肖起来；分管领导：罗小凡；主编：龚建昌；副主编：王兴国、陈远宁；编辑：王剑中、徐荪铭、张铁夫。这说明，学刊的编辑基本上还是学报的班底。刊名题词：赵朴初。为了表明学刊是学报的继续和发展，学刊的总期号是继1984年重办的《船山学报》总期号编下来的。这期学刊发表了船山佚文2篇，发表论文、注释、评论、消息30来篇。

1992年

5月31日至6月3日，学社副社长王兴国、龚建昌赴武昌，先后与武汉大学教授萧萐父、黄钊，湖北大学教授罗炽等协商下半年即将召开的纪念王船山逝世300周年学术讨论会有关事项。

6月26日，在湖南省社会科学界联合会召开船山学术讨论会学术组会议，讨论邀请与会学者名单。

8月，学社编辑印刷《纪念王船山逝世300周年国际学术讨论会论文提要集》。

9月24日，《船山学刊》开编委会，讨论学刊承包事（因湖南省社科联经费困难，拟由承包人负责解决出版经费），以及船山学术讨论会筹备事。

10月20—23日，湖南省社科联党组书记肖浩辉与学社副社长王兴国等赴衡阳落实王船山学术讨论会准备工作。先后与衡阳市委宣传部部长李锦庭商量会议筹备情况，并去衡阳县曲兰乡船山墓、湘西草堂等地参观调查。

11月3—6日，由湖南省社会科学界联合会、衡阳市人民政府、湖南省社会科学院、船山学社在衡阳市召开了纪念王船山逝世300周年国际学术讨论会，来自新加坡及中国各省市和港台地区学者100多人出席了会议。提交会议的专著8本，论文集1本，资料集1本，论文90篇。

由学社协助组织、湖南人民出版社出版之“船山研究丛书”自1982年以来至今年，共出版了10种：《王船山传论》（邓潭洲，1982年），《王船山认识论范畴研究》（陈远宁、王兴国、黄洪基，1982年），《王船山辩证法思想研究》（方克，1984年），《王船山学术思想讨论集》（王兴国等主编，1985年），《王船山历史观和史论研究》（黄明同、吕锡琛，1986年），《王船山经济思想研究》（李守庸，1987年），《中国古代政治观的批判总结——王船山政治观研究》（陈远宁，1992年），《六经责我开生面——王船山伦理思想研究》（唐凯麟、张怀承，1992年）、《船山诗论及创作研究》（谭承耕，1992年）、《船山佛道思想研究》（吴立民、徐荪铭，1992年）。此外由学社支持出版船山研究专著还有《王船山美学》（熊考核，1991年），《船山伦理与西方近代伦理比论》（王泽应，1991年）。

1993年

6月3—6日，台湾辅仁大学等单位为纪念王船山逝世300周年及其哲学、历史、政治思想对中华文化之影响及贡献，在台北市“故宫博物院”召开王船山学术研讨会，并邀请船山学社成员撰文参会，因未能办好赴台手续，没能成行。

《船山学刊》编辑部改组，李安定任社长，张以文任主编，王兴国任执行编委。

12月，1992年王船山国际学术讨论会论文集《船山学论》由船山学刊出版，主编为罗小凡、王兴国，副主编为张以文、李安定。

1994 年

10 月 18—19 日，学社开年会，进行换届选举。新理事会分工：社长王兴国；副社长陈远宁、唐凯麟、龚建昌、肖起来、徐荪铭、张怀承、朱汉民、吕锡琛；秘书长万里；副秘书长丁平一、彭大成、谭崇恩。推吴立民为名誉理事长。

是年，《船山学刊》由罗小凡任社长，张以文任主编，王兴国任执行编委。

1995 年

4 月 25 日，该年为《船山学报》（学刊）创刊 80 周年，学刊第 1 期出版，发表湖南省人民政府副省长潘贵玉题词：祝贺船山学刊创刊八十周年。湖南省政协文史委员会主任、湖南省佛教文化研究会会长、船山学社名誉社长吴立民题词：阐扬船山学理别开生面，传播湖湘文化独树一帜。

8 月 26 日，学刊 1995 年第 2 期出版，为创刊八十周年纪念题词者有：中共湖南省委常委、省委宣传部部长文选德：弘扬船山精神，繁荣湖湘文化。中国现代哲学家、哲学史家、国学大师张岱年：阐扬船山哲学精粹思想，裨益社会主义文化建设。中国著名哲学史家萧萐父：杂因纯起，即杂以成纯；变合常全，奉常以处变；则相反而会其通，无不可见之天心，无不可合之道符。

10 月 27 日，《船山学刊》编辑部召开创刊 80 周年座谈会。

是年，《船山学刊》被湖南省委宣传部授予“湖南省优秀社会科学期刊（十佳）”的光荣称号。

1996 年

《船山学刊》1996 年第 1 期出版，社长罗小凡，主编张以文。不再设执行编委。

1997 年

4 月 25 日，《船山学刊》1997 年第 1 期出版，编委会改组。主任：蔡四桂；副主任：康咏秋、王兴国、易佩康、杨双华；委员：龚建昌、唐凯麟、陈远宁、肖起来、张以文、杨鹏程、徐荪铭。分管领导：蔡四桂。社长兼主编：张以文。从这一期起，学刊改为16开本。

9月，《船山全书》自1982年年底着手整理、编辑，至1996年12月16册全部出齐，整整经历了14年的时间，获国家图书奖。学社社长王兴国撰文祝贺：《十年辛苦不寻常——贺〈船山全书〉获国家奖》。

10月28—29日，学社在衡阳召开“船山思想与社会主义精神文明建设研讨会”及学社换届选举。新一届理事会社长：王兴国；副社长：唐凯麟、陈远宁、肖起来、龚建昌、朱汉民、夏剑钦、张以文、徐荪铭、吕锡琛、张怀承、赵载光。

1998年

4月28日，学社社长王兴国与湖南省社科联副主席蔡四桂商量王船山讨论会事。经中共中央宣传部批准同意，应提上操作日程。

5月21日，王兴国社长与蔡四桂副主席、张以文主编等赴衡阳县，与县委书记易佩康等讨论王船山学术讨论筹备事项，就讨论会组委会、主办协办单位、会议日程、经费等问题达成共识。此会后因故改于次年在云南召开。

1999年

6月28—30日，由船山学社、《船山学刊》、湖南省社会科学院哲学所、云南省社会科学院哲学所共同举办的王船山学术思想暨哲学范畴研讨会在昆明召开。会议的主题是：王船山思想的现代意义，马克思主义哲学范畴在当代的发展。来自北京、天津、河北、武汉、重庆、四川、广东、云南、湖南等10省市的31位专家学者出席，并提交14篇论文。

2000年

3月25日，《船山学刊》2000年第1期起改为季刊出版。编委会改组，主任：徐传顺；副主任：唐凯麟、王兴国、李峻、古祖雪、侯力、游俊；委员：张以文、徐荪铭、周明侠、邓乐群、杨鹏程、白晋湘、黄隆顺。分管领导徐传顺。社长兼主编张以文。

7 月 6 日，社长王兴国以学社名义致函香港孔教学院院长汤恩佳先生：《敦请捐赠王船山铜像函》。此铜像拟置衡阳市某广场。

是年，《船山学刊》入选中国人文社会科学核心期刊、《中文社会科学引文索引》（CSSCI）来源期刊、全国中文核心期刊。

2001 年

5 月 23 日，湖南省社科联副主席徐传顺主持会议，研究次年召开纪念王船山逝世 300 周年国际学术讨论会事。社科联秘书长黄国秋、学会处长卢本立和《船山学刊》主编张以文和学社社长王兴国参加。

5 月 24 日，学社社长王兴国就召开纪念王船山逝世 310 周年学术研讨会，向湖南省委、省政府写报告。同时，给有关发起单位写信。

9 月 19—20 日，香港孔教学院院长汤恩佳先生在羊涤生和陈修林陪同下，到衡阳考察王船山铜像安放地址。中共衡阳市委常委、市委宣传部长阳新丽、许副市长和市社科联负责同志接待。衡阳方面向汤先生介绍市委新办公区附近的杨柳公园的情况，计划要改为船山公园，汤先生视察之后表示满意，并且为铜像题词。

2002 年

5 月，在第 6 次中共湖南省委常委办公会议上，由湖南省委副书记文选德主持会议并提议，决定由湖南省财政厅每年拨给《船山学刊》工作经费 10 万元。

6 月 8 日，社长王兴国约请衡阳市社科联主席黄隆顺等人来湘潭大学，与哲学系负责人商量联合召开纪念船山逝世 310 周年学术研讨会事。

6 月 12 日，王兴国与衡阳市社科联主席黄隆顺等赴武昌，到武汉大学与哲学学院院长郭齐勇商量联合召开纪念王船山逝世 310 周年学术讨论会事。王兴国、黄隆顺一行，还专程前往萧萐父先生家拜访，向萧先生汇报了船山会准备情况，并且诚恳地邀请他出席盛会，因年事已高、身体欠佳，难以与会的萧先生向大会代表赠送由他与许苏民合著的《王夫之评传》。王兴国、黄隆顺等还赴湖北省社会科学院进行了联系，他们表示支持会议的召开。

10 月 23 日，船山学社在岳麓书院召开正副社长会议，研究有关船山学术讨论会及学社换届选举事。

11月8日上午，在衡阳市船山公园举行纪念王船山逝世310周年国际学术研讨会开幕式暨船山铜像揭幕式。这次会议由国际中国哲学会、香港孔教学院、中华孔子学会、中国哲学史学会、武汉大学、湖南省社会科学院、湖南省社会科学界联合会、船山学社、湘潭大学（湘学研究所）、南华大学、衡阳师范学院等单位发起，由中共衡阳市委、衡阳市人民政府主办，衡阳市社会科学界联合会、中共衡阳县委、衡阳县人民政府等单位承办。会议的主题是“船山学与现代文明”。

11月10日上午，全体学者参加衡阳县举办的船山文化节开幕式，观看文艺演出，下午赴曲兰参观湘西草堂和船山墓。晚上船山学社进行换届选举。新一届理事会推举了学社领导班子，社长：王兴国；副社长：唐凯麟、陈远宁、肖起来、龚建昌、朱汉民、夏剑钦、张以文、徐荪铭、吕锡琛、张怀承、赵载光；秘书长：万里。

是年，《船山学刊》被评为“第二届国家期刊奖百种重点期刊”，成为湖南省首次获此殊荣的社科期刊。

2003年

《船山学刊》编委会改组。主任：黄建国；副主任：曹监湘、徐传顺、唐凯麟、王兴国、李峻、古祖雪、刘建武、夏立发、范进军；委员：张以文、徐荪铭、陈家祯、周明侠、张多来、杨鹏程、黄隆顺、周唯一；社长、主编：张以文。

2004年

5月初，湖南省社科联学会处负责人建议船山学社将挂靠单位改为衡阳师范学院。

2005年

4月13日，2002年王船山学术讨论会论文集之《船山学新论》由湖南人民出版社出版，王兴国任主编。

7月，经湖南省社科联学会处同意，学社负责同志和湖南省社科院有关负责同志商定，船山学社“一会两挂靠”，挂靠单位为湖南省社科院和衡阳师范学院。

9 月 29 日，长沙市文物部决定在长沙市中山路船山学社旧址增加思贤讲舍和船山学社历史的陈列内容。该日召开座谈会，并聘请王兴国、刘志盛等为陈列顾问。

10 月 17 日，衡阳师范学院举行船山学社和湖南省社会科学院船山分院挂牌仪式，学社社长王兴国与湖南省社会科学院院长朱有志出席。下午，王兴国和衡阳师范学院部分老师和学生、船山学会成员座谈如何深化船山研究。

10 月 25 日，《船山学刊》2005 年第 3 期出版，为纪念船山学刊创刊 90 周年，发表中共湖南省委副书记文选德题词：继承船山爱国思想，弘扬湖湘学术文化；中共湖南省委常委、省委组织部部长、省社科联主席黄建国题词：贯通古今，融合中西，采纳百家，自成一家。这期刊物还专设“专家学者谈《船山学刊》90 周年”专栏，发表王兴国、张立文、唐明邦等 15 人的文章。

2006 年

4 月 15 日，船山学社与衡阳师范学院在衡阳举行船山学科建设研讨会。学者们对船山学的内涵与外延进行了讨论。

2007 年

《船山学刊》编委会主任由郑佳明出任。

2008 年

9 月 27—28 日，由船山学社和衡阳师范学院船山研究中心共同召开的船山学社换届和“和谐文化与船山学”学术研讨会，在衡阳市召开。会上进行了学社换届选举。换届后的新理事会推选了学社新领导班子，社长：王兴国；执行社长：刘沛林；常务副社长：朱迪光；副社长：万里、王林、吕锡琛、朱汉民、陈代湘、邹树梁、张以文、张怀承、赵载光、唐凯麟、徐荪铭、夏剑钦、彭大成、熊考核；秘书长：万里、黄育红；副秘书长：刘惠娇、陈代湘、萧永明、谭崇恩。

2009 年

6 月 12 日，经副社长万里联系，湖南省宗教局局长陈树林表示，支持由湖南省佛教协会与船山学社联合召开纪念王船山诞辰 390 周年学术研讨会。

6 月 14—24 日，万里副社长与湖南省佛教协会会长圣辉法师商定：纪念船山诞辰 390 周年学术研讨会由船山学社、衡阳师范学院、湖南省佛教协会船山佛学文化研究中心联合主办，并成立王船山学术研讨会筹备委员会。

11 月 23—24 日，纪念王船山先生诞辰 390 周年暨学术研讨会在衡阳召开。会议由湖南省佛协会船山佛教文化研究中心、船山学社、湖南省社会科学院、衡阳师范学院联合发起。学者和佛教界人士 300 多人与会。会议主题是“船山思想与文化创新”。会议收到论文 106 篇。

2010 年

1 月，《船山学刊》主编张以文被湖南省期刊协会授予“首届湖南省优秀期刊社长主编”称号。

11 月，《船山学刊》主编张以文退休，楚玲接任主编。

12 月，纪念王船山诞辰 390 周年学术研讨会论文集《船山思想与文化创新》（上、下）由岳麓书社出版，主编圣辉。

2011 年

1 月，《船山学刊》2011 年第 1 期出版，编委会改组，主任：郑佳明、周发源；常务副主任：郑升；副主任：唐凯麟、王兴国、刘沛林、刘建武；委员：文瑞明、刘新庚、朱汉民、张以文、陈代湘、徐传顺、黄小明、楚玲、谭崇恩。分管领导：郑升；社长、主编：楚玲。

1 月 19—21 日，由学社执行社长刘沛林，常务副社长朱迪光，常务理事张齐政、廖建平、肖晓阳、杨兴华等 9 人组成的衡阳师范学院教育代表团，赴韩国参加“王夫之思想与《四书》和现在”国际学术研讨会，他们分别以题作了特聘演讲。韩国成均馆大学、东国大学、圣山孝道大学、东方研究院大学、建国大学、诚信女子大学、乌山大学、首尔教育大学、公州大学、中央大学及中国延边大学等高校的 50 余位专家、教授出席了本次国际学术研讨会。

5月，“《船山学刊》创新与发展座谈会”在湖南省社科联召开，省内多家学术期刊社负责人与会，为百年老刊创新发展建言献策。

12月10日，学社召开常务理事会，社长王兴国主持，常务副社长朱迪光汇报了2008年换届选举以来几年学社的工作。会上着重研究了2012年船山逝世320周年纪念活动事宜，大家一致同意举行一次中型的学术研讨会，并成立会议筹备小组，由执行社长刘沛林任组长。

2012年

10月21—23日，王船山逝世320周年纪念暨“王船山思想与当代社会核心价值观”国际学术研讨会在衡阳师范学院隆重召开。此次会议共有来自海内外30多所高等院校和科研单位的60多名专家学者参加，著名专家湖南师范大学唐凯麟教授主持会议。会议就王船山的著述及其思想对中国产生的巨大影响展开，围绕如何保存、传承、传播和创造先进文化，如何为社会主义文化大发展做出贡献进行研讨。韩国朝鲜大学李哲承教授、北京大学龙协涛教授、武汉大学国学院院长郭齐勇教授等应邀作主题发言和学术报告。

11月16—17日，“2012年湖南省古代文学年会暨王船山学术思想与文学研讨会”学术研讨会在衡阳师范学院隆重召开。此次会议共有来自湖南省20多所高等院校和科研单位的50多名专家学者参加。会议就王船山的文艺理论体系与文学创作进行了深入研讨。

该年《船山学刊》编委会顾问：文选德、黄建国、许又声；主任：郑佳明、周发源；常务副主任：郑升；副主任：王兴国、刘沛林；委员：刘建武、朱汉民、李建华、陈代湘、楚玲、谭崇恩。

2013年

《船山学刊》编委会改组，顾问：文选德、郑佳明；主任：周发源；常务副主任：刘晓敏；副主任：王兴国、刘沛林；委员：石潇纯、刘建武、朱汉民、李建华、楚玲、谭崇恩。分管领导为刘晓敏。

按学社章程规定是年应该换届，但因社长王兴国赴美国探亲，经湖南省社科联学会处批准，同意延期至次年。

2014 年

1 月 8 日上午，学社召开常务理事会，社长王兴国主持，讨论两项议题：一是学社理事会换届问题，研究增补理事、常务理事、正副社长人选；二是是年是学社成立一百周年，讨论如何进行纪念。

5 月，编辑《船山学刊》2014 年第 2 期，编委会改组，主任：周发源；常务副主任：刘晓敏；副主任：王兴国、王泽应、刘沛林；委员：王柏新、石潇纯、刘建武、朱汉民、朱迪光、李建华。主编：周发源；执行主编：王泽应。2015 年是学刊创刊百周年，从本期起开辟“《船山学刊》创刊百年纪念专栏”。

6 月 5 日，《船山学刊》编辑部召开工作会议，刘晓敏主持会议，参加人员有王泽应、余学珍、龙凯、章敏，就第 2 期定稿及封面设计有关事项予以讨论。

6 月 21 日，《船山学刊》召开编委会，刘晓敏主持会议，王泽应作学刊改版等报告，周发源作重要讲话。刘建武、刘沛林、熊考核等编委出席会议。余学珍、龙凯、章敏等《船山学刊》编辑人员参加会议。

6 月 24 日，湖南省社科联党组书记、《船山学刊》主编周发源，省社科联巡视员、《船山学刊》编委会常务副主任刘晓敏，《船山学刊》执行主编王泽应，《船山学刊》编辑部主任章敏博士去衡阳，参加省社科联与衡阳师范学院联合召开的关于拍摄纪念船山学社、《船山学刊》创刊一百周年宣传片研讨会，衡阳师范学院院长刘沛林主持会议，朱迪光、熊考核、王泽应、刘晓敏等在会上发言，周发源作重要讲话。

8 月 4—10 日，周发源、王泽应率刊社人员赴北京等地开展调研。就《船山学刊》办刊和百年刊庆工作走访多位专家学者，并于国家新闻出版总局找到了 1991 年复刊的批复件。

9 月 9 日，湖南省社科联主持召开船山学刊、船山学社一百年专题片讨论会，刘晓敏主持，郑佳明、周发源、刘晓敏、王泽应、熊考核、朱迪光、余学珍、龙凯、章敏等出席。会上对朱迪光起草、王泽应修改的《一社一刊一百年》专题片文本进行讨论。

10 月 14 日，《船山学刊》召开编辑部会议，刘晓敏主持，王泽应作“百年《船山学刊》研究文萃”的编撰设想、选文原则、分卷事宜的报告，余学珍、龙凯、章敏等参加会议。

10 月 21 日下午，长沙片区社科期刊调研座谈会在湖南省社科联四楼会议室举行。《湖南师范大学学报》《湖南大学学报》《中南大学学报》《求索》《伦理学研究》《湖南社会科学》《船山学刊》7 家期刊社的主编、主要负责人和《船山学刊》全体编辑人员参加了座谈会。刘晓敏主持，大家就各自期刊的办刊经验进行了充分交流，对《船山学刊》如何进一步提升办刊品质，将百年老刊办强办好建言献策。

11 月 2 日，衡阳市船山学社成员在衡阳师范学院南岳学院举办“纪念船山学社百年研讨会”。

11 月 4 日，《船山学刊》与岳麓书社在岳麓书社联合召开关于出版《船山学刊》研究文丛的恳谈会。周发源、刘晓敏、王泽应、章敏、龙凯及岳麓书社副社长马美著、湖湘文化编辑部刘文主任等出席。

11 月 6 日，《船山学刊》与岳麓书社在湖南省社科联联合召开百年文萃编撰研讨会，刘晓敏主持，岳麓书社马美著副社长、刘文主任，《船山学刊》执行主编王泽应、《船山学刊》编辑部余学珍、龙凯、章敏参加会议。

11 月，湖南省新闻出版局批复同意《船山学刊》自 2015 年第一期起改季刊为双月刊发行。

11 月 28 日，在湖南省社科联召开《船山学刊》2014 年编委会第二次会议，编委会成员商讨《船山学刊》2015 年改双月刊后工作及 2015 年百年刊庆活动筹备工作等事宜。

12 月 13 日上午，学社在长沙举行“船山学社成立百周年研讨会暨换届选举会”。湖南省社科院院长刘建武、湖南省社科联副主席郑升、衡阳师范学院党委书记、船山学社执行社长刘沛林及唐凯麟教授等出席。学社新一届理事会产生，社长：王兴国；执行社长：刘沛林；常务副社长：朱迪光；副社长：万里、吕锡琛、朱汉民、王泽应、王林、陈代湘、邹树梁、张以文、熊考核、张怀承、赵载光、唐凯麟、徐荪铭、夏剑钦、彭大成、肖永明、邓辉。秘书长：唐红卫；副秘书长：陈靖华、章敏、陈力祥。

是年，《船山学刊》被中国社会科学院中国社会科学评价中心发布的《中国人文社会科学期刊评价报告（2014 年）》评为扩展期刊；被中国人民大学书报资料中心评为“《人大报刊复印资料》重要转载来源期刊”。

2015 年

1 月 16 日，《船山学刊》召开编委会，总结 2014 年工作，部署 2015 年工作，再就 2015 年百年刊庆等事宜开展讨论。刘晓敏主持会议，王兴国、朱迪光、王柏新、王泽应、余学珍、龙凯、章敏等参加会议。

2 月 10—12 日，中国出版年会和中国版协六届五次常务理事会议在北京召开，《船山学刊》分管领导刘晓敏、执行主编王泽应参会，并走访多名专家学者，为百年刊庆邀请题词和组约稿。

3 月 29 日，《船山学刊》编辑部会议，就创刊百年纪念大会，学刊百年文选校对事宜讨论安排，王泽应、余学珍、龙凯、章敏参加会议，刘晓敏主持。

4—7 月，编辑部人员先后对《船山学刊百年文选集》稿件进行初校、二校、三校。

6 月 17 日，《船山学刊》编辑部会议，讨论创刊百年会议有关事宜，并就纪念册文本事宜作出部署，王泽应、余学珍、龙凯、章敏参加会议，刘晓敏主持会议。

6—7 月，编辑部对创刊百年纪念册图文进行三次较大的修改补充。

6 月，编辑部向郑佳明、罗小凡、陆魁宏、蔡四桂、徐传顺、郑升、王兴国、唐凯麟、张以文、楚玲、李安定、谭小宝、刘沛林、朱汉民、朱迪光等发出《〈船山学刊〉创刊百年纪念册》征求意见稿。

7 月 10 日，编辑部举行创刊百年纪念册文本修改定稿会，刘晓敏主持会议，周发源、王泽应、熊考核、余学珍、龙凯、章敏等参加。

7 月 17 日，《船山学刊》创刊百年纪念大会筹委会成立。总协调人刘晓敏、王泽应，副总协调人伍敬如。联络接待组组长余学珍，会务组组长龙凯，材料组组长章敏，宣传组组长彭培根。

7 月，《船山学刊百年文选》（分船山哲学卷、船山文学卷、船山史学卷、船山综合卷、湖湘文化卷、中国传统文化卷）共 6 卷本，由岳麓书社出版，周发源、刘晓敏、王泽应主编，执行编辑余学珍、龙凯、章敏。

7 月，《〈船山学刊〉创刊百年专辑（2015 年第 4 期）》出版，美国夏威夷大学哲学系教授，著名哲学家、管理哲学家成中英；中国人民大学人文学院哲学系一级教授，著名哲学家、哲学史家张立文；清华大学历史系教授，著名的历史学家、古文字学家李学勤；清华大学国学研究院院长、教授，著名哲学家、哲学史家陈来；武汉大学国学院院长、教授，国际中国哲学会会长、中国哲学史学会副会长郭齐勇；北京大学哲学系教授、国际儒学联合会学术委员会主任、中国哲学史学会副会长、中华孔子学会副会长张学智；清华大学人文学院院长、教育部长江学者特聘教授、中国伦理学会会长万俊人；湖南省委副书记、政协湖南省第九届委员会副主席、党组副书记文选德；湖南师范大学伦理学研究所所长、教授、中国伦理学会副会长唐凯麟；湖南省社会科学院院长、党组书记、博士生导师朱有志等发表题词，张立文、成中英、张学智、王兴国、［韩］金珍根、王立新、吕锡琛等发表论文 16 篇。

8 月 8 日，《〈船山学刊〉创刊百年纪念册》完成付印，主编：周发源、刘晓敏、王泽应；编辑：余学珍、龙凯、章敏。

8 月 18—19 日，编辑部与衡阳师范学院、衡阳县委县政府组织部分专家学者召开“船山精神座谈会”，并考察衡阳市石鼓书院、衡阳县湘西草堂。

8 月 20 日，“《船山学刊》创刊百年暨船山思想与中华优秀传统文化研讨会”在长沙召开。上午举行开幕式及大会发言，下午举行分组讨论并参观岳麓书院，会议邀请湖南省领导许又声部长、李有志副省长，湖南省委宣传部巡视员李湘舟，湖南省新闻出版广电局副局长尹飞舟，邀请省外专家陈来、张学智、张立文、肖群忠、郭齐勇等，邀请省内专家唐凯麟、陈谷嘉、朱汉民、陈宇翔、彭大成、吕锡琛、刘立夫、邓辉、王兴国、刘建武、刘沛林、朱迪光、王柏新、熊考核等及部分征文代表与会，北京大学哲学系、清华大学国学研究院、中国人民大学人文学院、武汉大学国学院、中国伦理学会、国际中国哲学会等单位祝贺学刊创办一百周年，收到题词题字十多副，会议论文集收入文章 60 余篇。

2016 年

4 月 23 日，船山学社召开理事会，研究船山诞辰 400 周年纪念活动的筹备。会议决定成立纪念王船山诞辰 400 周年筹备小组，协调并推动国家、省、市、县四级联合举行王船山诞辰 400 周年系列纪念活动。

11 月 1 日，湖南船山学社常务副社长朱迪光教授会见了日本著名汉学家、船山学专家北海道大学佐藤炼太郎教授、东北大学三浦秀一教授一行，并陪同参观了船山故里。

2017 年

4 月 1 日，在衡阳县大罗山下，湖南船山学社，衡阳市船山学会、船山文化研究会，衡阳师范学院大学生王船山研究协会，衡阳县船山国学院元培幼儿国学班、嘉隆国学班，衡阳县船山文化志愿者工作站，中国致公党衡阳市白沙支部党员和社会各界人士 200 多人，齐聚王船山先生的墓庐前，举行祭祀仪式。

5 月 28 日，第五届全国儒学社团联席会议暨“儒学精神的当代价值”学术研讨会在太原开幕。船山学社常务副社长朱迪光教授、副秘书长陈杨博士代表船山学社参加了此次会议。

6 月 16 日上午，由湖南省船山学社、湖南省船山学研究基地共同主办的 2017 国际学术研讨会“船山学研究在国外”在衡阳师范学院文学院顺利举行。美国加州州立大学富勒尔顿分校刘纪璐教授，韩国李相勋博士，湖南省船山学社、湖南省船山学研究基地专家、学者等人参加。

12 月 2 日至 3 日，由光明日报社和江苏省社科院联合主办的第三届君子文化论坛在江苏省无锡市华西村举行。论坛以“君子文化的当代实践”为主题，来自全国各地的专家学者围绕君子概念的形成和演变、君子人格与文化自信、当代君子实践的途径等话题展开深入研讨，船山学社常务副社长朱迪光教授、副秘书长陈杨、邓胤龙代表船山学社参加了此次论坛。

12 月 16 日，由湖南省船山学社、衡阳市社会科学界联合会、衡阳师范学院共同主办的“落实党的十九大精神，继承弘扬船山文化——新时代船山学研究研讨会”胜利召开，来自韩国及中国湖南省衡阳市党政机关、高校、民主党派等 40 余名专家学者汇聚船山故里，共同探讨如何落实党的十九大精神，继承弘扬船山文化，推进新时代船山学研究。

2018 年

4 月 3 日，船山学社组织师生赴衡阳县湘西村祭拜船山墓，参观船山故居，并在船山故居湘西草堂前对大学生科普工作队伍进行培训，使大学生志愿者加深了对船山的了解。

4 月 14 日，船山学社召开理事会，研究船山诞辰 400 周年纪念活动的筹备。衡阳市社科联负责同志介绍了衡阳方面纪念船山诞辰 400 周年一系列活动的计划，有关高校和科研机构的同志介绍了他们的船山研究专著的写作计划。会上还就船山研究与坚持马克思主义理论指导的一致性进行了讨论。

5 月 16—22 日，为响应湖南省社科普及宣传活动组委会办公室关于举办主题为“全面贯彻新思想 奋力建设新湖南”的号召，船山学社在衡阳市修葺一新的船山书院隆重举办“船山思想及其生平”展览，时任衡阳市人大常委会党组书记谢宏治、衡阳师范学院党委书记刘沛林、衡阳市水利投资有限公司董事长唐夏元、湖南省船山学研究基地首席专家朱迪光等领导莅临启动仪式并发表讲话，衡阳市社科联主席王柏新主持开幕式。

9 月 26 日上午，王船山诞辰 400 周年纪念活动汇报座谈会在中央党史和文献研究院举行。会议由衡阳市委常委、宣传部长刘丽华主持，中共中央政策研究室原主任、中央文献研究室原主任、国际儒学联合会会长、衡阳市王船山诞辰 400 周年系列纪念活动总顾问滕文生，中央党史和文献研究院、湖南省社科规划办、中央电视台《百家讲坛》栏目组、衡阳市委宣传部、衡阳县委宣传部、深圳宏博昌荣传媒集团等相关单位负责人，深圳大学、湖南师大、衡阳师范学院的船山学研究专家等参加议会。会议就船山思想产生的时代背景及其现实价值、弘扬传播船山精神、2019 年船山思想国际学术研讨会等问题达成了一些共识。

9 月 27 日，在湖南省社会科学界联合会第八次代表大会上，湖南省船山学社常务副社长朱迪光教授高票当选为湖南省社会科学界联合会第八届委员会常务委员。

11 月 13 日至 14 日，中央电视台《百家讲坛》栏目组就“王船山系列讲座”来衡阳商谈与考察，船山学社常务副社长朱迪光教授与会并陪同考察船山故居。

11 月 24 日，湖南省孔子学会 2018 年会暨“船山思想与湖湘文化”学术研讨会，在衡阳师范学院成功召开。此次大会由湖南省孔子学院主办，湖南船山学社、衡阳师范学院船山国学院、衡阳师范学院文学院等单位联合承办，来自全省各高校、学术机构等近80余名专家、学者参加。会议主题为“船山思想和湖湘文化”，会议代表从船山思想、湖湘文化、儒家思想以及传统儒学和文化在现代的发展等方面进行了发言。

11月25日，以“传船山思想，探湖湘文化，扬中华之魂”为主题的四校联合论坛在衡阳师范学院举行，湖南师范大学、湘潭大学、湖南科技大学、衡阳师范学院四所高校约140名学生代表参加。此次活动由船山学社、湖南省船山学研究基地主办，大学生王船山研究学会承办。通过论坛学习，学生们了解了湖湘大地独特的地理气候环境以及文化造就了湖南人“霸气、匪气、灵气”的性格特点，加深了对湖湘文化的理解，感受了中国传统文化的博大精深，立志做一个“湖湘文化”的虔诚传承者。论坛结束后，与会师生游学船山书院，实地接受船山文化的洗礼。

2019年

3月2日，船山学社在长沙市紫东阁（五里牌店）芙蓉厅会议室召开船山学社2019年理事会，王兴国社长主持，湖南省社科联戴树源副主席、刘平处长、肖艳主任莅会作指示，全省50余名理事参加。

会议重点讨论了王船山诞辰四百周年学术会议筹备事宜：1. 衡阳市和船山学社相应成立筹备组，分设衡阳市委宣传部和衡阳师范学院，具体负责王船山诞辰四百周年的筹备活动。王船山诞辰四百周年学术会议应该高规格，办成国际学术会议，展示中国气派，形成自己的话语体系。船山学社要尽快给国内外船山学研究专家发出会议邀请函，并派人专程到北大、清华、武大等高校邀请张立文、陈来等著名学者莅会；2. 会议规模为80人，如入选论文多，可适当扩大会议规模，所需经费由船山学社、船山学研究基地提供；3. 会议建议大会主办方对特邀专家提供往返交通费、食宿以及会议论文发表费；对会议入选论文作者，提供食宿及会议论文发表费，往返交通费自理；4. 会议要求各位理事要尽快提交会议论文选题，写出高质量的会议论文；5. 船山学社将联合湖南图书馆举办船山著作（出版物）年展活动，在长沙、衡阳两地展出；6. 会议最后酝酿了船山学社换届事宜，规定年满70周岁以上的理事自动退出学会，60—70岁的理事担任学会顾问。并初步拟定了社长、副社长、秘书长、副秘书长、常务理事、理事名单。

3 月 12 日，为进一步加强对省级社科类社会组织的服务和管理，根据《湖南省社科联 2019 年度工作要点》以及湖南省委“两新”工委的工作要求，湖南省社科联胡卫箭副主席带领学会处的全体同志到船山学社调研。

4 月 3 日，由船山学社组织的己亥（2019 年）清明祭拜船山公活动在衡阳县曲兰镇船山墓前举行，来自船山学社、大学生王船山协会的 50 余人参加了祭拜活动。大家齐声诵读《示子侄》，以表达对船山先生的崇敬之情。船山学社常务副社长朱迪光教授宣读祭文，船山学社副秘书长邓胤龙带领学生们依次排队，鞠躬献花，共同深情缅怀船山先生。

5 月 13 日，由《光明日报》国学版、横渠书院、船山学社、船山学研究基地等单位共同承办的“构建人类命运共同体 · 中国经验之船山专场”高峰论坛在衡阳师范学院成功举办。来自中国艺术研究院、西安横渠书院、深圳大学、湖南师范大学、南华大学及衡阳师范学院文学院、法学院近 20 名专家、学者参加论坛。《光明日报》国学版主编梁枢主持论坛。

4—7 月，船山学社组织部分学社成员赴衡阳县曲兰、关市、界牌等地对王船山后裔情况进行实地调查，通过对王船山后裔的调查，了解船山家风的传承情况；组织了 6 人考察团，深赴广西桂林、梧州、广东肇庆等地考察船山行踪，获取船山研究第一手资料，弥补船山研究空白点，形成了“船山行踪及后裔情况调研报告”，字数达十万字，为船山诞辰四百周年献礼。

5—6 月，为纪念王船山诞辰四百周年，在衡阳市委宣传部的组织下，船山学社朱迪光、王泽应、方红娇、谢芳等学社领导、理事，参加了中央电视台百家讲坛——“天地大儒王船山”的录制工作。

6 月 28 日，为了纪念船山诞辰四百周年，更好地光大船山思想、弘扬船山精神，船山学社联合湖南省船山学研究基地、衡阳师范学院文学院等单位举办了“中美韩三国学者船山研究”论坛。朱迪光、任美衡、李振中、杨旭明、全华凌（南华大学）Nicholas Brasovan 博士（美国）、李相勋（韩）、匡宏、胡国繁、吕剑兰、吴戬、邓胤龙、陈扬、唐红卫、杨兴华等参加。

8 月 23 日，朱迪光、邓胤龙参加了在河南黄河科技学院承办的全国国学院院长高峰论坛。

10 月 12 日，船山学社安排了陈扬博士参加了在河北唐山学院主办的第七届全国儒学社团联席会议。

10月13日，船山学社与湖南图书馆共同举办“船山作品展览”和“船山思想讲座”两项活动。船山学社一行50人在常务副社长朱迪光教授的带领下，上午在长沙船山学社旧址参观、学习，下午在湖南图书馆古籍阅览室观看由船山学社和湖南图书馆共同举办的“船山作品展览”。参观展览后，大家在湖南图书馆“湘图讲坛”听朱迪光教授主讲的“船山思想”系列文化讲座。

10月15—20日，“天地大儒王船山”节目连续在中央电视台科教频道黄金档播出。

10月28日，全力配合衡阳市委、市政府，为“王船山思想国际学术研讨会”的圆满成功尽心尽力，主要负责专家联系，论文集文章的审稿、编辑、校对、出版工作。

11月1日，湖南省社科联下文批复，同意船山学社召开2019年年会（换届）暨“网络时代船山思想传播”学术研讨会。

12月7日，船山学社在长沙紫东阁华天大酒店举行2019年年会（换届）暨“网络时代船山思想传播”学术研讨会，全省80余名会员参加，选举了新的学社领导成员：社长朱迪光，副社长肖永明、吕锡琛、陈代湘、王泽应、楚玲、张京华、方红姣、邓名瑛、任美衡、陈力祥；通过了船山学社《章程》。

2020年

7月8日—10日，邓胤龙赴益阳桃江参加由社科联主办、湖南省礼仪协会承办的“湖南省社科联社会组织2020年第一次学术交流活动”，认真学习了以湖南省礼仪协会为代表的我省一些优秀社会组织开展活动的先进经验，认真听取了湖南省社科联学会处方丽处长、康颖凝主任的业务指导，深刻领会了社科联领导戴树源副主席的指示精神。

8月22日，组织高中学生朱意等人在王船山诞生地衡阳市雁峰区王衙坪进行船山思想通俗宣传与调查。

9月13日，船山学社在衡阳师范学院化材学院会议室举办“船山思想通俗化”专题研讨会，朱迪光社长主持，谭崇恩（衡阳市文联主席）、罗东云（衡阳市社科联主席）、任美衡、阳建雄、李振中、陈扬、杨兴华、邓胤龙以及大学生王船山研究学会成员等十余人参加。会议针对船山思想传播现状——很多市民不知道、不了解王船山，研讨会强调了“船山思想通俗化”就是希望政府及组织加大船山思想的宣传，进一步弘扬船山思想、弘扬国学精髓，为创建文明城市、文明单位服务。

10月17日，王兴国、夏剑钦、王泽应、朱迪光、任美衡、陈扬、唐红卫、邓胤龙等学社成员在长沙船山学社旧址参加了由中国商业文化研究会湘商文化分会等单位主办的“庚子（2020年）公祭王船山先生暨纪念郭嵩焘开创公祭王船山150周年研讨会”，此次活动，旨在纪念王船山，继承王船山精神，开显王船山思想在21世纪的文化价值，为建设基于全球一体化的全球伦理、世界主义，开辟世界未来文化，达到创新、继承中华优秀传统文化，弘扬以王船山为灵魂的湖湘文化。

10月17日，在长沙梓园召开了船山学社2020年常务理事碰头会，会议建议：（1）以后每年的农历九月初一（王船山诞辰日）为本社祭拜王船山的常规活动；（2）研究船山学社班子建设，因个别副社长单位的负责人退休，需要重新推选副社长候选人名单，报社科联审批；（3）要求做好船山学社“十四五”规划，重点打造重大项目申报工作；（4）研究部署年会的各项准备工作。

11月28日，船山学社在长沙紫东阁华天大酒店举行2020年年会，确定以后每年的农历九月初一（王船山诞辰日）为本社祭拜王船山的常规活动；会议讨论增补部分船山学社副社长建议名单：黄守愚（黄勇）、盛彪（衡阳县元培学校）、张利文（湖南省社科院）、罗东云（衡阳市社科联）；研究船山学社“十四五规划”，会议要求在新形势下，船山文化研究要“上高度”“有热度”，确定王船山先生“两个重新定位”——理论的定位、政治的定位，服务于社会经济建设，服务于中华优秀传统文化的传承、创新；举行了以“船山学的深入与推广”为主题的学术研讨会。

2021年

4月3日，开展了“思念·铭记”清明祭奠王船山、拜谒烈士夏明翰活动。这次清明活动，既祭奠了先贤船山先生，弘扬了中华民族优秀的传统文化，又缅怀了夏明翰烈士，赓续了共产党人的精神血脉。

4 月 15 日，联合衡阳市社科联、湖南省船山学研究基地、衡阳师范学院船山国学院、船山思想科普基地等单位，举办了“船山思想普及与教材编写”研讨会。会议决定，组织人员编写船山思想教材，用通俗易懂的白话文，选取部分船山故事，讲述船山思想的闪光点，教材要注重活动与诵读相结合，内容与校园文化相结合，精心打造融知识性、趣味性、实用性于一体的小学教材。以衡阳市船山实验小学和衡阳县元培学校为试点，将船山思想教材设课程，进课表，让学生接受优秀传统文化的熏陶。

5 月 24 日、5 月 29 日，在衡阳师范学院、长沙市船山学社旧址举办了“船山学社与中国共产党人的早期活动”科普活动，王兴国、朱迪光、王泽应、徐孙铭、陈力祥等人分别作了“毛泽东与船山学社和船山学”“青年毛泽东与船山学社的关系”“弘扬中国化的马克思主义——再论挖掘船山思想的创新点”“毛泽东哲学思想的辩证思维永放光芒”“船山精神——责任与担当”主题报告。这些专家论述了以毛泽东、何叔衡、夏明翰等人为代表，利用船山学社创建湖南自修大学，组织湖南的早期革命活动，从而彰显了船山学社在湖南中国共产党早期活动的重要作用及其历史价值。青年学子在听了专家的演讲后深受启发，纷纷表示要不忘初心，牢记使命，刻苦学习，立志向先烈学习，坚定做船山传人，在习近平新时代中国特色社会主义思想的指引下，学史明理、学史增信、学史崇德、学史力行，为实现“中国梦”而努力奋斗。

9 月 8 日—9 日，在衡阳市委宣传部、衡阳市社科联领导的陪同下，湖南省社科联副主席王和平一行 9 人通过参观、座谈会、实地考察等方式调研船山学社。王和平一行拜谒了船山故居——湘西草堂，考察了船山文化园、船山书院，表达了对伟大的思想家王船山深深的敬意。在座谈会上，王和平高度评价了船山学社的工作建设情况，并从学社成员、支部建设、阵地建设等方面对船山学社进行了指导。

11 月 20 日，因疫情原因，原定的浏阳年会改为线上腾讯会议方式进行，共有朱迪光、肖永明、陈代湘、方红姣、陈力祥、任美衡、盛彪、邓胤龙、章敏、刘敏、黄守愚、李振中、阳建雄、唐红卫、杨兴华、陈扬、吴戬、徐孙铭、蒋文婕、刘嫱、肖育、孙春霖等 51 人参加。首先，朱迪光社长作船山学社 2021 年工作报告；然后讨论了相关事项，一是关于王船山逝世 330 周年纪念活动，二是关于对《船山全书》注释的问题，三是关于新增会员的问题；

最后进行了学术会议发言，黄守愚、邓胤龙、徐孙铭、朱迪光等四人发言。

12 月 12 日—24 日，面向衡阳师范学院学生举办了九场“船山学与湖湘文化”系列文化讲座，朱迪光、伍光辉、唐红卫、吴戬、陈扬、邓胤龙、杨旭明、李振中、任美衡等 9 位专家、学者分别主讲了《船山人格和思想的重光》《邓显鹤与船山遗书》《船山学社与民国湖湘名人》《王夫之〈唐诗评选〉的教育价值》《船山家训思想及其当代价值》《王夫之家世、家风中的德文化研究》《基于语义网络的王船山声誉传播探析》《王船山语文教育思想与语文教学》《王船山在当代》。

新时期船山学社社员部分船山学研究成果目录

朱迪光

1980年12月，湖南省部分专家提议逐步恢复船山学社和《船山学报》。1982年5月，正式恢复重建船山学社，通过选举产生了船山学社理事会，理事会推选吴立民任社长，王兴国、邓潭洲、冯正刚、陈远宁、周士一、唐凯麟、陶懋炳为副社长，王兴国兼秘书长，刘寿祺为名誉社长。自此以后，湖南省船山学专家在船山学社的协调下开展船山学研究及普通活动，其研究成果非常丰富。下面是船山学社社员部分船山学研究论文和著作目录。

一、船山学社社员部分船山学术研究论文目录（1980—2017）

（一）王船山学术思想综合研究

1. 王船山生平及其思想影响的研究

邓潭洲《关于王船山生平的几个问题》，《求索》1982年第2期。

王兴国、陈远宁《研究王船山生平思想资料的一个重要发现——评王敔〈大行府君行述〉（〈姜斋公行述〉手抄本）》，《中国哲学史研究》1983年第3期。

王鹏《船山公故居及其后裔情况》，《船山学报》1984年第2期。

展宏《王夫之的两个儿子》，《船山学报》1985年第1期。

王鹏、王欣《王夫之好友陈天台》，《船山学报》1985年第1期。

欧阳满生、梁华忠《对王夫之寓居常宁传统说法的两点质疑》，《衡阳师专学报》1986 年第 4 期。

萧平汉《王夫之家谱——〈邗江家乘〉研究》,《衡阳师专学报》1987 年第 1 期。

彭大成《从王船山到毛泽东》,《衡阳师范专科学校学报》1987 年第 1 期。

黄国秋《论王船山对毛泽东早期思想的影响》,《船山学报》1988 年第 2 期。

龚建昌《将湖南的船山学研究提高到一个新水平》,《船山学报》1988 年增刊。

盛树森《王船山早期故居考》,《衡阳师专学报》1989 年第 2 期。

邓乐群《〈黄书〉与清末革命派的尊“黄”》,《船山学报》1989 年第 1 期。

王兴国《王船山与中国近现代》,《船山学报》1989 年第 1 期。

黄耀武《船山思想在船山书院的传播》,《船山学报》1989 年第 2 期。

萧培《谢彬与王船山的爱国思想》,《船山学报》1989 年第 2 期。

萧平汉《王船山彭玉麟家谱家法比较》,《湖南社会科学》1991 年增刊。

康华楚、谭岳生《王夫之方广寺起义考述》,《船山学报》1992 年第 2 期。

汪澍白《论船山学说对青年毛泽东的影响》,《毛泽东思想论坛》1992 年第 4 期。

周辉湘《船山思想与洋务思潮》,《船山学刊》1992 年第 2 期。

黄耀武《王敌对船山思想的传播》,《船山学刊》1992 年第 2 期。

熊考核《船山学的三大文化命题》,《船山学刊》1992 年第 2 期。

刘兴邦《王夫之与湖南文化传统》,《船山学刊》1993 年第 2 期。

彭大成《王船山、曾国藩与湖南“省运大盛”》,《船山学刊》1994 年第 2 期。

刘志盛《王船山与衡阳马桥唐氏的诗文交往》,《船山学刊》1994 年第 1 期。

杨金鑫《王船山是湖湘学派承上启下的关键人物》,《湖南师范大学学报(社会科学版)》1995 年第 5 期。

任俊华《从周敦颐到王船山——论湖湘文化的理学传统及其与船山理学

的关系》,《湖南教育学报学报》1995 年第 1 期。

丁平一《王船山对湖湘文化中主变精神的承接及对近代湖南的影响》,《船山学刊》1997 年第 1 期。

丁平一《王船山与南岳高僧交游考》,《船山学刊》1998 年第 2 期。

《拓宽船山研究 弘扬民族文化》,《船山学刊》1991 年创刊号。

陈远宁《船山学与新文化建设》,《船山学刊》1993 年第 1 期。

刘兴邦《王夫之与湖南文化传统》,《船山学刊》1993 年第 2 期。

谭崇恩《独立性、正统性、保守性——王船山文化思想略论》,《船山学刊》1993 年第 2 期。

王兴国《清末民初船山学论述评》,《船山学刊》1994 年第 1 期。

王兴国《简论冯友兰先生的船山研究》,《船山学刊》1996 年第 2 期。

周示行《王船山的经学成就及其理论特色》,《衡阳师专学报(社会科学)》1997 年第 5 期。

王立新、孟泽《船山的发现与误读——兼论民族主义之作为动力》,《湘潭大学社会科学学报》1999 年第 6 期。

万里《南明永历时期的王夫之》,《船山学刊》2001 年第 3 期。

朱迪光、谢美萍《王船山学术研究及其分类》,《衡阳师范学院学报》2001 年第 5 期。

朱迪光《三百年船山学术研究史的分期及其特征》,《衡阳师范学院学报》2002 年第 5 期。

谭崇恩《论船山精神》,《船山学刊》2002 年第 4 期。

周晓阳、张多来、卢清华《论船山精神及其历史影响》,《船山学刊》2002 年第 4 期。

许定国《危机与际遇:全球化语境中的“船山学”研究走向刍议》,《船山学刊》2002 年第 4 期。

王兴国《船山学研究四十年之回顾》,《船山学刊》2002 年第 4 期。

王兴国《船山学研究的新进展——2002 王船山国际学术研讨会综述》,《船山学刊》2003 年第 1 期。

朱迪光《船山学术研究的早期》,《船山学刊》2003 年第 2 期。

赵维平、朱迪光《王船山学术思想在民国时期的传播》,《衡阳师范学院学报》2003 年第 4 期。

陈甲标《王船山经世哲学与实践》，《船山学刊》2003 年第 3 期。

周辉湘《论王船山思想对湖南近代三大人才群体的影响》，《船山学刊》2003 年第 3 期。

李镇东《知识经济时代船山学传播初探》，《船山学刊》2003 年第 3 期。

王兴国《萧萐父先生对船山学的贡献》，《船山学刊》2004 年第 1 期。

朱迪光《梁启超与船山研究》，《船山学刊》2004 年第 2 期。

周辉湘《船山学复苏与戊戌思潮》，《船山学刊》2004 年第 3 期。

龚建昌、肖艳《试析船山的屈原情结》，《船山学刊》2004 年第 4 期。

王兴国《侯外庐先生对船山学的贡献》，《衡阳师范学院学报》2004 年第 4 期。

吕锡琛《从船山问题意识来研究船山学》，《船山学刊》2005 年第 4 期。

王兴国《深化船山研究，开拓船山学的新生面——纪念〈船山学刊〉创刊 90 周年》，《船山学刊》2005 年第 4 期。

方红姣《马克思主义船山学研究概述》，《船山学刊》2007 年第 1 期。

严寿澂《〈从王夫之到蒯光典：清代学术思想思想决隐〉引言》，《社会科学》2007 年第 6 期。

刘铁山《比肩孔夫子，纷纭论船山：20 世纪中期船山研究述评》，《船山学刊》2008 年第 1 期。

彭平一、杜志鹏《走下圣坛的平民回归——论王夫之的大丈夫理想人格》，《船山学刊》2008 年第 2 期。

邓辉《王船山思想渊源略考 附〈搔首问〉年考》，《船山学刊》2008 年第 4 期。

张齐正《王船山研究原文引用中的几个问题——以 2008 年〈衡阳师范学院学报〉船山研究栏目来稿编校为例》，《船山学刊》2009 年第 1 期。

杨旭明《王夫之的编撰实践及其编撰思想》，《衡阳师范学院学报》2010 年第 4 期。

秦秋咀《宏阔视野、历史意识与深度对话——评朱迪光教授新著〈王船山研究著作述要〉》，《衡阳师范学院学报》2011 年第 2 期。

张齐政《辛亥革命时期章太炎对王船山的评述——兼论章太炎对王船山

思想的继承》,《船山学刊》2011 年第 4 期。

李振中《纵横、融合、修正、超越——〈王船山研究史中关键术语的演变〉评介》,《衡阳师范学院学报》2011 年第 4 期。

杨旭明《数字时代王船山思想传播的困境与出路》,《衡阳师范学院学报》2011 年第 5 期。

启良《〈王船山研究论文选集〉序》,《衡阳师范学院学报》2011 年第 5 期。

刘辰《汇纳群流 采撷英华——《王船山研究论文选集》评介》,《衡阳师范学院学报》2011 年第 5 期。

谭民政《王夫之与南岳莲花峰》,《衡阳师范学院学报》2012 年第 5 期。

朱汉民《王船山的道统、治统与学统》,《北京大学学报(人文社会科学版)》2013 年第 1 期。

朱迪光《王夫之思想现代价值之发现与确定——兼论谭嗣同、梁启超民元之前王船山研究之意义》,《船山学刊》2013 年第 2 期。

朱汉民《王船山的狂狷思想及其精神气质》,《齐鲁学刊》2013 年第 3 期。

陈力祥《王船山尊孔崇孔之历史动因及其三个基本维度》,《船山学刊》2013 年第 4 期。

杨旭明、朱迪光《王夫之与魏源编辑思想之比较》,《编辑之友》2013 年第 3 期。

谢芳、王雪锋《论王夫之和合思想及其当代启示》,《衡阳师范学院学报》2013 年第 4 期。

王兴国《王船山〈黄书〉与近代尊黄思潮的兴起》,《船山学刊》2013 年第 1 期。

张齐政《以王船山研究为契机,促进海外及台港澳地区对中国传统文化的认同》,《衡阳师范学院学报》2014 年第 1 期。

吕锡琛《船山礼学研究的新视野——评〈王船山礼宜乐和的和谐社会理想——以礼之调适为中心〉》,《船山学刊》2014 年第 4 期。

朱迪光《王夫之与湘学》,《湖南科技学院学报》2014 年第 9 期。

朱迪光《民国时期的文化思潮与王船山学术思想研究范式》,《船山学刊》2015 年第 2 期。

张齐政《再论王船山研究原文引用中的问题——以〈衡阳师范学院学报〉“船山研究”栏目来稿编校为例》,《衡阳师范学院学报》2015 年第 5 期。

朱汉民《狂狷：湖湘人士的精神气质——以王夫之、曾国藩、左宗棠为重点》,《求索》2015 年第 4 期。

唐振南《传承民族精神，振兴中华——毛泽东与王船山》,《衡阳师范学院学报》2016 年第 4 期。

彭小球、钟应《一部拓宽王夫之学术思想研究新领域的力作——评彭巧燕的〈王船山语言文字学思想研究〉》,《衡阳师范学院学报》2016 年第 6 期。

陈杨《船山诗歌研究的新成果——评朱迪光的王船山诗歌注释》,《衡阳师范学院学报》, 2016 年第 6 期。

王泽应《发现王夫之与湖南近现代文化的崛起》,《船山学刊》2016 年第 1 期。

陈杨《论王夫之的士人精神与风流思想》,《衡阳师范学院学报》2016 年第 2 期。

潘海军《王国维与王船山“天才”观异同考释》,《船山学刊》2017 年第 3 期。

杨旭明、杨硕《王船山思想网络平台内容建设的问题及对策》,《衡阳师范学院学报》2017 年第 4 期。

杨锡贵《王夫之为何将手稿存于长沙》,《文史博览》2017 年第 4 期。

彭巧燕、朱迪光《从关键术语看民国时期的王船山学术思想传播》,《衡阳师范学院学报》2017 年第 4 期。

寻霖《王夫之与衡阳刘氏之交往及佚文》,《船山学刊》2010 年第 3 期。

2. 船山经学研究及船山著作的校勘、考证、注释及目录索引及会议报道

刘志盛《王船山著作版本源流考》(一)(续一),《求索》1981 年第 3、4 期。

石舟《湖南省举办王夫之佛学著作讲座》,《国内哲学动态》1981 年第 6 期。

刘志盛《王船山著作版本源流考》(续二)(续三),《求索》1982 年第 1、2 期。

《王船山学术思想讨论会在衡阳举行》，《哲学研究》1982 年第 12 期。

《湖南省古史研究会开展船山学术讨论情况简介》，《船山学术研究简报》1982 年第 5 期。

石舟《船山学社举办“王夫之与道教思想研究”学术讲座》，《船山学报》1984 年第 1 期。

冯玉辉、刘亚芳《王船山学术研究论著、资料索引（1982—1985）》，《船山学报》1986 第 1 期。

冯玉辉、刘亚芳《船山研究论文、著作目录（1983—1985）》，《船山学报》1986 第 2 期。

石舟《湖南省王船山学术讨论会在衡阳召开》，《船山学报》1987 年第 2 期。

石舟《“王船山与中国现代化”学术讨论会在衡阳举行》，《船山学报》1989 年第 1 期。

金人《“王夫之与南岳”学术讨论会在长沙举行》，《船山学报》1989 年第 2 期。

文志平、柳克辉《王船山学术思想研究论文、资料索引（1988—1989），《船山学报》1989 年第 2 期。

马积高《王夫之〈连珠〉选释》，《船山学刊》1991 年创刊号。

王兴国《推故而别致其新：纪念王船山逝世 300 周年国际学术讨论会综述》，《船山学刊》1993 年第 1 期。

夏剑钦《王夫之〈张子正蒙注〉版本的新发现》，《船山学刊》1993 年第 1 期。

徐荪铭《海峡两岸学术交流的新开端：辅仁大学“王船山学术研讨会”述评》，《船山学刊》1994 年第 1 期。

石舟《昆明王船山学术思想暨哲学范畴研讨会综述》，《船山学刊》1999 年第 2 期。

胡渐逵《马宗霍〈船山遗书〉校记述评》，《船山学刊》2000 年第 2 期。

章启辉《船山礼学的时代精神》，《船山学刊》2001 年第 1 期。

章启辉《王夫之经学的基本特征》，《湖南大学学报（社会科学版）》2001 年第 3 期。

许定国、李镇东、马婧《大学生的王船山知识问卷调查》，《船山学刊》2002 年第 1 期。

王兴国《船山学研究四十年之回顾》，《船山学刊》2002 年第 5 期。

罗玉明《船山学社与三十年代湖南读经运动》，《船山学刊》2003 年第 2 期。

寻霖《衡阳莫氏藏王船山著作〈宋论〉、〈读通鉴论〉版本鉴别记》，《图书馆》2008 年第 2 期。

刘铁山《“文革”时期“评法批儒”与王船山研究述评》，《船山学刊》2008 年第 4 期。

刘力夫、赵金国《纪念王船山先生诞辰 390 周年暨学术研讨会综述》，《世界宗教研究》2010 年第 1 期。

秦秋咀《“王船山思想与当代社会核心价值观”国际学术研究会综述》，《船山学刊》2013 年第 3 期。

戴述秋、熊考核、周安林《新发现的王夫之〈文选评〉批点本考略》，《衡阳师范学院学报》2013 年第 5 期。

夏剑钦《王孝鱼与船山全书》，《船山学刊》2014 年第 3 期。

夏剑钦《王敔对船山学的重大贡献》，《船山学刊》2017 年第 4 期。

夏剑钦《湘西草堂中〈楚辞通释〉的编辑出版及其历史意义》，《船山学刊》2018 年第 5 期。

（二）王船山哲学思想研究

徐荪铭《王夫之论“迎”“随”》，《求索》1982 年增刊 。

欣子《船山学术思想讨论会情况简介》，《求索》1982 年第 6 期。

马积高《关于船山思想性质的两点看法》，《船山学报》1984 年第 2 期。

止戈《船山启蒙思想问题讨论综述》，《船山学报》1984 年第 2 期。

黄国秋《论王船山对毛泽东早期思想的影响》，《船山学报》1988 年第 2 期。

罗锡冬《船山哲学的四大创见》，《衡阳师专学报》1990 年第 2 期。

张怀承《船山心论》，《船山学刊》1991 年创刊号。

王兴国《清末民初船山学论述评》，《船山学刊》1994 年第 1 期。

肖起来《浅谈王船山的天人观及其理论价值与现实意义》，《船山学刊》1999 年 1 期。

邓辉《论王船山历史哲学的主体精神》，《湘潭大学社会科学学报》2001 年第 5 期。

邓辉《论王船山的“自然”概念》，《衡阳师范学院学报》2003 年第 4 期。

章启辉《王夫之哲学的实学精神》，《湖南大学学报（社会科学版）》2004 年第 6 期。

欧厚钊《关于王船山气本理论是朴素唯物主义一说质疑》，《船山学刊》2005 年第 2 期。

邓辉《西方历史观参照下的王船山历史哲学》，《文史博览》2005 年第 2 期。

启良《回到船山（下）》，《衡阳师范学院学报》2007 年第 1 期。

左其福《立学术之本弘船山精神：〈衡阳师范学院学报〉船山哲学思想研究述评》，《衡阳师范学院学报》2008 年第 1 期。

邓辉《王船山与雅思贝尔斯的历史哲学之比较》，《湖南科技大学学报（社会科学版）》，2008 年第 3 期。

赵载光《以诚论性——王船山对程朱“性理”观的纠正》，《船山学刊》2009 年第 2 期。

邓辉《王船山元气论阐微》，《湘潭大学学报（哲学社会科学版）》2009 年第 2 期。

邓辉《从“生灭有无”到“幽明隐显”——王船山论“道”之本真性》，《湘潭大学学报（哲学社会科学版）》2010 年第 1 期。

徐仪明《论王夫之的中医哲学思想》，《郑州轻工业学院学报（社会科学版）》2011 年第 1 期。

盛晶《王船山的天人观浅析》，《科教文汇（上旬刊）》2011 年第 12 期。

陈力祥、张昊雷《本仁行礼：王船山仁之理念与礼之践行模式探析》，《巢湖学院学报》2011 年第 2 期。

罗玉明、王秋娜《王夫之的“和合”思想述论》，《怀化学院学报》2011 年第 3 期。

朱迪光、罗艳《王船山〈知性论〉注、译及其评论》，《船山学刊》2012年第3期。

周晓阳、朱建新《论王船山的文化哲学思想》，《南华大学学报（社会科学版)》2012年第4期。

谢芳、王学锋《浅论王船山和合思想及其当代启示》，《船山学刊》2013年第2期。

陈力祥《论王船山人欲失其和思想及其矫治》，《衡阳师范学院学报》2014年第2期。

陈力祥《论王船山之“礼”与“和”相契合何以可能》，《宁夏社会科学》2014年第3期。

肖起来《“顺乎天则”与“延天以祐人”——王船山关于人的受动性与能动性思想》，《衡阳师范学院学报》2014年第4期。

刘新敖、赖力行《王夫之“现量”说的时空化思维特征》，《湖南师范大学社会科学学报》2014年第4期。

徐仪明《王夫之的气论与天论》，《中共宁波市委党校学报》2015年第5期。

徐仪明《试论王夫之自然哲学的历史地位》，《船山学刊》2015年第5期。

陈力祥、杨超《王船山阴阳思想展开的四个逻辑层次》，《船山学刊》2016年第2期。

徐仪明《试论庄子对王夫之自然观的深刻影响》，《湖湘论坛》2016年第6期。

徐仪明《王夫之自然哲学思想的历史地位》，《中共宁波市委党校学报》2016年第4期。

邓辉《论王船山哲学思想的基本特征》，《船山学刊》2017年第5期。

文玲《王夫之道论的符号学解读》，《衡阳师范学院学报》2017年第2期。

（三）王船山伦理思想研究

王泽应《论王夫之的生死观》，《衡阳师专学报》1987年第1期。

曾也鲁《王船山仁义观刍议》,《衡阳师专学报》1987 年第 4 期。

王泽应《王夫之的道德修养理论》,《衡阳师专学报》1988 年第 1 期。

王泽应《试析王夫之人性论的基本特征》,《衡阳师专学报》1988 年第 4 期。

唐凯麟《简论王夫之的道德教育论和道德修养论》,《郑州大学学报》1988 年第 2 期。

王泽应《王夫之人性论基本范畴辨析》,《船山学报》1988 年第 2 期。

王泽应《试析王夫之人性论的基本特征》,《衡阳师专学报》1988 年第 4 期。

刘兴邦《王船山关于“性”的学说》,《衡阳师专学报》1989 年第 4 期。

王泽应《王夫之的不朽论》,《衡阳师专学报》1990 年第 4 期。

唐斌成《王船山主体思想述评》,《船山学刊》1992 年第 2 期。

王泽应《论王船山伦理思想的世界意义——兼与西方近代伦理思想比较》,《船山学刊》1992 年第 2 期。

肖起来《王船山道德思想探析》,《求索》1993 年第 1 期。

吕锡琛《王夫之对道家伦理思想的扬弃》,《船山学刊》1993 年第 2 期。

欧厚钊《释王夫之的“清贞”》,《船山学刊》1995 年第 1 期。

陈家鼎《王船山道德价值观论略》,《益阳师专学报》1995 年第 2 期。

廖建平《王夫之的仪容与君子人格关系论》,《衡阳师专学报》1997 年第 4 期。

彭大成《王船山的“德智统一论”与现代精神文明建设》,《湖南师范大学社会科学学报》1998 年第 2 期。

黄钊《试析王夫之道德学说的理论贡献》,《中华文化论坛》2000 年第 2 期。

郭瑞林《试论王夫之的人文精神》,《船山学刊》2000 年第 1 期。

萧平汉《王船山德治模式与现代道德革命》,《衡阳师范学院学报》2002 年第 5 期。

熊吕茂、杨铮铮《论王夫之的人文主义思想》,《常德师范学院学报(社会科学版)》2003 年第 4 期。

章启辉、彭世文、张伶伟《王夫之的以有为性的人性论》,《湖南大学学报（社会科学版）》2003 年第 2 期。

王泽应《王夫之的消费伦理思想探论》，《衡阳师范学院学报》2003 年第 2 期。

王泽应《王夫之的“诚明合一”论及其现代意义》，《衡阳师范学院学报》2004 年第 2 期。

徐孙铭《船山人学论纲》，《衡阳师范学院学报》2004 年第 4 期。

周唯一《王夫之道德人格对现代道德人格培养之启迪》，《衡阳师范学院学报》2006 年第 5 期。

陈力祥《船山腹卦之礼学意蕴》，《衡阳师范学院学报》2007 年第 1 期。

王学峰、于建东《王船山道德修养论探析》，《船山学刊》2008 年第 1 期。

谢芳、王学峰《论王船山的俭奢观》，《南华大学学报（社会科学版）》2008 年第 1 期。

陈力祥《王船山礼之经权思想管窥：传统道德悖论的解决》，《衡阳师范学院学报》2008 年第 5 期。

王泽应《王夫之义利思想的特点和意义》，《哲学研究》2009 年第 8 期。

万里《王夫之的“性情合一”论及其理论贡献》，《哲学研究》2009 年第 12 期。

谢芳、王学峰《王夫之别开生面的人性论探析》，《南华大学学报（社会科学版）》2009 年第 4 期。

李秀娟、陈力祥《人性为善何以可能——王船山关于人性为善思想的形上学批判及其人文价值》，《中南大学学报（社会科学版）》2010 年第 1 期。

肖剑平《王船山人格理论的哲学意蕴及现代价值》，《学术论坛》2010 年第 1 期。

肖剑平《王船山乐教思想探微》，《湘潭大学学报（哲学社会科学版）》2010 年第 1 期。

李长泰《王船山的文化自觉与文化创新意识——以其君子观为观照点》，《衡阳师范学院学报》2010 年第 2 期。

谢芳、王学峰《王船山对传统伦理思想的突破与超越》，《衡阳师范学院学报》2010 年第 1 期。

陈力祥《德到优时横天际地——王船山“德”论探究》，《衡阳师范学院学报》2010年第4期。

李长泰《王船山的君子至德取向与问学工夫刍议——以船山对〈中庸〉第二十七章的诠释为中心》，《船山学刊》2010年第3期。

邬德平《王船山义利观与边沁功利观的比较研究》，《船山学刊》2011年第2期。

陈力祥《“和”为性情之德何以可能——王船山关于“和”为性情之德的形上学批判》，《衡阳师范学院学报》2011年第4期。

陈力祥、张昊雷《本仁行礼：王船山仁之理念与礼之践行模式探析》，《巢湖学院学报》2011年第2期。

肖剑平、陈元桂《王船山道德观论略》，《湘潭大学学报（哲学社会科学版)》2012年第2期。

陈力祥、余佳润《王船山天人合一思想何以规约为人与自然之间的和谐》，《船山学刊》2012年第2期。

李长泰《王船山“明德”释义发微》，《船山学刊》2012年第2期。

李佩桦《周敦颐王船山德育思想之比较》，《衡阳师范学院学报》2012年第1期。

王泽应《论王夫之的理欲观》，《哲学研究》2013年第6期。

王泽应《王夫之人的尊严论及其深远影响》，《船山学刊》2014年第4期。

李长泰《论王夫之君子人格思想的四层面向》，《船山学刊》2015年第1期。

章启辉、申健《王夫之“习与性成”人性论之补见——论“习”字的“习行”义》，《船山学刊》2015年第1期。

李长泰《论王夫之士人格思想的入凡超俗向位》，《船山学刊》2015年第3期。

谢芳、王学峰《试论王船山生态伦理思想及其存在论基础》，《衡阳师范学院学报》2015年第2期。

廖建平《王船山修身学说的基本理论与特征》，《衡阳师范学院学报》2015年第2期。

陈力祥《从经典诠释管窥王船山厚德隆礼的家风情愫》,《湖南大学学报（社会科学版）》2015 年第 5 期。

唐红卫《王夫之的友情观及其当代价值》,《衡阳师范学院学报》2016 年第 5 期。

阳海燕《王夫之的家庭伦理观及其当代价值》,《衡阳师范学院学报》2016 年第 5 期。

（四）王船山儒学（理学）思想研究

任俊华《从周敦颐到王船山：论湖湘文化的理学传统及其与船山理学的关系》,《湖南教育学院学报》1995 年第 1 期。

章启辉《王夫之与程朱陆王格致论比较》,《船山学刊》2002 年第 4 期。

陈代湘《王船山对朱子格物致知论的继承和发展》,《湘潭大学社会科学学报》2003 年第 3 期。

邓辉《王船山四书学著作与〈船山经义〉年考》,《湘潭大学学报（哲学社会科学版）》2008 年第 2 期。

谢芳《试论王夫之"均天下"之理念诉求》,《船山学刊》2011 年第 3 期。

陈力祥《王夫之礼以化民成俗与乐以移易性情的礼乐教化思想》,《衡阳师范学院学报》2012 年第 4 期。

赵载光《性命之道与伦理之道——从王船山看儒家的个体观》,《船山学刊》2013 年第 1 期。

肖剑平《"存人道以配天地、保天心以立人极"——略论王船山依人建极的天人观》,《学术界》2013 年第 6 期。

肖剑平、陈元桂《论王船山的豪杰人格》,《衡阳师范学院学报》2013 年第 4 期。

唐红卫、阳海燕《试论王夫之的"齐家"思想》,《船山学刊》2013 年第 1 期。

邓辉《王船山的"治乱合离"论》,《船山学刊》2014 年第 6 期。

李相勋《尚义之道——王船山尚义思想展开的四个逻辑层次》,《船山学刊》2015 年第 1 期。

陈力祥、王志华《王船山尊礼之理的逻辑显达与度越》，《船山学刊》2015第2期。

廖建平《王船山的圣学异端之辨及启示》，《衡阳师范学院学报》2016年第2期。

陈力祥、王志华《论王船山“神道设教”催生尊礼实践的内在逻辑机理》，《衡阳师范学院学报》2016年第5期。

邓胤龙、朱迪光《王船山春秋大义价值观与社会批判》，《衡阳师范学院学报》2017年第1期。

王兴国《从湖湘学派到王船山》，《湖南社会科学》2017年第2期。

王利民《王船山的人生哲学简论》，《船山学刊》2017年第4期。

朱迪光《王夫之对濂溪学的继承与发展》，《船山学刊》2017年第4期。

（五）王船山易学思想研究

罗锡冬《〈周易内传·发例〉——我国古代的易学史批判大纲》，《衡阳师专学报》1990年第4期。

周示行《王船山“观卦之义”剖析》，《衡阳师专学报》1991年第1期。

陈远宁《船山治易历程追踪》，《吉首大学学报（社会科学版）》2001年第1期。

彭大成《王船山〈周易〉哲学思想探赜》，《湖南师范大学社会科学学报》2002年第1期。

雷缙碚《王船山〈周易大象解〉对儒家思想的发展及其局限》，《辽宁行政学院学报》2009年第3期。

邓辉、左珂《王船山思想以〈易〉为本论》，《求索》2010年第7期。

（六）王船山美学思想研究

廖振华《试论王夫之的美学思想》，《衡阳师专学报》1987年第2期。

熊考核《天地妙合而且成化者——船山诗美学的几对时空关系》，《船山学报》1988年增刊。

刘泽民《王夫之情景说美学抉微》，《益阳师范专科学校学报》1989年第3期。

熊考核《论王船山的审美移情观》，《衡阳师专学报》1990年第2期。

谭承耕《船山论美》，《船山学刊》1993年第2期。

陈望衡《中国古典美学的总结：王夫之美学思想摭论》，《船山学刊》1997年第1期。

曾玲先《王船山美学三题》，《衡阳师范学院学报》2005年第2期。

许定国《“霸蛮血性美”：船山美学与诗词的湖湘文化基础解读》，《船山学刊》2003年第1期。

许定国《凤鸟生命美：船山美学的湖湘文化基因再解读》，《船山学刊》2004年第2期。

谭洪刚《船山美学的发掘与垂直接受》，《船山学刊》2007年第2期。

许定国《船山美学湖湘文化基因互补现象解读》，《衡阳师范学院学报》2007年第5期。

许定国《王船山身体美学观与身体审美体验创造》，《衡阳师范学院学报》2009年第2期。

（七）王船山政治思想研究

徐泰来《船山是爱国主义者》，《船山学报》1984年第2期。

陈家鼎《船山爱国主义的重要部分是民本思想》，《船山学报》1984年第2期。

彭大成《船山爱国主义的特点及其影响》，《船山学报》1984年第2期。

龚鹏九《也谈王船山的民族思想》，《船山学报》1985年第2期。

谭承耕《论船山晚年的民族观》，《船山学报》1985年第1期。

聂守忠《谈王船山对民族问题的看法》，《衡阳师专学报》1986年第2期。

陈远宁《船山政治思想基本性质和基本倾向论纲》，《船山学报》1989年第1期。

陈远宁《中国古代政治的批判总结——王船山政治观研究》，《船山学刊》1991年创刊号。

张铁夫《王船山论治道》，《湖南社会科学》1991年增刊。

唐宏银《王船山政治思想之沿革》，《船山学刊》1992年第2期。

罗锡冬《王夫之论荐举与科举》,《衡阳师专学报》1992 年第 1 期。

赵民伊《略论〈噩梦〉要旨——王夫之的改革论》,《零陵师专学报》1993 年第 2 期。

黄隆顺《王船山的悲愤意识》,《衡阳师专学报》1997 年第 5 期。

肖起来《浅析王船山以德为本的政治观》,《船山学刊》1998 年第 1 期。

邓乐群《王船山民族思想的变异之音》,《衡阳师专学报》1998 年第 1 期。

熊考核《船山民本思想的安民裕国之道》,《衡阳师范学院学报》2000 年第 2 期。

萧平汉《王夫之论改革的启示》,《船山学刊》2000 年第 3 期。

熊考核《船山民本思想的安民裕国之道》,《衡阳师范学院学报》2000 年第 2 期。

余明光《王船山的社会图式论》,《船山学刊》2000 年第 1 期。

萧平汉《王船山的爱民忧民意识》,《船山学刊》2001 年第 1 期。

肖起来《论王船山廉政思想的理论特色》,《船山学刊》2001 年第 2 期。

萧平汉《王夫之〈噩梦〉要旨》,船山学刊 2002 年第 1 期。

吕锡琛《王船山行政管理伦理思想管窥》,《船山学刊》2003 年第 2 期。

王泽应《船山对中华民族精神的继承与弘扬》,《衡阳师范学院学报》2007 年第 2 期。

彭巧燕《王船山民族观研究术语的演变》,《历史教学(高校版)》2008 年第 5 期。

陈力祥《王船山夷夏观辨证——以礼以分殊辨别人禽与夷夏为视角》,《湖南科技大学学报(社会科学版)》2009 年第 1 期。

张怀承《简论王夫之夷夏之防的思想》,《伦理学研究》2009 年第 6 期。

肖奇《孤秦陋宋——王船山对专制主义的批判》,《中国市场》2008 年第 26 期。

王利民《王船山政治哲学中的“公私之辨”》,《衡阳师范学院学报》2009 年第 1 期。

谢芳《试论王夫之“均天下”之理念诉求》,《船山学刊》2011 年第 3 期。

王利民《论王船山改革思想中的民生关怀》，《衡阳师范学院学报》2012年第4期。

王利民《王船山的民生关怀及其时代意义》，《世纪桥》2012年第4期。

王利民《王船山的理欲观及其对现代民生政治的启示》，《文史博览（理论）》2013年第4期。

邓辉《王船山的“治乱合离”论》，《船山学刊》2014年第6期。

王泽应《王夫之“古今通义”的深刻内涵与价值建构》，《船山学刊》2015年第3期。

谢芳、肖剑平《王船山政治伦理的价值诉求、工具性及现代启示——以〈读通鉴论〉为文本》，《湘潭大学学报（哲学社会科学版）》2016年第4期。

李相勋《王夫之之礼与政治和合相契何以可能》，《衡阳师范学院》2016年第5期。

李长泰《论王夫之公正思想的礼用贯通面向》，《湖南师范大学社会科学学报》2016年第2期。

（八）王船山经济思想研究

陈家鼎《船山爱国主义的重要部分是民本思想》，《船山学报》1984年第2期。

彭大成《船山爱国主义的特点及其影响》，《船山学报》1984年第2期。

谭承耕《论船山晚年的民族观》，《船山学报》1985年第1期。

龚鹏九《也谈王船山的民族思想》，《船山学报》1985年第2期。

吕锡琛《船山重义轻利思想的积极意义》，《船山学报》1985年第2期。

聂守忠《谈王船山对民族问题的看法》，《衡阳师专学报》1986年第2期。

彭大成《呼唤中国资本主义经济萌芽的思想先驱——王船山》，《船山学刊》1999年第1期。

黄隆顺《王船山与魏源经济思想之异同》，《衡阳师专学报》1991年第1期。

邓乐群《王船山的货殖思想及其现代启示》，《衡阳师范学院学报》1999年第5期。

陈先枢《王夫之的厚商思想与农产品的商业化》,《经贸导刊》1997 年第 7 期。

萧平汉《王夫之经济思想新论》,《船山学刊》2007 年第 2 期。

谢芳、王学峰《王船山的消费伦理思想及其现代意义》,《中南林业科技大学学报(社会科学版)》2010 年第 1 期。

谢芳、王学峰《王夫之的消费伦理思想及其现代价值》,《船山学刊》2010 年第 2 期。

谢芳《论王船山的经济伦理思想》,《衡阳师范学院学报》2013 年第 1 期。

(九)王船山文学创作、文学评论及文艺思想研究

1. 王船山文学创作研究

蒋星星《丹忱专在念时艰——读船山诗零拾》,《船山学报》1988 年增刊。

邓乐群《雁字写逸怀——从〈雁字诗〉看船山隐逸思想》,《船山学报》1988 年增刊。

谭承耕《船山诗词艺术特征初探》,《求索》1982 年增刊。

谭承耕《略论船山诗词的爱国主义》,《湖南师范学院学报》1982 年第 4 期。

谭承耕《关于王夫之〈双鹤瑞舞赋〉问题》,《文物》1983 年第 6 期。

陈书良《读王夫之〈漱玉琴铭〉》,《船山学报》1984 年第 1 期。

许山河《试论王船山散文》,《船山学报》1984 年第 2 期。

陈书良《略论佛学对船山诗词的影响》,《船山学报》1985 第 1 期。

旷光辉《〈南岳赋〉初探》,《船山学报》1988 年增刊。

刘保鲁《王船山与湘南曲艺》,《衡阳师范专科学校学报》1990 年第 1 期。

谭承耕《埋心不死留春色:论船山晚年的诗》,《船山学刊》1991 年创刊号。

周唯一《王船山咏景诗中的物理性情》,《衡阳师范专科学校学报》1992 年第 4 期。

周念先《王夫之的咏南岳词》，《衡阳师专学报》1992 年第 4 期。

刘志盛《王船山〈惜余鬒赋〉考述》，《船山学刊》1996 年第 2 期。

孟泽《安身之所，立命之据：王夫之〈船山记〉〈龙舟会〉发微》，《古典文学知识》1997 年第 4 期。

曾也鲁《王船山诗词的爱国主义特点》，《衡阳师专学报》1997 年第 5 期。

彭靖《船山词编年（选刊）》，《中国韵文学刊》1998 年第 2 期。

周念先《字字楚骚心——王夫之〈潇湘怨词〉探微》，《衡阳师范学院学报》1999 年第 4 期。

周念先《丹忱专在念时艰：读王夫之寓居南岳时的诗歌》，《衡阳师范学院学报》2000 年第 4 期。

邓乐群《〈雁字诗〉的遗民情结》，《青海师范大学学报（哲学社会科学版）》2001 年第 4 期。

周念先《船山乐府古题诗试探》，《衡阳师范学院学报》2001 年第 4 期。

许定国《船山诗词梦幻“三境”与船山生命美学“三说”——船山美学与船山诗词一探》，《船山学刊》2001 年第 3 期。

周念先《王船山〈游仙诗〉浅论》，《衡阳师范学院学报》2002 年第 4 期。

周念先《解读王船山〈拟古诗十九首〉》，《衡阳师范学院学报》2003 年第 5 期。

杨春燕《难与此怀觅止境，横令此愁亘古今——试析王船山〈洞庭秋诗〉之意境》，《长沙民政职业技术学院学报》2003 年第 4 期。

杨春燕《雄文三百轴 字字楚骚心——论王船山诗作中的悲思情怀》，《湖南税务专科学校学报》2003 年第 6 期。

周念先《广泛 精确 灵活——谈船山诗中典故的运用》（《衡阳师范学院学报（社会科学）》2004 年第 2 期。

刘铁山《抒抱独情，发亡国愤——〈船山记〉探幽》，《衡阳师范学院学报》2004 年第 1 期。

周念先《论船山词的朦胧美》，《衡阳师范学院学报》2005 年第 2 期。

周念先《从情景契合看船山诗词的和谐美》，《衡阳师范学院学报》2008

年第 1 期。

刘绪义《萧条异代不同时——王船山为什么瞧不上杜甫》，《古典文学知识》2008 年第 3 期。

全华凌《论王船山诗歌的生死主题——以悼挽诗和游仙诗为例》，《南华大学学报（社会科学版）》2009 年第 2 期。

李生龙《王船山对“理语”入诗之思考和对性理诗之仿效与矫正》，《船山学刊》2010 后第 3 期。

刘再华《王船山赋的思想意蕴》，《湖南大学学报（社会科学版）》2010 年第 5 期。

李生龙《王船山组诗〈题芦雁绝句〉〈雁字诗〉之创作主旨与复杂内蕴》，《湖湘论坛》2011 年第 3 期。

李生龙《王船山游仙之作析论》，《中国文化研究》2011 年第 2 期。

李振中《试论王船山游记体散文的语言特色》，《船山学刊》2012 年第 4 期。

李生龙《王船山〈正落花诗〉分类细读与研析》，《湖湘论坛》2014 年第 4 期。

马汉钦、陈志斌《一片情愁待酒浇——从王船山〈姜斋五十自定稿〉中观其饮酒》，《南华大学学报（社会科学版）》2014 年第 5 期。

陈志斌、李聪、于晓臻《王船山〈潇湘怨词〉用典析论》，《南华大学学报（社会科学版）》2015 年第 3 期。

全华凌、曾立林《论王船山词中的遗民情怀》，《南华大学学报（社会科学版）》2015 年第 3 期。

陈志斌、朱毅强《论王船山词学观》，《南华大学学报（社会科学版）》2015 年第 1 期。

张齐政《王夫之〈南岳赋〉之南岳宗教考》，《衡阳师范学院学报》2015 年第 1 期。

王颖、朱迪光《〈王船山先生年谱〉中的船山诗歌纪年记事研究》，《衡阳师范学院学报》2015 年第 4 期。

唐红卫《论王夫之的友情诗》，《衡阳师范学院学报》2015 年第 5 期。

龙志坚、王雅洁《王船山抒怀词的主题思想》，《南华大学学报（社会科学版)》2016年第5期。

全华凌、彭晓凤《王船山咏史词中的主题思想》,《南华大学学报(社会科学版)》2016年第5期。

陈志斌、胡港《王船山词的语言艺术》,《南华大学学报(社会科学版)》2016年第5期。

朱迪光《王船山诗歌创作研究目录》,《衡阳师范学院学报》2017年第2期。

朱弘毅、朱迪光《广花广鲁,兴亡感恨——王夫之〈广落花诗〉探析》,《衡阳师范学院学报》2017年第2期。

朱迪光《王夫之诗歌创作研究之回顾》,《衡阳师范学院学报》2017年第2期。

唐红卫、唐婷婷《船山诗歌创作研究的新突破——评朱迪光教授专著〈王夫之诗歌创作考论〉》,《衡阳师范学院学报》2017年第5期。

2. 王船山文学评论研究

陈书良《王船山〈楚辞通释·离骚经〉浅议》,《求索》1982年增刊。

马积高《论王船山的〈楚辞〉学及其辞斌——兼论船山文学思想和创作的一个特质》,《湖南师院学报(哲学社会科学版)》1982年第4期。

周示行《参验旧文,独抒所得:从〈诗经稗疏〉窥王船山〈诗〉学的斑》,《衡阳师范专科学校学报》1985年第2期。

王昌猷、梁德林《论王船山评选唐诗》,《船山学报》1985年第1期。

许山河《论船山对明代形式主义诗歌理论的批判》,《船山学报》1986第1期。

徐荪铭《王船山〈愚鼓词〉中的哲学思想》,《船山学报》1986年第1期。

熊志廷《王船山评杜浅议》,《草堂》1986年第2期。

谭承耕《王船山对汉魏晋南北朝诗歌的评价》,《中国文学研究》1987年第3期。

周示行《船山说〈诗〉小议》,《衡阳师专学报》1988年第1期。

曾也鲁《王船山与〈离骚〉》,(《衡阳师范学院学报》2000年第5期。

孟泽《船山的“英雄美学”及其对诗史的苛评》,《湘潭大学社会科学学报》2000 年第 5 期。

曾玲先《船山诗评的操作方式的透视》，《衡阳师范学院学报（社会科学)》2000 年第 4 期。

曾也鲁《王船山与〈古诗十九首〉》，《衡阳师范学院学报（社会科学)》2000 年第 1 期。

郭瑞林《千古少有的偏见——王夫之眼中的杜甫其人其诗》，《湘潭师范学院学报》2000 年第 4 期。

曾也鲁《王船山与宋诗》，《衡阳师范学院学报（社会科学)》2001 年第 5 期。

曾玲先《王船山〈诗广传〉的文化感及其它》，《衡阳师范学院学报（社会科学)》2001 年第 4 期。

周唯一《船山南北朝诗评的辩证思维》，《船山学刊》2001 年第 2 期。

周唯一《〈古诗评选〉源流探讨的方法建构与理论基础》，《衡阳师范学院学报》2002 年第 5 期。

汤劲《解读王船山“自有五言，未有康乐”说》，《船山学刊》2002 年第 3 期。

曾玲先《王船山的乐府诗评观》，《衡阳师范学院学报》2002 年第 1 期。

雷庆翼《王船山〈诗经稗疏〉治学方法管窥》，《船山学刊》2003 年第 4 期。

张明海、刘再华《王船山论明诗评议》，《长沙电力学院学报（社会科学版)》2004 年第 1 期。

曾玲先《再谈王船山〈诗广传〉对《诗经》的解读》，《衡阳师范学院学报》2009 年第 2 期。

曾也鲁《王船山〈明诗评选〉简析》，《衡阳师范学院学报》2009 年第 4 期。

罗敏中《王船山以道释骚评析一：正旧注之误得失，旁及“汉寿屈原故里说”》，《湖南广播电视大学学报》2010 年第 4 期。

严春华《王船山〈唐诗评选〉之比较批评论略》，《韶关学院学报》2010 年第 10 期。

朱迪光《圣化杜诗的解构及其影响——论王夫之评杜》，《学术论坛》

2010年第6期。

严春华《论王夫之诗评中比较批评之运用——以唐诗批评为中心》,《船山学刊》2011年第1期。

杨兴华《王船山数责朱熹“过于忠”论的原因探究》,《衡阳师范学院学报》2012年第1期。

杨兴华《论王船山以丹法释骚的合理性》,《西昌学院学报(社会科学版)》2012年第3期。

杨兴华《王船山〈楚辞通释〉的创作意图》,《语文建设》2012年第18期。

朱汉民《经典诠释的双向建构——以王船山对〈楚辞〉的诠释为例》,《华南师范大学学报(社会科学版)》2013年第5期。

彭巧燕《从〈诗广传〉看王夫之的士人精神》,《衡阳师范学院学报》2015年第5期。

3. 王船山文艺思想研究

周示行《言意、情景、内外——王船山诗论中几对基本概念疏解》,《衡阳师专学报》1982年第3期。

邹高帆《情贵含蓄——读〈姜斋诗话〉札记》,《衡阳师专学报》1982年第3期。

刘建国《姜斋诗论两议》,《湘潭大学社会科学学报》1982年第4期。

邓潭洲《王船山诗论刍议》,《湖南师范学院学报》1982年第4期。

周颂喜《王夫之论诗创作中主观与客观的关系》,《船山学报》1984年第1期。

谭承耕《“修文以函情”,“治情以治国”——船山对诗歌的社会作用的认识》,《船山学报》1984年第2期。

谭承耕《船山诗论的艺术辩证法》,《湖南师大学报》(哲学社会科学版)1985年第2期。

武昂《船山诗论及其创作浅窥》,《湘潭师范学院学报》1985年第1期。

郑宪春《船山文学研究述评》,《船山学报》1985年第1期。

熊志庭《王船山的文艺真实观略论》,《船山学报》1986年第1期。

张寅彭《抒情诗的本质、创作鉴赏论:王夫之诗学性质之我见》,《上海教育学院学报》1986 第 1 期。

谭承耕《船山诗论体系的构成及其历史地位》，《船山学报》1988 年第 2 期。

王敏华《论船山诗论与诗作的关系：关于船山诗学的历史回顾》，《船山学报》1987 年第 1 期。

曾玲先《船山诗论贵在鉴赏论——读〈姜斋诗话〉一得》，《衡阳师专学报》1987 年第 2 期。

蔡镇楚《船山诗话与中国传统文化》，《衡阳师范专科学校学报》1988 年第 2 期。

周示行《王船山说〈诗〉一题——兴观群怨疏解》，《衡阳师专学报》1989 年第 1 期。

许山河《船山论诗之“势”》，《衡阳师专学报》1988 年第 3 期。

周示行《王船山〈诗〉的社会功能论评议》，《船山学刊》1992 年第 2 期。

周示行《王船山对〈诗经〉语言艺术的探索》，《衡阳师范专科学校学报》1992 年第 4 期。

刘晓林《王夫之的诗歌创作革新理论》，《衡阳师专学报》1993 年第 1 期。

曾也鲁《王船山诗歌评论之灼见与偏颇》，《衡阳师专学报》1998 年第 5 期。

曾玲先《船山评点诗歌三题议》，《衡阳师范学院学报》1999 年第 4 期。

汤劲《船山为何独钟康乐诗》，《湘潭大学学报（哲学社会科学版）》1999 年第 1 期。

曾也鲁《王船山诗歌评论扬李抑杜剖析》，《衡阳师范学院学报》1999 年第 4 期。

曾玲先《船山诗论侧重读诗与悟诗》，《衡阳师范学院学报》2000 年第 2 期。

曾玲先《船山诗论的诗“理”观》，《衡阳师范学院学报》2000 年第 5 期。

刘泽民《王夫之情景说阐释》，《湖南大学学报（社会科学版）》2000 年第3期。

曾也鲁《王船山的“诗教”观》,《衡阳师范学院学报》2001年第1期。

曾也鲁《王船山的“神韵”观》,《衡阳师范学院学报》2001年第2期。

曾玲先《船山诗论对“情与景”的界定》,《衡阳师范学院学报》2001年第2期。

王凤翔、彭学良《文章之道 各自有宜——谈王夫之论诗体》,《长沙大学学报》2001年第3期。

郭瑞林《试论船山诗学思想的局限性》,《湘潭师范学院学报》2001年第1期。

曾玲先《王船山诗学的主情观》,《衡阳师范学院学报》2002年第4期。

刘铁山《王夫之诗以“道性之情”论》,《衡阳师范学院学报》2002年第1期。

曾玲先《王船山的〈姜斋诗话〉与人格精神》,《衡阳师范学院学报》2002年第5期。

刘晓林、阳建雄《〈姜斋诗话〉艺术论略说》,《衡阳师范学院学报》2002年第5期。

曾也鲁《王船山的“性灵观”》,《衡阳师范学院学报》2002年第2期。

曾玲先《船山诗学意境论》,《衡阳师范学院学报》2003年第4期。

萧晓阳《〈姜斋诗话〉:〈人间词话〉的先声》,《衡阳师范学院学报》2003年第1期。

崔海峰《王夫之诗学中的天才论》,《船山学刊》2003年第2期。

张大联、王凤翔《从王夫之的诗歌意象论看其诗学价值取向》,《湖南城市学院学报》2004年第2期。

曾玲先《解读王船山和刘勰的鉴赏观》,《衡阳师范学院学报》2004年第1期。

阳建雄《论王国维“境界说”对王夫之诗歌理论的传承》,《名作欣赏》2007年第12期。

刘晓林、王达《千古诗学二“境界”——试论王船山与王国维“境界说”的理论传承关系》,《船山学刊》2008年第1期。

曾玲先《王船山的生命诗学观》,《衡阳师范学院学报》2008年第2期。

朱迪光、朱弘毅《王夫之“和谐”诗学及其当代意义》,《衡阳师范学院学报》2010 年第 5 期。

曾也鲁《王船山诗歌退化论刍议》,《衡阳师范学院学报》2012 年第 2 期。

（十）王船山教育思想研究

曾也鲁《王船山教育思想简论》,《衡阳师专学报》1987 年第 1 期。

尹旦侯《王夫之教育思想初探》,《湖南师范学院学报》1982 年第 1 期。

刘克善《王船山的性习论和知行论》,《衡阳师专学报》1992 年第 4 期。

肖琦《王船山的教学论》,《衡阳师专学报》1992 年第 4 期。

朱汉民《王夫之“性教一致”的德育观探讨》,《教育评论》1994 年第 2 期。

彭纳揆《王夫之的师德观》,《衡阳师专学报》1992 年第 4 期。

熊吕茂、杨铮铮《论王夫之的教育哲学思想》,《内蒙古师范大学》（教育科学版）2004 年第 1 期。

陈力祥《王船山“双主体”教育思想及其当代价值》,《湖南文理学院学报（社会科学版）》2008 年第 3 期。

肖剑平《王船山教育方法论略》,《衡阳师范学院学报》2009 年第 5 期。

邓双喜《论王夫之教师观》,《湖南师范大学社会科学学报》2010 年第 4 期。

朱迪光《王船山教育思想传播及其研究》,《衡阳师范学院学报》2013 年第 5 期。

谢芳《论王船山“教本政末”之教育理念及其现代启示》,《船山学刊》2017 年第 2 期。

（十一）王船山史学思想研究

徐泰来《船山史观与历史唯物主义》,《湘潭大学学报》1982 年第 4 期。

余明光《王夫之的思想》,《学术月刊》1985 年第 1 期。

曾也鲁《从〈永历实录〉看王船山的治史特点》,《衡阳师专学报》1990 年第 3 期。

严衡山《王夫之与司马光史学思想的比较》，《史学月刊》1991 年第 1 期。

曾也鲁《王船山与司马光史学思想异同论》，《衡阳师专学报》1992 年第 4 期。

萧平汉《王船山史学思想的矛盾性》，《衡阳师专学报》1992 年第 4 期。

罗锡冬《王夫之与楚俗文化》，《衡阳师专学报》1992 年第 4 期。

萧平汉《司马光、王船山论西汉史比较》，《衡阳师专学报》1998 年第 5 期。

黄隆顺《王船山对奸臣的批判——读〈宋论〉》，《船山学刊》2000 年第 4 期。

莫秀珍、章启辉《论王夫之的社会文明进化历史观》，《湖南大学（社会科学版）》2001 年第 4 期。

萧平汉《船山史学的新发展》，《衡阳师范学院学报》2007 年第 1 期。

萧平汉《王船山对史论的发展》，《船山学刊》2010 年第 1 期。

张齐政《王船山与维科的历史进步观比较研究》，《衡阳师范学院学报》2012 年第 1 期。

邓辉、张彬《王船山治乱循环论辨正》，《求索》2012 年第 5 期。

（十二）王船山其他思想研究

明真《〈相宗络索〉管窥》，《王船山衡阳学术研讨会交流论文》，1982 年 11 月。

王椿梧《王夫之朴素辩证法军事思想初谈》，《衡阳师专学报》1982 年第 3 期。

宋玮明《王船山的法治思想浅谈》，《湘潭师专学报》1982 年第 2 期。

宋玮明《试论王船山的法治思想》，《求索》1982 年增刊。

宋玮明《试论王船山的法治思想》，《求索》1982 年增刊。

王术加《略论〈说文广义〉》，《船山学报》1984 年第 2 期。

何泽翰《读〈说文广义〉书后》，《船山学报》1985 年第 1 期。

王术加《王船山关于一字多音的见解对我们的启示》，《船山学报》1986 年第 2 期。

吕锡琛《船山天文思想管窥》,《船山学报》1989 年第 2 期。

萧平汉《王夫之辟佛论》,《衡阳师专学报》1991 年第 2 期。

郭建衡《王船山辟佛原因探》,《船山学刊》1991 年创刊号。

吴立民《读〈相宗络索〉书后》,《船山学刊》1991 年创刊号。

徐荪铭《船山佛道思想研究的若干问题》,《船山学刊》1991 年创刊号。

王椿梧《试论船山史论中的军事思想》,《船山学刊》1992 年第 2 期。

肖培《王船山传世手迹及书法艺术》,《船山学刊》1992 年第 2 期。

石舟《六经开生面,还留慧命因:再论船山佛学思想》,《船山学刊》1994 年第 2 期。

唐斌成《王船山法制思想述评》,《湖湘论坛》1998 年第 6 期。

徐荪铭《王船山佛道思想的现代意义三题》,《南京化工大学学报》(哲学社会科学版)2000 年第 1 期。

席志强《王船山书艺赏评》,《船山学刊》2000 年第 4 期。

方平权《王夫之〈说文广义〉在汉语词义研究理论上的贡献》,《湛江师范学院》第 24 卷第 5 期(2003 年 10 月)。

陈力祥《王夫之的法治观:以礼法之辨为视角》,《宝鸡文理学院学报(社会科学版)》2008 年第 4 期。

胡勇、刘立夫《王夫之认识论中的佛教影响》,《衡阳师范学院学报》2009 年第 4 期。

李佩桦、徐孙铭《王船山“转识成智”论及其特色》,《衡阳师范学院学报》2009 年第 1 期。

谭忠诚《王船山的“辟佛”与“传佛”》,《衡阳师范学院学报》2009 年第 5 期。

彭巧燕《王船山语言文字思想研究述评》,《兰州教育学院学报》2010 年第 4 期。

李生龙《王船山诗文所昭显的道家、道教心迹》,《北京大学学报(哲学社会科学)》2011 年第 4 期。

罗玉明、刘建辉《王船山的军事思想及其对近代湖南历史人物的影响》,《衡阳师范学院学报》2013 年第 2 期。

吕锡琛《论王船山对道家治道的衍解与吸收》,《中国哲学史》2015 年第

4期。

徐仪明《再论王夫之的中医药学思想》，《船山学刊》2015年第2期。

二、船山学社社员部分船山学研究著作目录（1982—2021）

湖南省船山学社编《王船山学术研究参考资料》，长沙：湖南省船山学社，1982年。

邓谭洲《王船山传论》，长沙：湖南人民出版社1982年版。

陈远宁、王兴国、黄洪基《王船山认识论范畴研究》，长沙：湖南人民出版社1982版。

黄明同、吕锡琛《王船山历史观与史论研究》，长沙：湖南人民出版社1986年版。

夏剑钦《卓越的思想家王夫之》，上海：上海人民出版社1987年版。

黄耀武辑《王夫之著作、传记及其研究资料目录》，衡阳：衡阳市图书馆油印本，1988年10月。

熊考核《王船山美学》，北京：中国文史出版社1991年版。

吴立民、徐荪铭《船山佛道思想研究》，长沙：湖南出版社1992年版。

谭承耕《船山诗论及创作研究》，长沙：湖南出版社1992年版。

周自光、胡雪卿辑《王船山著作与研究备检录（1900—1992）》，衡阳：衡阳师专图书馆油印本，1992年。

夏剑钦《王船山研究文集》，石家庄：河北教育出版社1995年版。

张怀承《王夫之评传：民族自立自强之魂》，南宁：广西教育出版社1997年版。

刘志盛、刘萍《王船山著作丛考》，长沙：湖南人民出版社1999年版。

章启辉《旷世大儒——王夫之》，石家庄：河北人民出版社2001年版。

陈远宁《中国古代易学第三个圆圈的终结——船山易学思想研究》，长沙：湖南大学出版社2002年版。

朱迪光《王船山研究资料索引》，北京：中国文史出版社2002年版。

邓辉《王船山历史哲学》，长沙：岳麓书社2004年版。

彭靖《王船山词编年笺注》，长沙：岳麓书社2004年版。

周念先《王船山诗词研究论文集》，北京：中华诗词出版社 2006 年版。

陈力祥《王船山礼学思想研究》，成都：巴蜀书社 2008 年版。

萧平汉《理想与现实：王夫之历史哲学研究》，北京：中央文献出版社 2009 年版。

朱迪光《王船山研究著作述要》，长沙：湖南大学出版社 2010 年版。

彭巧燕《王船山研究史中关键术语的演变》，南昌：江西人民出版社 2010 年版。

朱迪光《王船山先生诗稿校注》，湘潭：湘潭大学出版社 2012 年版。

熊考核《走近船山》，长沙：湖南人民出版社 2012 年版。

彭大成《船山思想与湖湘文化研究论集》，湘潭：湘潭大学出版社 2012 年版。

秦秋咀《薪火相传——大学生船山学研究》，湘潭：湘潭大学出版社 2012 年版。

谭民政《莲峰志详注》，长沙：湖南人民出版社 2013 年版。

阳建雄《姜斋文集校注》，湘潭：湘潭大学出版社 2013 年版。

陈力祥《王船山礼宜乐和的和谐社会理想——以礼之调适为中心》，北京：社会科学文献出版社 2014 年版。

夏剑钦校点《〈儒藏〉精华编第一八六册之〈张子正蒙注〉》，北京：北京大学出版社 2015 年版。

徐仪明《王夫之的自然世界》，深圳：海天出版社 2015 年版。

罗玉明《近代湖湘文化与湖南党史人物群体的成长与形成》，湘潭：湘潭大学出版社 2015 年版。

朱迪光《王船山仿拟诗笺注》，湘潭：湘潭大学出版社 2015 年版。

王兴国《船山与船山学研究文集》，台北：台湾花木兰出版社 2015 年版。

方红姣《现代新儒学与船山学》，北京：中国社会科学出版社 2015 年版。

王兴国《船山与船山学研究文集》（续篇），台北：台湾花木兰出版社 2016 年版。

朱迪光《王船山〈落花诗〉〈和梅花百咏诗〉笺注》，湘潭：湘潭大学出版社 2016 年版。

朱迪光《〈柳岸诗〉〈遣兴诗〉〈洞庭秋诗〉〈雁字诗〉注释》，湘潭：湘潭大学出版社 2016 年版。

朱迪光《〈姜斋诗分体稿〉〈姜斋诗编年稿〉〈姜斋诗剩稿〉〈岳余稿〉〈忆得〉笺注》，湘潭：湘潭大学出版社 2016 年版。

罗宏、许振富《湖南人的精神：近代湖湘精英与近代中国》，北星出版社 2017 年版。

聂茂《天地行人——王夫之传》，北京：作家出版社 2016 年版。

朱迪光、刘敏、陈杨《船山学简明读本》，湘潭：湘潭大学出版社 2016 年版。

陈志赋、全华凌《王船山词研究》，长沙：中南大学出版社 2016 年版。

彭巧燕《王船山语言文字学思想研究》，湘潭：湘潭大学出版社 2016 年版。

陈力祥《安身立命与安命达德——王船山道德文化钩沉》（上下册），台北：台湾花木兰出版社 2016 年版。

朱迪光、朱弘毅《王船山绘本》，湘潭：湘潭大学出版社 2017 年版。

朱迪光《船山思想与社会主义核心价值观研究》，北京：中国社会科学出版社 2017 年版。

朱迪光《王夫之诗歌创作考论》，北京：中国社会科学出版社 2017 年版。

朱迪光《夕堂戏墨笺注》，天津：南开大学出版社 2017 年版。

朱迪光《船山学广论》，台北：花木兰文化事业有限公司 2017 年版。

徐荪铭《相宗络索释注》，台北：台湾花木兰文化出版社 2017 年版。

秦秋咀《王夫之诗学体系研究：以“诗情流动为中心”》，湘潭：湘潭大学出版社 2017 年版。

谢芳《王船山经济伦理思想研究》，北京：中国社会科学出版社 2018 年版。

朱迪光《王船山学术思想研究论文著作索引》，湘潭：湘潭大学出版社 2018 年版。

朱迪光《王船山学术思想研究者小传》，湘潭：湘潭大学出版社 2018 年版。

王兴国《王船山与近现代中国》，长沙：岳麓书社 2019 年版。

朱迪光、朱弘毅《图说王船山：汉文、英文》，湘潭：湘潭大学出版社

2019 年版。

王泽应《船山精神与船山学》，北京：光明日报出版社 2019 年版。

黄守愚《王船山语要》，北京：民主与建设出版社 2019 年版。

夏剑钦《船山简明读本》，长沙：岳麓书社 2019 年版。

吴戬《晚清民国船山学的接受与传播 1840—1949》，北京：中国社会科学出版社 2019 年版。

朱迪光《王船山对中华民族精神的继承与创新研究》，湘潭：湘潭大学出版社 2020 年版。

陈力祥、王志华《王船山遵礼之道研究》，北京：北京大学出版社 2020 年版。

邓胤龙《船山家风传承研究》，湘潭：湘潭大学出版社 2021 年版。

朱迪光《船山行迹及其后裔现状研究》，湘潭：湘潭大学出版社 2021 年版。

船山学社相关人物与活动的照片

1914 年 6 月 14 日，船山学社第一次讲演合影

1932 年续刊《船山学报》发行至 1938 年停刊，共出十四期

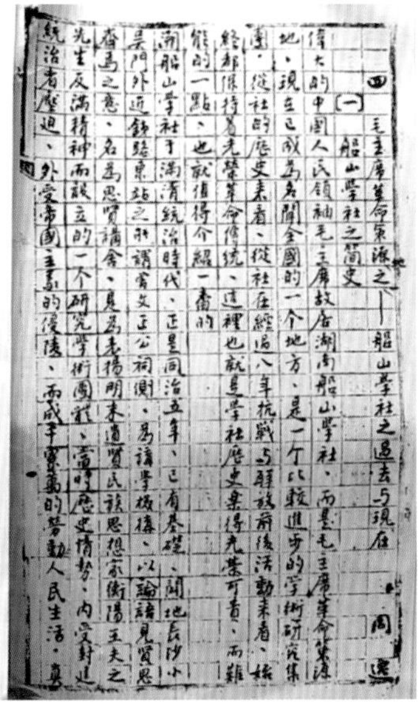

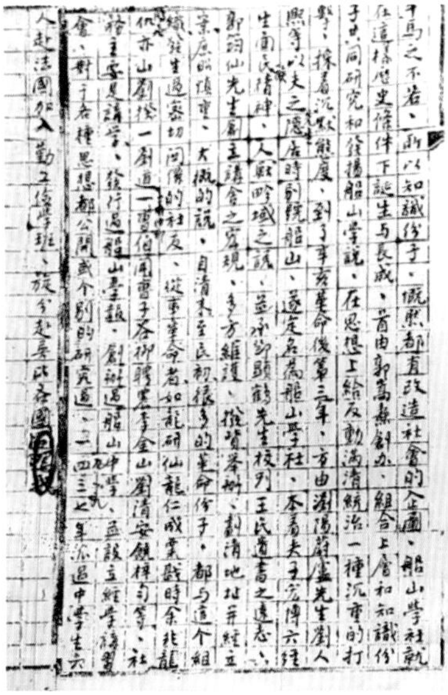

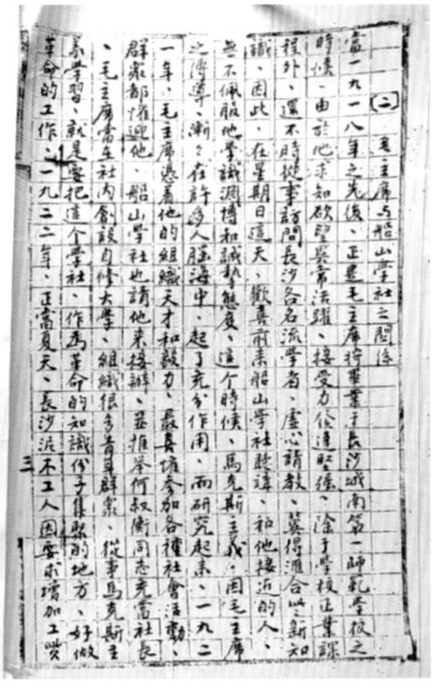

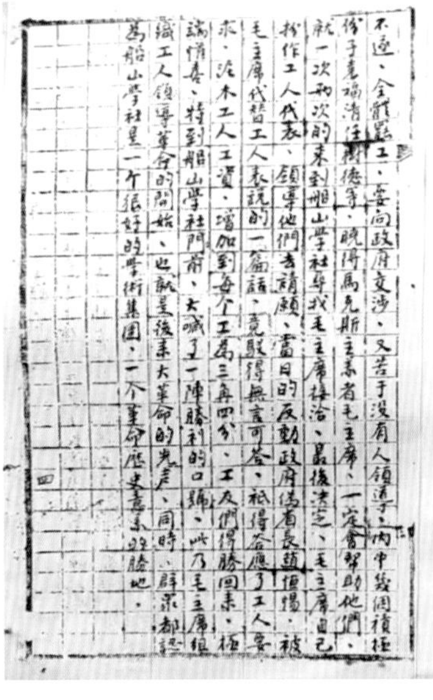

船山学社社长周逸《毛主席革命策源地之一——船山学社之过去与现在》一文手稿（1-4页）

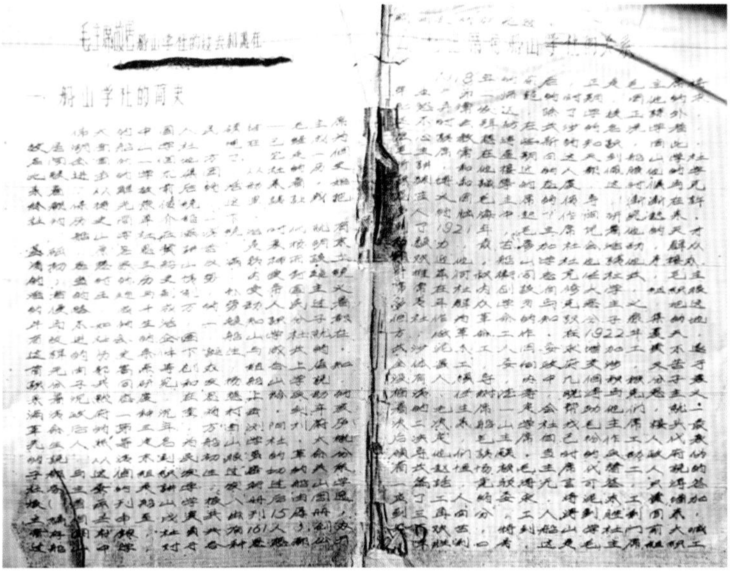

毛主席革命策源地之一船山学社的过去和现在

一、船山学社的简史

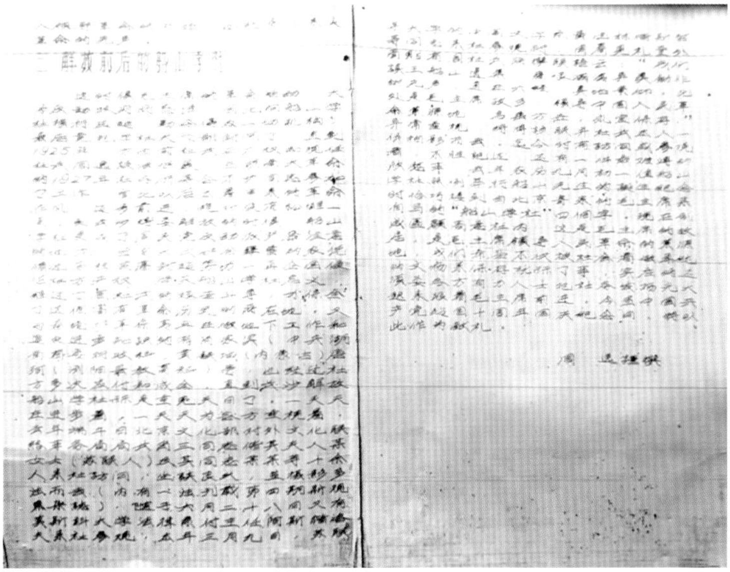

二、解放前后的船山学社

周逸谨撰

船山学社社长周逸《毛主席革命策源地之一——船山学社之过去与现在》一文油印稿（1-4页）

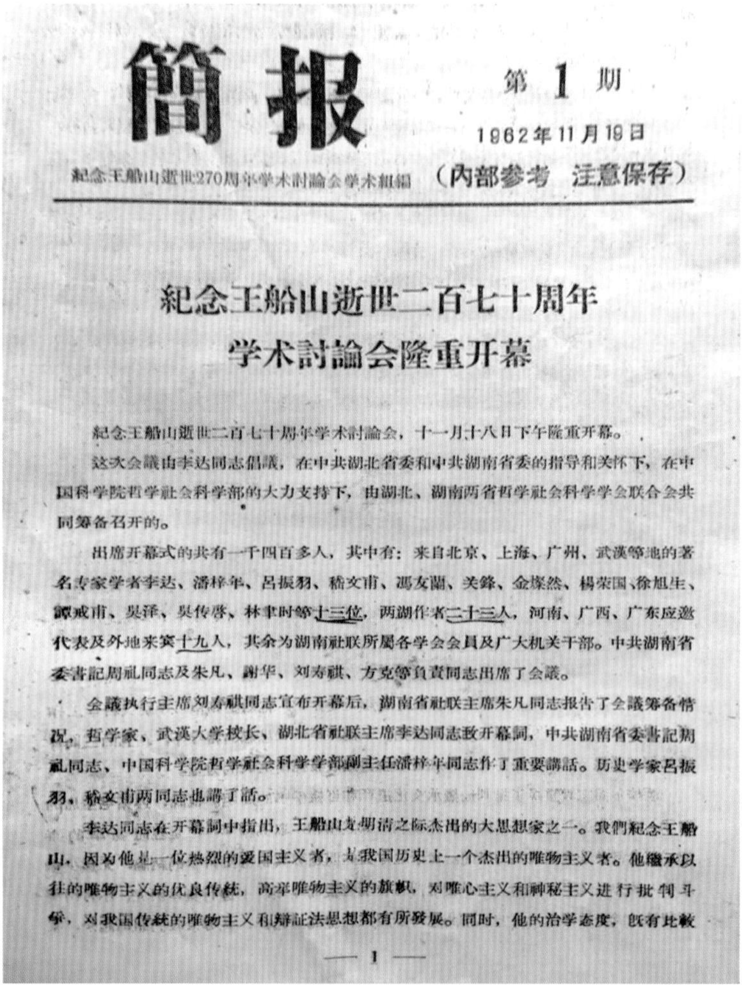

簡报

第 1 期

1962年11月19日

紀念王船山逝世270周年学术討論会学术組編　（内部参考　注意保存）

紀念王船山逝世二百七十周年学术討論会隆重开幕

紀念王船山逝世二百七十周年学术討論会，十一月十八日下午隆重开幕。

这次会議由李达同志倡議，在中共湖北省委和中共湖南省委的指导和关怀下，在中国科学院哲学社会科学部的大力支持下，由湖北、湖南两省哲学社会科学学会联合会共同筹备召开的。

出席开幕式的共有一千四百多人，其中有：来自北京、上海、广州、武漢等地的著名专家学者李达、潘梓年、呂振羽、嵇文甫、馮友蘭、关鋒、金燦然、楊荣国、徐旭生、譚戒甫、吳泽、吳传啓、林聿时等十三位，两湖作者二十三人，河南、广西、广东应邀代表及外地来賓十九人，其余为湖南社联所屬各学会会員及广大机关干部。中共湖南省委書記周礼同志及朱凡、謝华、刘寿祺、方克等負責同志出席了会議。

会議执行主席刘寿祺同志宣布开幕后，湖南省社联主席朱凡同志报告了会議筹备情况，哲学家、武漢大学校长、湖北省社联主席李达同志致开幕詞，中共湖南省委書記周礼同志、中国科学院哲学社会科学学部副主任潘梓年同志作了重要講話。历史学家呂振羽、嵇文甫两同志也講了話。

李达同志在开幕詞中指出，王船山是明清之际杰出的大思想家之一。我們紀念王船山，因为他是一位热烈的爱国主义者，是我国历史上一个杰出的唯物主义者。他繼承以往的唯物主义的优良传統，高举唯物主义的旗幟，对唯心主义和神秘主义进行批判斗争，对我国传統的唯物主义和辯証法思想都有所發展。同时，他的治学态度，既有比較

— 1 —

1962 年在湖南长沙召开的纪念王船山逝世 270 周年学术讨论会简报

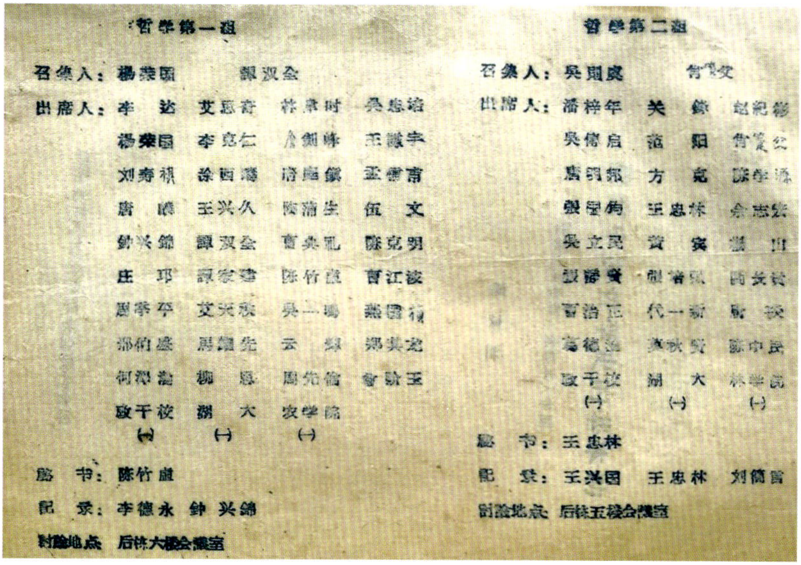

哲学第一组

召集人：杨荣国　谭汉全

出席人：李　达　艾思奇　林聿时　吴恩裕
杨荣国　李克仁　詹剑峰　王[illegible]宇
刘寿祺　涂西畴　蒋[illegible][illegible]　孟[illegible][illegible]
唐　麟　王兴久　陶灌生　伍　文
钟兴锦　谭汉全　曹典礼　陈克明
庄　印　谭家健　陈竹庭　曹江陵
周季平　艾光荣　吴一鸣　萧国有
邢伯盛　周德先　云　烁　邹实宏
何泽瀚　柳　恩　周先信　曾晓王
政干校　湖　大　农学院
(一)　(一)　(一)

秘　书：陈竹庭

記　录：李德永　钟兴锦

討論地点　后栋六楼会議室

哲学第二组

召集人：吴则虞　肖萐父

出席人：潘梓年　关　锋　赵纪彬
吴传启　范　阳　肖萐父
唐明邦　方　克　陈华源
殷[illegible][illegible]　王忠林　余志宏
吴立民　黄　宾　[illegible]　山
彭静贤　胡[illegible][illegible]　周长龄
曾治臣　代一新　[illegible]　[illegible]
高德治　龚秋贤　陈中民
政干校　湖　大　林学院
(一)　(一)　(一)

秘　书：王忠林

記　录：王兴国　王忠林　刘德富

討論地点　后栋五楼会議室

1962 年在湖南长沙召开的纪念王船山逝世 270 周年学术讨论会分组名单

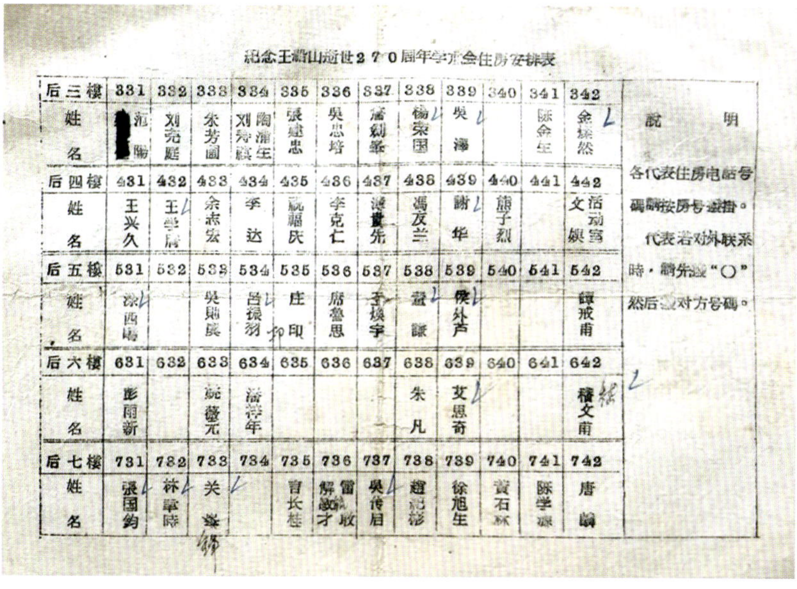

紀念王船山逝世2 7 0周年学术会住房安排表

后三樓	331	332	333	334	335	336	337	338	339	340	341	342
姓名	[redacted]	刘尧庭	朱芳圃	刘寿祺 陶灌生	张建忠	吴忠培	潘刻峰	杨荣国	吴泽		陈金生	余燦然
后四樓	431	432	433	434	435	436	437	438	439	440	441	442
姓名	王兴久	王学广	余志宏	李达	杭福庆	李克仁	潘宣先	冯友兰	谢华	熊子烈		文娱活动室
后五樓	531	532	533	534	535	536	537	538	539	540	541	542
姓名	涂西畴		吴则虞	吕振羽	庄印	席鲁思	李焕宇	董谦	侯外庐			谭戒甫
后六樓	631	632	633	634	635	636	637	638	639	640	641	642
姓名	彭雨新		姚薇元	潘梓年				朱凡	艾思奇			嵇文甫
后七樓	731	732	733	734	735	736	737	738	739	740	741	742
姓名	张国钧	林聿时	关锋		曾长桂	解锐才 雷敢	吴传启	赵纪彬	徐旭生	黄石林	陈学源	唐麟

說　明

各代表住房电話号碼請按房号查詢。

代表若对外联系時，請先撥“○”然后撥对方号碼。

1962 年在湖南长沙召开的纪念王船山逝世 270 周年学术讨论会
参会人员住房安排表

1982 年纪念王船山逝世 290 周年学术研讨会，与会专家在湘西草堂前合影

前排左起：何兆武、石峻、冯契、任继愈、张岱年、刘寿祺、姜书阁、刘正、衡阳市某领导、陈学源

后排左起：王兴国、吴立民、萧萐父、王驰、翟定一、杨柳桥、李楚凡、衡阳市有关方面人士

1989 年 8 月 18 日至 19 日，船山学社召开“王夫之与南岳”研讨会，
并进行换届选举，图为王兴国主持会议

1988 年 11 月，船山学社与《衡阳师专学报》等单位联合召开王船山与中国现代学术讨论会，图为与会代表合影

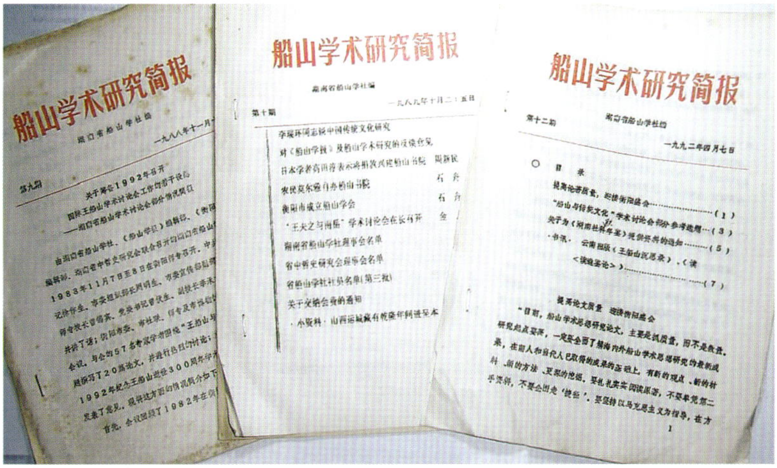

船山学社在 20 世纪 80 年代至 90 年代编写《船山学术研究简报》

1992 年在衡阳召开纪念王船山逝世 300 周年国际学术讨论会与会代表合影

1992 年 11 月，在衡阳召开纪念王船山逝世 300 周年会议期间学者合影
左起燕国祯、萧萐父、王兴国

1992 年 11 月，在衡阳召开纪念王船山逝世 300 周年会议期间学者合影
左起燕国祯、龚建昌、王兴国、燕国材

1994 年 10 月 18 日，船山学社举行年会和换届选举会
左起徐孙铭、肖浩辉、陈远宁、王兴国

2002 年纪念王船山逝世 310 周年学术讨论会与会学者在南华大学合影

2002 中国（衡阳）王船山文化研讨会合影

2006 年船山学社挂靠衡阳师范学院

2006 年船山学社在衡阳师范学院图书馆正式揭牌

2006 年在衡阳师范学院召开船山学社理事会

船山学社社长王兴国、船山学社执行社长刘沛林、船山学社副社长朱迪光在会上

2006 年王船山学术研讨会与会代表合影

2008 年在衡阳师范学院召开船山学社理事会暨和谐文化与船山学研讨会

2008 年船山学社理事会暨和谐文化与船山学研讨会与会代表合影

2009 年纪念王船山先生诞辰 390 周年暨学术研讨会在衡阳市林隐宾馆召开，船山学社是主办单位之一

2011 年 1 月船山学社与韩国王夫之思想研究会联合举办“王夫之思想与四书与现在”学术讨论会，船山学社执行社长刘沛林教授、常务副社长朱迪光教授率团与会

船山学社常务副社长朱迪光教授在会上发言

船山学社部分成员在韩国成均馆大学校门前合影

船山学社部分成员在韩国成均馆大学明伦堂前合影

2015 年船山学社常务副社长朱迪光教授率船山学社部分成员赴韩国朝鲜大学举办王船山学术讨论会

船山学社理事彭巧燕教授在发言

船山学社社员到韩国民居做客

中韩两国船山学研究者合影

中国、韩国两国学者签订船山学研究合作协议时合影

李哲承教授代表韩国朝鲜大学 Worry 研究所，朱迪光教授代表中国湖南省船山学研究基地、船山学社交换协议文本

中美韩三国学者船山研究论坛与会学者合影

船山学社王泽应、朱迪光、熊考核、陈力祥、方红姣、谢芳应邀参加中央电视台“百家讲坛”

光明日报国学版主办、湖南省船山学研究基地及船山学社协办的“构建人类命运共同体·中国经验之船山专场”高峰论坛与会学者合影

2019 年船山学社与衡阳县各届清明祭拜船山公活动在衡阳县曲兰镇船山墓前举行

2019 年王船山思想国际学术研讨会衡阳师范学院分会场

船山学社王兴国、夏剑钦、朱迪光、王泽应在岳麓书院参加“纪念王船山先生诞辰 400 周年暨第一届 21 世纪船山学论坛”

船山学社 2019 年年会在长沙紫东阁华天宾馆召开

2021 年 1 月召开视频会议——船山学社“十四五”规划研讨会

2021 年船山学社社长朱迪光教授宣讲船山学社

2021 年船山学社在长沙市船山学社旧址举办中国共产党建党百年纪念论坛

2021 年在船山学社旧址船山学社社员中的中共党员重温入党誓词

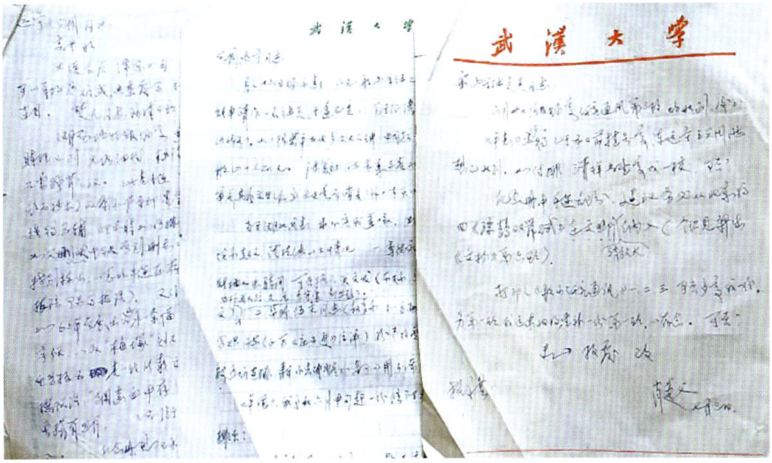

武汉大学萧萐父先生致函船山学社（徐孙铭摄）

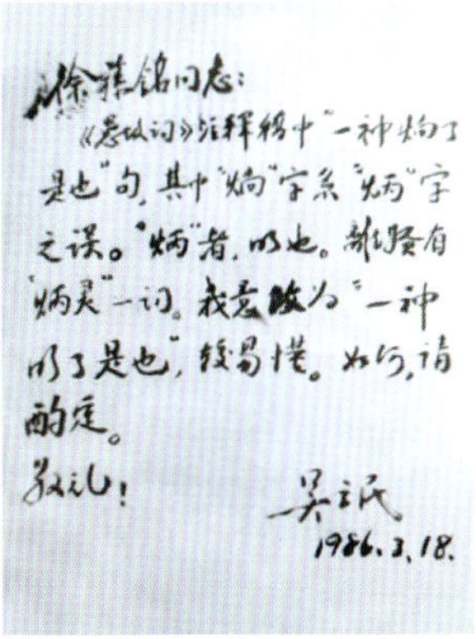

徐荪铭同志：

《悲愤词》注释稿中"一种炯了是也"句，其中"炯"字系"炳"字之误。"炳"者，明也。離騷有"炳灵"一词。我意改为"一种明了是也"，较易懂。如何，请酌定。

敬礼！

吴立民

1986.3.18.

船山学社原社长吴立民手书

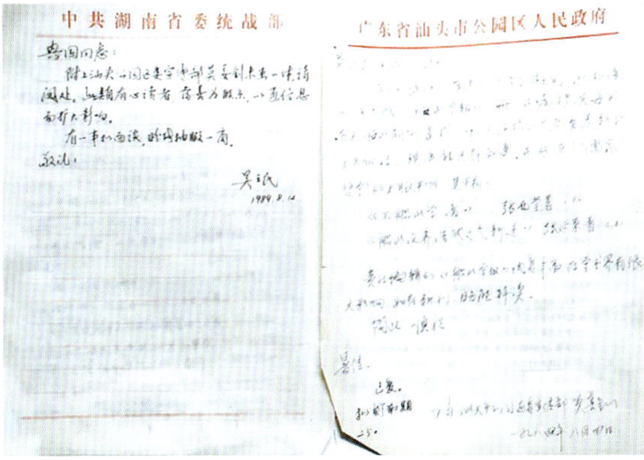

吴立民致王兴国先生函（徐孙铭摄）

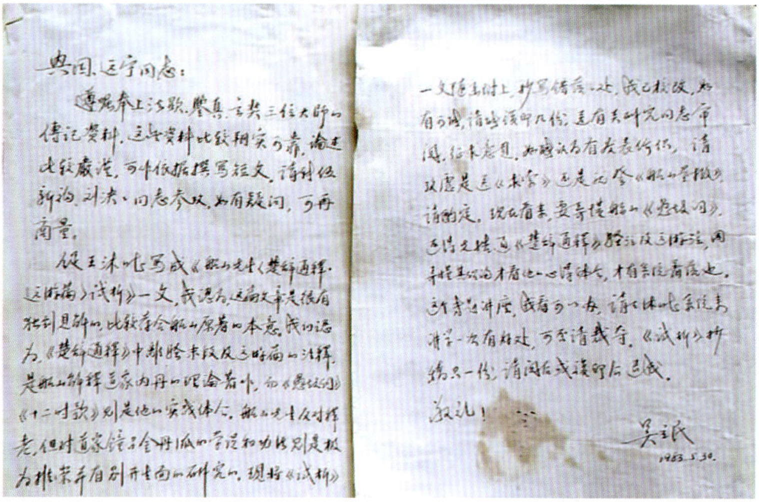

吴立民致王兴国、陈远宁先生函（徐孙铭摄）

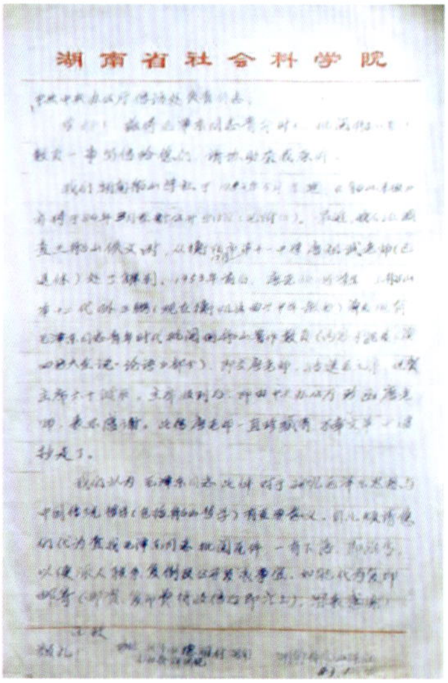

船山学社致中共中央办公厅函（草稿）（徐孙铭摄）

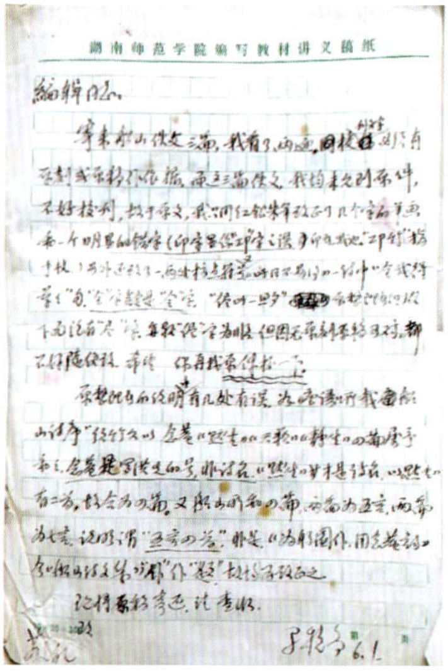

马积高教授对点校船山三篇逸文的意见（徐孙铭摄）

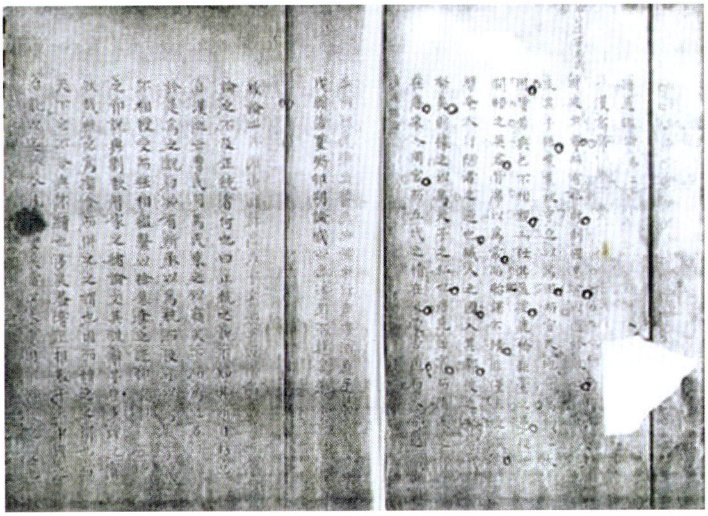

莫尔雅家藏船山《读通鉴论》遗稿（莫尔雅供稿）

吴立民、王兴国先生会见莫尔雅夫妇（徐孙铭摄）

船山学社原社长、中国佛教文化研究所所长吴立民
为戚卫党《六祖坛经》长卷题序言

吴立民（左一）与赵朴初（右一）谈话

吴立民手书

2021 年船山学社走进社区宣传

船山学社部分成员参加祭祀船山先生活动